财富商学院家族企业研究丛书
FORTUNE BUSINESS SCHOOL FAMILY BUSINESS RESEARCH SERIES

中国家族企业死亡真相调查报告

失败的教训比成功的经验更值得借鉴

INVESTIGATION REPORT ON
FAMILY BUSINESS DEATH IN CHINA

周锡冰 △ 著

经济管理出版社
ECONOMY & MANAGEMENT PUBLISHING HOUSE

图书在版编目（CIP）数据

中国家族企业死亡真相调查报告/ 周锡冰著 .—北京：经济管理出版社，2019.1
ISBN 978-7-5096-6339-4

Ⅰ．①中⋯　Ⅱ．①周⋯　Ⅲ．①家族—私营企业—企业管理—研究—中国
Ⅳ．①F279.245

中国版本图书馆 CIP 数据核字（2019）第 017122 号

组稿编辑：王光艳
责任编辑：李红贤
责任印制：黄章平
责任校对：陈　颖

出版发行：经济管理出版社
　　　　　（北京市海淀区北蜂窝 8 号中雅大厦 A 座 11 层　100038）
网　　址：www.E-mp.com.cn
电　　话：(010) 51915602
印　　刷：三河市延风印装有限公司
经　　销：新华书店
开　　本：720mm×1000mm/16
印　　张：18.75
字　　数：347 千字
版　　次：2019 年 4 月第 1 版　2019 年 4 月第 1 次印刷
书　　号：ISBN 978-7-5096-6339-4
定　　价：68.00 元

·版权所有　翻印必究·
凡购本社图书，如有印装错误，由本社读者服务部负责调换。
联系地址：北京阜外月坛北小街 2 号
电话：(010) 68022974　邮编：100836

推荐序

在中国，家族企业的历史相当久远，其管理模式影响过中外企业家，甚至是管理学界。日本松下创始人松下幸之助曾坦言，他学习过范旭东在天津创办的久大精盐公司的管理经验。或许这样的案例并非个案。

由于历史因素，中国成千上万的家族企业止步于1956年，如今的家族企业，也是创办于1978年后。这是中国长寿家族企业数量稀少的原因，也间接地解释了美国《家族企业》杂志2006年发布世界最古老的1000家家族企业，中国家族企业没有上榜的原因。

抛开历史因素，家族企业与其他事物一样，面临着优胜劣汰的竞争。这或许更能解释中国家族企业自身的问题。全国工商联对外发布的中国首份《中国家族企业发展报告》显示，中国家族企业经营年限平均为8.8年。

据美国《财富》杂志报道，世界500强企业平均寿命为40年，世界1000强企业平均寿命为30年，一般跨国公司平均寿命为10年。与欧美家族企业40年的经营年限相比，中国家族企业相去甚远。

有人把中国家族企业命短的责任全部推卸到家族企业这个企业类型上，这样的观点是有失公允的。就像本书作者周锡冰在本书所讲："制度没有先进和落后之分，只有合适与不合适之分。企业制度的选择是一个自然的过程，如果盲目追求理想中的组织形态，必将以牺牲家族企业的利益为代价。"

在近几年职业经理人与家族企业创始人之间的纷争中，尤其是黄光裕和陈晓的纷争中（尽管此事是个案），中国家族企业创始人似乎又燃起了曾经的人才内部培养模式，空降的职业经理人或许面临更为不可预见的用人风险。

针对此问题，我曾采访过周锡冰，他坦言："中国家族企业要想拥有更强劲的竞争力，人才内部培养是必须的，一方面可以提升人才对企业的忠诚度，也可以解决人才因为过度流动而缺乏归属感的问题；另一方面内部培养有助于人才的自我认可度，提升人才的归属感。在很多影视剧中，老字号在用人时，几乎都是内部培养，空降的人才由于缺乏与企业的某些价值观认可，通常不会待太长时间；此外，内部培养人才，有助于终身雇佣制发挥更大的积极作用。"

与周锡冰的交流中，他总是客观地评价家族企业管理的优势和劣势，甚至还积极地为中国家族企业正名。这是我非常敬佩周锡冰的地方。

"在一个喧嚣的话语圈下面，始终有一个沉默的大多数。"王小波在《沉默的大多数》一书中开头就用了这句话。我引用这句话的目的，其实是想要阐释一个中国最奇特的现象，那就是在今天中国历史以来最民主的时刻，大多数人仍然还是选择了沉默，在家族企业也是如此。

老实地讲，给本书写序，并不是为了宣传本书，也不是我要炒作自己，或者故弄玄虚，只是善意地提醒那些仍对中国家族企业存在重大偏见的中国人理性地看待，有太多的人，也包括从前的我，都对家族企业存在着或多或少的偏见。就像周锡冰在本书所讲："家族企业被许多主流的经济学家视为落后管理的代名词而遭人诟病，以至于很多家族企业不愿意承认自己的企业是家族企业，在这样的背景下，家族式管理的弊端被无限放大，其优势没有得到足够的重视，从而更加恶化了家族企业的名声。"

这几年，我实地考察和通过电话采访了不少家族企业的经营者，在企业家论坛和沙龙上，许多企业家和专家教授、培训师、咨询师都对家族企业的认识存在着误解和偏差，在他们的眼中，企业管理混乱、竞争力不强，家族式企业很难成长起来，不能做大、做强等企业问题都是家族企业这个类型造成的。

这更加激发了我支持周锡冰的决心，是因为想使人们正确认识家族企业，从而使占据我国内资企业总数70%以上的家族企业不再继续遭受诟病。

如今具有影响力的家族企业大多在市场上已销声匿迹，取而代之的则是沃尔玛、福特、杜邦等国外家族企业的悲剧重演。

可能有人认为我是小题大做，也可能有人认为我是在哗众取宠，但是，我要告诉大家的是，正是因为中国人自己喜欢猜疑的原因才导致了只有少数人在宽广无边的旷野中呐喊，从而让更多的人沉默。

在这个喧嚣的年代，沉默是一种选择，然而当绝大部分人都选择沉默的时候，呐喊就显得非常重要。20世纪，中国文化革命的主将鲁迅就曾为中国人民的觉醒呐喊过。当然，选择呐喊不仅需要勇气，更需要的是责任。

而今，在家族企业领域，具有划时代意义的呐喊再一次响起。谈到周锡冰的呐喊，我们不得不从10多年前开始谈起，起因是周锡冰写了几篇关于家族企业的文章，其后更是在家族企业方面出版了多本著作，如《中国家族企业为什么交不了班》《家族企业如何久而不倒》《日本百年企业的长赢基因》《老干妈的香辣传奇》等。

前几日，在一个企业家论坛上，周锡冰告诉我已经再次修订了《中国家族企业死亡真相调查》一书，让我再作一个推荐序，这件事情让我非常震惊，主要原因是，一个执着的青年学者试图通过自己的著作来给备受争议的中国家族企业正名，让中国人改变对家族企业的客观看法，我想这是一个相当艰难的过程。

正如鲁迅先生在《娜拉走后怎样》一文中曾谈道："可惜中国太难改变了，即使搬动一张桌子，改装一个火炉，几乎也要血；而且即使有了血，也未必一定能搬动，能改装。不是很大的鞭子打在背上，中国自己是不肯动弹的。我想这鞭子总要来，好坏是别一问题，然而总要打到的。但是从哪里来，怎么地来，我也是不能确切地知道。"

尽管这是鲁迅先生1923年12月26日在北京女子高等师范学校文艺会的讲话，但是要在具有一定规模的家族企业中进行自我批判和改造，其阻力肯定不小。然而，很多规模家族企业，由于没有进行自我批判和改造，或者改造不彻底，导致了家族企业的死亡。这在书中浓墨重彩描写了很多，在这里，我就不再赘述。

在中国，有一个奇怪的现象，那就是容易走入一个极端。主要体现在两个方面：

第一方面，要么就是好，在主流媒体和财经书籍作者的讴歌下，似乎就是中国现代的英雄。特别是当中国崛起的生生浪潮中，似乎中国家族企业已经战无不胜，攻无不克。

就像周锡冰在"富过三代——家族企业如何迈过接班生死坎"培训课上所言："在这里，我要给那些高歌猛进的企业领导者们，还有那些为本土企业歌功颂德、树碑立传的财经书籍的作者们泼泼冷水，在那些为本土企业歌功颂德的财经书籍的作者们眼里，似乎很多本土企业已经跨入世界级卓越公司的行列之中，结果让人遗憾的是，很多企业今天还在总结自己成功的经验，却很快在声名鹊起之后瞬时崩溃或陷入困境。一个又一个辉煌地崛起，然后一个又一个悲壮地倒下。对于企业和企业家来说，最好的学习方法就是吸取失败企业的教训，从而能够避免类似的陷阱。"

第二方面，要么就是坏，坏得一塌糊涂，连一点价值也没有。有点美国式外交政策——"不是我的朋友就是敌人"的意味。再加上一些家族企业家或者老板，都喜欢一些吹嘘或者听一些阿谀奉承的话。这样就使得原本暗流汹涌的市场竞争中众多的家族企业这艘大船触礁搁浅。

遗憾的是，中国众多家族企业家采取的策略依然是像泰坦尼克号邮轮船长爱德华·约翰·史密斯（Edward John Smith）一样，在过分自信的经验中，最终导致泰坦尼克号邮轮因为撞上冰山而沉没，这不得不引起中国家族企业创始人足够的反思。

作为家族企业本身没有错，甚至可以说家族企业的营运业绩比非家族企业营运业绩更为出色，错的是很多家族企业家或者老板过分盲从，或者缺乏战略思维。这就要求家族企业达到一定规模后进行自我批判和改造，更好地适应家族企业的发展。

正如周锡冰所说："万向、方太的成功突围，华尔街许多趋势专家预言，21世纪将是中国家族企业的世纪，将是中国家族企业的天下，但是如果我们不知道家族企业的核心内容和致命因素，并不能加以自我批判和改造，那么这样的预言永远也只是预言。"

尽管上述文字并没有华丽的辞藻，也没有煽情的鼓动，但是这些文字却深深地打动了我，因为我从他的文字中读出了责任感和使命感。在这个为自己而忙活的镀金时代，周锡冰的时代责任感和使命感是不容争议的，他的著作已经演化为一次在备受争议的家族企业管理领域最激烈的交锋，如今周锡冰已经成为中国家族企业研究的标杆，已经成为中国家族企业研究的大师级学者。

从周锡冰的家族企业著作《中国家族企业为什么交不了班》，到《家族企业如何久而不倒》，到《日本百年企业的长赢基因》，再到《中国家族企业死亡真相调查》重新修订再次出版，这些文字无不体现其作为一个时代财经作者的紧迫感和时代责任感，更令人钦佩的是他的这种特立独行的呐喊精神，这才是我写本序言的重要原因。

《商界》主编　周云成
2018年4月20日

《自　序

由于福耀、新希望、万向、方太、娃哈哈、国美等一大批中国家族企业的成功突围，美国华尔街许多趋势专家预言：21世纪将是中国家族企业的天下，这样的观点伴随着中国的崛起而得到印证。

不可否认，中国家族企业在改革开放40年的时间里取得了举世瞩目的成绩，有的家族企业打败了实力雄厚的跨国公司，有的成为雄霸一方的隐形冠军。尽管家族企业蓬勃发展，但是在这40年的时间里，中国有多少流星似的家族企业，我们不得而知。

客观地讲，取得成功的家族企业毕竟是少数，多数家族企业仍然在倒闭的边缘挣扎。成百上千的中国家族企业，正在遭遇前所未有的危机。如果中国家族企业创始人不知道家族企业的危机所在，及其可能遭遇倒闭的致命因素，不能有针对性地加以批判和再造的话，那么华尔街趋势预言专家的预言永远也只是预言罢了。

事实证明，一个没有危机意识的家族企业，必定是一个没有希望的企业；一个没有危机感的民族，必定是一个没有希望的民族；一个缺乏自我批判和再造勇气的家族企业创始人，必定是一个孤芳自赏、刚愎自用的企业老板而已。

我说中国家族企业正在遭遇前所未有的危机，绝不是危言耸听、故弄玄虚。我要告诉那些"孤芳自赏、刚愎自用"的家族企业创始人，今天的中国家族企业其处境有多糟糕、形势有多不利。遗憾的是，很多家族企业创始人身处家族企业濒临倒闭边缘却浑然不知，他们总是习惯低估自己的对手，又习惯高估自己的实力。

我今天之所以要把家族企业面临的危机告诉家族企业创始人，是想唤起家族企业创始人对危机管理的重视。否则，家族企业就可能在发展的高速公路上翻车。

让人担忧的是，面对危机四伏的局面，家族企业创始人并没有危机意识，反而充满了错误思维。

其实，有危机并不可怕，可怕的是家族企业创始人对危机视而不见，粉饰太平；更可怕的是，当危机来临的时候，家族企业创始人采取"头痛医头，脚痛医脚"的办法，制造更大的企业危机。

在这里，我要给那些高歌猛进的企业领导者们，还有那些为本土企业歌功颂德、树碑立传的财经书籍的作者们泼泼冷水。至少在目前，中国家族企业依然面临着重大的生死考验。不管是金融危机，还是原材料及其劳工成本的上涨，这些都直接摊薄本已微薄的利润。在2008年，由于受美国次贷危机的影响，很多中小出口型家族企业频频传来破产和倒闭的报道。据报道，在2008年的金融危机中，中国仅在2008年上半年就有6.7万家规模以上的中小企业倒闭。

那些高歌猛进的企业领导者们，还有那些为本土企业歌功颂德、树碑立传的财经书籍的作者们眼里，似乎很多本土企业已经一步跨入世界级卓越公司的行列之中，结果让人遗憾的是，很多尚在总结成功经验阶段的企业，却很快陷入声名鹊起之后的困境，甚至瞬时崩溃。

这种流星似的企业生命周期在华夏大地上几乎成了一条亘古不变的铁律，如山东三株集团、珠海巨人集团、北京南德集团、广东中山爱多集团、掉渣烧饼、黑格集团等企业。

这些企业都是按照一个又一个辉煌地崛起，然后一个又一个悲壮地倒下的路径完成了犹如流星一样刹那间绚丽而短暂的生命周期。

当然，并不是所有中国家族企业都是沿袭这条路径进行的。在我们对家族企业的研究过程中发现，有的很多中国家族企业确实有其经营管理的优势，而且企业也达到了一定规模，只不过是创始人依靠其自己独特的历史条件、机遇、背景等因素，而这些客观条件在如今的竞争中又难以复制；而有的家族企业发展到一定规模后已经开始进行社会化改造。

家族企业之所以前仆后继地倒下，有的读者认为是原材料价格上涨、劳动力成本提高、加工贸易政策大幅收紧、出口退税率不断下调、人民币持续升值等诸多因素影响；也有读者认为，中小家族企业缺乏可持续性战略而导致倒闭；还有读者认为是国外贸易保护严重，出口型中小家族企业拿不到订单，或者国外购买力贫乏，由此导致其倒闭。

不可否认的是，在中美贸易大战的影响下，宏观经济环境趋紧是导致部分中小家族企业倒闭的原因，不过，这不是根本原因，家族企业倒闭的根本原因还是由于家族企业创始人自身的原因。

正是基于这个原因，我们分析总结了中国家族企业死亡的真正原因，从而给家族企业创始人提供一个MBA教学的情境案例，让家族企业创始人身临其境。

对于企业和企业家来说，最好的学习方法就是吸取失败企业的教训，从而能够避免类似的陷阱，因为失败的教训比成功的经验更值得借鉴。

自 序

在撰写本书时，我为了揭开中国家族企业诸多死亡真相调查，行程10000多公里，采访了5000多家企业，从而揭露了许多不为人知的家族企业管理内幕。在揭露这些管理内幕时，我分析总结了中国家族企业的失败教训，以较为深刻的视角指出了长期以来被人们所忽视的许多问题，这为更多关心家族企业的人们提供了一个观察的窗口。

揭露企业衰亡内幕是一个有责任感的财经作家必须为社会做的分内工作，为什么以家族企业为突破点呢？原因是从改革开放以来，尽管中国家族企业发展得不够理想，但是其创业精神时刻打动着我，在中国数以千万计的民营企业中，家族企业占95%以上，并且在未来将成为我国经济发展的重要力量。

为此，我决定揭示中国家族企业在整个管理、营销、战略、广告、策划过程以及企业家自身导致企业衰亡的因素，希望关注中国家族企业和致力于创业的同志们能够吸取更多的失败经验，避免类似的情况出现。

周锡冰
2018年4月20日

再版修订序言

在电视剧《乔家大院》中，著名晋商乔致庸曾说过："其一，天下四行，士农工商，圣人有云，无农不稳，无商不富，圣人也没说过重商之风败坏民风，因此生员之哈大人之言并不是圣人之言；其二，我中国地大物博，南方北方，出产不同，商旅不行，货不能通南北，物不能尽其用，民不能得其利。民无利则不富，民不富则国无税，国无税则兵不强，兵不强则天下危；其三，立国之本，在于赋税，全国赋税，农占其七，商占其三，就全国商人而言，山西一省商人又占1/3。商人行商纳税，乃是强国故本之大事，照哈大人的意思，莫非山西商人全部歇业，不给国家纳税，才是好事？"

商业是强国固本的大事，我非常认可乔致庸的观点。基于此，我开启了自己的家族企业学术研究、讲课以及撰写之路。

机会是给有准备之人的，这样的道理对我也适用。当我的家族企业研究著作——《日本百年企业的长赢基因》在清华大学出版社出版后，得到了中央电视台赵姓编导的认可，邀请我做一个家族企业纪录片的专家组顾问。

其后，该书作为多所大学商学院总裁班的教材，在此，我甚感欣慰（我多本家族企业研究著作——《日本百年企业的长赢基因》《家族企业如何久而不倒》《中国家族企业为什么交不了班》《中国家族企业死亡真相调查》等成为多所商学院总裁班的教材）。

我之所以感到有些欣慰，是因为我的劳动得到了读者的认可。在多个总裁班的课上，来自江苏、浙江、广东、福建等省的家族企业董事长、总经理以及家族企业其他中高层来信时，颂扬了本书关于员工归属感和接班传承的探索。他们在信中说，他们还看过我曾出版的一本名叫《命门——中国家族企业死亡真相调查》的书，说对他们企业的经营反思很有帮助。

他们在信中建议我修订一下《命门——中国家族企业死亡真相调查》一书，希望我在此书中增加一部分关于动荡时代下的家族企业，特别是中小家族企业死亡真相的内容，同时他们还给我提供了一些家族企业死亡的案例，由于他们的要求，在书中就省去了这些家族企业的名称。

在此，我非常感谢这些读者的支持。老实说，读者的要求给了我一个不小的挑战，因为《命门——中国家族企业死亡真相调查》增加金融危机下的中小企业死亡真相剖析将是一个最大的难点。

在动荡时代下，金融海啸席卷全球，大大小小的中小家族企业经营者们面对业务萎缩、价格缩水、供货商紧迫、客户拖欠、银行惜贷、资金链断裂，成本上升、融资困难、消费不旺等状况，大量家族企业步履维艰。面对新的宏观环境，中国家族企业将如何生存和发展……

尽管如此，我不能拒绝读者的殷切希望，于是在半年后的今天，《中国家族企业死亡真相调查》一书修订版正式完稿，这也是我给支持和关注及帮助我的人们的一个交代。

在当当网上，有读者留言说："我见过很多家族企业，和这本书里的描述非常贴切。整本书把家族企业的所有症结表露无遗，建议那些家族企业的老板们仔细阅读。""我本人即在一家族企业工作，书里提到的问题，我感同身受。""对现象有定性统计，感同身受，能警醒人。但是，缺乏深入定量研究。很少具体提出解决方法。"

针对这些读者的要求，我在修订的过程中，接受了读者的建议，不仅增加了金融危机中小企业死亡真相的内容，同时也将问题精练了，增加了系统、深刻的分析等内容。在此，谢谢读者的建议，希望能够给读者提供借鉴。

周锡冰

2018 年 4 月 20 日

目 录

第一部分 中国家族企业屡屡无缘排行榜值得中国反思

第一章 长寿家族企业数量与中国泱泱大国不匹配 …………… 003

　　历史原因导致中国长寿家族企业数量过于稀少 /003
　　中国家族企业面临的种种问题 /008

第二章 集体性战略缺失导致中国家族企业不能基业长青 ………… 011

　　"短命"的中国家族企业 /011
　　拍脑袋决策使得经营困难重重 /014
　　阻碍中国企业走向基业长青的深层次因素 /016
　　尽可能让自己所做出的每一个决策都正确 /018
　　企业成败主要取决于决策和管理两大因素 /018

第三章 机会主义的暂时繁荣阻碍中国家族企业的永续经营 ………… 021

　　处处是机会的经济环境 /021
　　温州老板"跑路"源于摈弃实业 /023

第二部分　对中国家族企业的批判与再造

第一章　面对竞争企业的汪洋大海，家族企业已经没有石头可摸 ……… 029

　　批判与再造是一条必经之路　/029
　　两个难以逾越的坡顶困境　/033
　　批判和再造是做大家族企业的途径之一　/035

第二章　剪掉了家族企业的辫子，并不就是真正的现代企业 ……… 037

　　批判和再造并不是全部否定家族企业　/037
　　把对家族企业的批判和再造与家族化管理区分开　/038

第三章　实现再造，必须对家族企业进行彻底批判 ……… 040

　　比登天还难的批判和再造　/040
　　张万奇父子正确的做法　/042

第四章　没有批判与再造，就没有基业长青和永续经营 ……… 044

　　两大怪圈严重制约着中国家族企业的发展　/044
　　家族企业的两个优势　/045
　　目前中国家族企业四个改造内容　/047
　　创始人对家族企业改造时的三个担心　/048

第三部分　家族企业"短命"的 22个致命因素

第一章　急功近利，鼠目寸光 ……… 053

　　缺乏战略总体设计　/053

目 录

　　　　看重眼前利益　/055
　　　　一夜暴富的投机心态非常严重　/057

第二章　刚愎自用，独断专行……………………………………… 060

　　　　领导人唯我独尊阻碍成熟期企业的发展　/060
　　　　克林电子倒在"刚愎自用，暴政独断"中　/070
　　　　刚愎自用、独断专行的四种类型　/073
　　　　柳传志的制度化管理值得借鉴　/074

第三章　事必躬亲…………………………………………………… 077

　　　　事必躬亲时的两种态度　/077
　　　　业务型领导者过于事必躬亲　/079
　　　　事必躬亲，不喜欢授权的原因　/081
　　　　领导＝决策+授权　/082
　　　　职位越高，授权的比例就越大　/084
　　　　强化家族企业创始人的授权意识　/086

第四章　任人唯亲…………………………………………………… 088

　　　　热衷于任人唯亲的两个原因　/088
　　　　任人唯亲是家族企业的一个顽疾　/089
　　　　任人唯亲的现象非常严重　/092
　　　　优秀家族企业领导者的四个用人原则　/093

第五章　制度形同虚设……………………………………………… 095

　　　　制度形同虚设大都是由家族企业创始人造成的　/095
　　　　家族企业人治化　/096
　　　　管理人治化势必影响家族企业的持续发展和做大　/098
　　　　家族企业制度化道路困难重重　/101

避免制度形同虚设的三大障碍 /105

第六章　公司政治化 …………………………………………… 107

神秘的公司政治 /107
公司政治产生的根源 /108
遏制公司政治蔓延和扩大的四个方法 /110

第七章　管理粗放 ……………………………………………… 111

粗放管理的五个特征 /111
过于粗放的管理理念和风格 /112
解决粗放管理问题不是一个简单的口号 /116

第八章　张力错位 ……………………………………………… 118

家族企业常见的两个张力错位 /118
核心竞争力的六个具体方面 /124

第九章　盲目多元化 …………………………………………… 127

多元化企业的不同命运 /127
多元化发展成少败多的原因 /130
特殊历史环境造就多元化之路 /131

第十章　武断冒进 ……………………………………………… 135

武断冒进葬送企业前程 /135
上新项目时的潜在风险 /138

第十一章　视游戏规则为儿戏 ………………………………… 140

不守游戏规则的行为必然付出惨重的代价 /140
遵守规则的四个方法 /142

目 录

第十二章　固守技术，缺乏远见 …………………………… 144

固守优势而忽略市场变化的表现　/144
浙商是在恶劣的环境下被动走出来的　/145
过于固守优势可能阻碍家族企业发展　/146
避免陷入"成功陷阱"的三个方法　/148

第十三章　漠视危机 …………………………………………… 151

三株的失败源于危机公关不给力　/151
日本企业集体败退中国的根本原因就是歧视消费者　/154
避免机械地应对危机事件　/156
危机就像死亡和纳税一样不可避免　/156
任何时候都必须正确面对危机事件　/160

第十四章　企业家心理失衡 …………………………………… 162

心理失衡诱发企业乱局　/162
解决心态过于失衡问题的三个办法　/164

第十五章　盲目相信经验 ……………………………………… 166

经验往往成为阻碍家族企业发展的绊脚石　/166
任何经验不能放之四海而皆准　/169

第十六章　不懂财务 …………………………………………… 172

资金链断裂导致企业死亡　/172
企业管控模式的三个分类　/176
避免盲目地实施激进财务战略的四个方法　/178

第十七章　媒体围剿 …………………………………………… 181

导致中国家族企业死亡的罪魁祸首　/181

建立和完善良好的媒体关系的"四度法则" /185

第十八章　欺骗消费者 …………………………………………… 186

信誉很难用货币去衡量　/186
"傻子瓜子"付出的巨大代价　/187
企业信用的修复程序　/188

第十九章　逃税漏税 ……………………………………………… 190

不逃税就倒闭本身就是一个伪命题　/190
普耀公司在逃税漏税中倒塌了　/192

第二十章　造假上市 ……………………………………………… 195

欧美国家家族企业不愿意上市的四个原因　/195
绿大地给部分盲目上市的家族企业敲响警钟　/197

第二十一章　隐形规则主导企业管理 …………………………… 201

隐形规则面临重大危机　/201
沟通机制及渠道的匮乏　/202
围绕着家族企业创始人的"小圈子"到处都是　/204
避免隐性文化主导企业决策和管理的三个方法　/205

第二十二章　关键岗位上用错人 ………………………………… 207

21世纪什么最贵——人才　/207
人力资源存在的三个风险　/208
降低企业用人风险的9种策略　/212

第二十三章　"夫妻阋于墙"的婚变危机 ………………………… 214

婚变可能给企业带来诸多不确定性　/214

目 录

婚变成为民营企业经营的新风险 /218

第四部分　家族企业如何做大和基业长青

第一章　家庭关怀特质渗入现代企业管理制度 ·············· 223

家庭关怀特质渗入现代企业制度的具体表现 /223
家族企业的经营业绩比非家族企业要出色 /225
欧美家族企业表现优秀源于家庭关怀特质渗入
　现代企业管理中 /229

第二章　家族企业只有社会化才能现代化 ·············· 231

家族企业进行社会化改造的两个理由 /231
家族企业最终的选择依然是社会化 /234

第三章　给家族企业嫁接现代企业制度 ·············· 240

让企业的所有权和经营权分离 /240
逐渐淡化家族制，稀释股权 /246

第四章　弱化或者摒弃家族制和家族化 ·············· 250

去家族化是李书福一个不得不做的选择题 /250
家族企业在社会化改造中绝对不能一刀切 /252
摒弃家族制和家族化有两种方式 /254

第五章　创始人对家族企业的绝对控制 ·············· 256

不能在资本层面稀释掉对于公司的控制权 /256
股权安全系数在 70%～90% /258
"陈晓"的黯然离去就是控制权的巨大作用 /259

第六章　及早地选拔和培养接班人 ················ 264

接班人计划是一项长期的系统工程　/264
接班人必须具备的八种企业家职业素养　/267
把接班人的培养问题提上家族企业的议事日程　/268

参考文献 ·· 270

后记 ··· 274

财富商学院企业成长系列培训课 ····················· 277

第一部分

中国家族企业屡屡无缘排行榜 值得中国反思

☞ **本篇要点**

据相关数据显示：中国民营企业的平均寿命只有2.9年，中国每年约有100万家民营企业破产倒闭，60%的企业将在5年内破产，85%的企业将在10年内消亡，能够生存3年以上的企业只有10%。

中国每年竟然有高达100万家企业倒闭，这组数据令人震惊。当然，有研究者认为，这组数据未必可信，但是笔者却宁可相信"空穴来风，未必无影"。

2018年的春天悄然来临，令人遗憾的是，数以万计的创业企业却没有能够见到和风煦煦的春光。"一将功成万骨枯"这样的语句应了当时的景，也应了马云那句话"创业如此艰难，你要内心强大"的警告。

媒体公开的2017年倒闭的100家创业企业名单中，被媒体和投行视为封口的"共享经济"，尤其以共享单车为典型代表。或许，这只是中国企业倒闭潮下的一个缩影。

于是，有志之士疾声高呼，广东中小企业告急、浙江中小企业告急、江苏中小企业告急、福建中小企业告急、山东中小企业告急、各地频传中小企业倒闭消息……随着中国经济进入新常态阶段，下行的压力逐渐增大，私营企业倒闭成潮。

当中小企业处于这样的窘境时，我们需要反思倒闭潮背后的真实原因。1978年改革开放后，尽管大多数私营企业的老板没有受过高等教育，也没有接受过系统的企业制度管理，但是短缺的经济时代给予了企业足够的发展机会，加上政策支持和廉价劳动力等因素，使得原本仅打算做个小本生意谋生的店主生意却越做越大，越做越顺，其规模逐渐扩张。

在当下这个时代，由于互联网，尤其是移动互联网的普及，使得消费者需求急剧变化，同时也为企业的长尾营销创造了条件。当时代变化时，如果私营企业老板依然盲目守旧，不积极地与时俱进，加上中小型私营企业自身的一些缺陷和不足，一些传统私营企业变得举步维艰也就在情理之中。

虽然这样的思维趋于理性，但是无数人却在承受自己的企业或自己所在企业倒闭的痛苦。在我们身边，通常一个酒楼、一个饭馆就是一个企业。说得更加直白一些，一个酒楼、一个饭馆就是一个人全部的身家，是一个人、一个家庭或一个家族的全部希望所在。这或许是我们研究中国家族企业死亡真相的动力所在。

究其原因，在当下，研究企业失败的专家、学者不少，研究企业失败案例已经成为媒体和出版界一道喧嚣的风景，但是专门研究企业死亡的却少之又少。失败不同于死亡，失败意味着还可以重新站起来，死亡却意味着永远倒下去。从这个角度说，死亡的意义更为深刻，悲剧色彩也更为浓重。

第一章

长寿家族企业数量与中国泱泱大国不匹配

有人说,家族企业是落后的企业,家族经营是落后经营,如果硬要把家族企业说成是落后的企业,家族经营是落后经营的话,那么他们代表的肯定不是正确的观点。

——福特汽车创始人 亨利·福特

历史原因导致中国长寿家族企业数量过于稀少

在中国崛起的时刻,不管是欧美的政客,还是日韩的政客,他们都在鼓吹中国"威胁"着他们国家的安全,特别是中国企业威胁着他们国家国民的就业。

连美国第 44 任总统贝拉克·侯赛因·奥巴马(Barack Hussein Obama)也多次在公开场合表示要将汽车制造从全球搬回美国本土,美国第 45 任总统唐纳德·特朗普(Donald Trump)更是把中国作为美国的战略竞争对手,试图用各种贸易壁垒的方式解决美国的就业率。

在其他地区,甚至连欧洲、美国、日本、韩国等经常批评中国的主流媒体也开始歌功颂德起来,于是这样的声音就迎合了一部分投机取巧的中国企业经营者的虚荣心,似乎中国已经占领了世界市场。为此,心血澎湃的冲动驱使着这部分中国企业经营者到世界各地去购买奢侈品和豪宅。

在这里,我想问一句,中国企业,特别是中国家族企业真的都占领世界 500 强企业席位的高地了吗?我想读者也都知道这个结果,答案当然是没有。

不信,我就从媒体的报道开始谈起,早在 2003 年,美国季刊杂志《家族企业》(*Family Business*)在其 2003 年第一期(冬季版)上公布了全球最大 200 家家族企业的排行榜。这 200 家企业来自 27 个国家,其中美国几乎占了一半,多达 99 家,其次是法国 17 家、德国 16 家,中国只有两家(中国台湾的国泰人寿保险排名 45,中国香港的和记黄埔排名 71)。该榜前十名如表 1-1 所示。

表1-1 《家族企业》发布的2003年全球家族企业前10名

名次	公司	家族	国家	年销售额
1	沃尔玛	沃顿	美国	2178亿美元
2	福特汽车	福特	美国	1624亿美元
3	三星集团	李氏	韩国	987亿美元
4	乐金	Koo	韩国	810亿美元
5	家乐福	德福来	法国	616亿美元
6	Ifi Istituto	阿亚里	意大利	592亿美元
7	菲亚特	阿亚里	意大利	547亿美元
8	卡吉尔	卡吉尔·麦克米兰	美国	508亿美元
9	标致雪铁龙	标致	法国	458亿美元
10	科奇实业	科奇	美国	400亿美元

据美国《家族企业》杂志介绍,该排行榜首次公开了全世界家族企业的整体实力情况,只不过是按照实力的大小排列而已。

2000年以来,《家族企业》杂志每年推出年销售额超过10亿美元的各国家族企业名单。这其中就包括我们熟知的沃尔玛、福特、三星等家族企业。值得关注的是,排在第一和最后的家族企业收入差距竟高达124倍之多。

2015年,美国著名杂志《福布斯》发布的2015全球家族企业100强榜单数据显示,欧洲企业(48家)占据了将近半壁江山,其次是美国(27家),占27%。仅有三家中国企业上榜(中国香港和记黄埔排名35、中国台湾台塑石化排名40、中国台湾化学纤维公司排名95)。

在这个榜单中,沃尔玛、大众、宝马、福特、欧尚等知名品牌均位居前十名,其中,最老的一家是排名99位的德国企业默克集团(Merck KGaA),它创办于1668年,起源于收购位于德国西部的天使药房,至今拥有350多年的历史,如表1-2所示。

表1-2 《福布斯》发布的2015全球家族企业前10名

排名	公司名	上市与否	年营收(亿美元)	雇员人数	国家	家族
1	沃尔玛公司/Wal-Mart Stores, Inc.	上市	4763	2200000	美国	沃尔顿家族/Walton family
2	大众公司/VolkswagenAG	上市	2616	572800	德国	保时捷家族/Porsche family

续表

排名	公司名	上市与否	年营收（亿美元）	雇员人数	国家	家族
3	伯克希尔—哈撒韦公司/Berkshire Hathaway, Inc.	上市	1822	330745	美国	巴菲特家族/Buffet family
4	EXOR 公司/EXOR SpA	上市	1511	301441	意大利	阿涅利家族/Agnelli family
5	福特汽车公司/Ford Motor Company	上市	1469	181000	美国	福特家族/Ford family
6	嘉吉公司/Cargill, Incorporated	私营	1367	143000	美国	卡吉尔/麦克米伦家族/Cargill/MacMillan family
7	科氏工业公司/Koch Industries Inc.	私营	1150	100000	美国	科赫家族/Koch family
8	BMW 公司/Bayerische Motoren Werke AG	上市	1010	110351	德国	科万特家族/Quandt family
9	施瓦茨集团/SchwarzGroup	私营	894	335000	德国	施瓦茨家族/Schwarz family
10	欧尚集团/Groupe Auchan	私营	855	302500	法国	穆里耶兹家族/Mulliez family

从这份榜单的数据来看，2015全球家族企业前10强中，中国家族企业竟然无一上榜。这份数据说明，中国家族企业在规模方面依然落后于欧美家族企业。由于历史的原因，中国家族企业在长寿方面，其数量依然不及欧美，更别提企业长寿大国日本了。

韩国银行曾公开发表过一份名为《日本企业长寿的秘密及启示》的报告，数据显示，在所有国家中，日本超过200年历史的企业，总共达到了3146家，甚至还有7家企业已经经营了1000多年。

让我们吃惊的是，排在世界最古老企业前三位的这三家企业全部都在日本，例如，创办于公元578年的金刚组尽管在日本泡沫经济破裂后遭遇一系列经营困难，但是依然活跃在日本寺庙建筑中。

长寿企业之所以能够延续到今天，当然有其独到的经营秘诀。来自日本调查公司东京商工研究机构数据也显示，在日本，竟然有21666家企业已经超过百年历史。然而，在20世纪70年代，特别是1975年后才建立的公司，只有620家。

日本调查公司东京商工研究机构数据还显示，在日本百年企业中，有89.4%的百年企业都是中小企业，多以家庭为单位经营，员工没有超过300人的，经营范围大部分集中在制作食品、酒类、药品以及与传统文化相关的行业。

在家族企业密集的欧洲地区，超过 200 年历史的长寿企业也为数众多，仅德国就有 837 家，荷兰有 222 家，法国有 196 家。

由于历史的原因，中国因为社会变革，导致长寿家族企业稀少。据资料显示，1956 年底，中华人民共和国对农业、手工业和资本主义工商业基本完成了社会主义改造。当经过社会主义改造后，尽管当前的中国拥有一定数量的长寿企业，如便宜坊、贵州茅台、同仁堂、全聚德、六必居、张小泉、陈李济及王老吉等企业，其中，便宜坊就超过 600 年（创建于 1416 年），但是今日的便宜坊已不再是家族企业而是国有企业。因此，此类长寿企业不能归属为家族企业，仅仅是作为中国长寿企业。

与之相关的中国长寿家族企业，其数量却很稀少，现存超过 150 年的家族企业，只有寥寥数家，为数不多，大多在中国香港和中国台湾。

除去历史的原因，中国长寿家族企业稀少的另一个原因就是企业自身的原因，这就是本书要重点介绍的内容。

2011 年 12 月，全国工商联对外发布了中国首份《中国家族企业发展报告》，数据显示，中国家族企业经营年限平均为 8.8 年，与欧美企业平均寿命 40 年相比相去甚远。

在研究中国家族企业时发现，中国家族企业创始人并不缺乏胆量和谋略，创始人筚路蓝缕、勤俭持家、披荆斩棘和国外家族企业创始人几乎没有太大区别，甚至创业白手起家的商人数量也为数不少，但历史悠长的中国为什么就没有大批量的长寿企业，特别是长寿家族企业呢？

对 10 多年的研究进行梳理，原因主要有以下几个方面：

第一，中国家族企业自身原因，如表 1-3 所示。

表 1-3　中国家族企业死亡的自身原因

原因	具体表现
建造豪华房屋	当家族企业做大后，将大量企业利润运回家族企业创始人出生地用于建造豪华房屋。徽商和晋商这两个商帮就将徽派建筑和晋派大院发挥得淋漓尽致
不重视对接班人的培养	大多数家族企业不重视对接班人的培养，始终认为"万般皆下品，惟有读书高"。这就使得很多能力较强的"潜在接班人"走向官场

续表

原因	具体表现
逐利	家族企业创始人往往逐利。例如，在中国改革开放崛起的部分浙江商人，大多数都是家族企业，当做到一定规模后，创始人就开始放弃实业，到中国各地去炒楼，甚至去炒农产品。还有就是山西的煤老板也跟浙江商人一样，把企业利润都用来炒楼、炒股，甚至有的家族企业创始人还去借高利贷来炒楼
盲目多元化	急功近利，当取得一定经营规模后，就开始浮躁起来，不注重本业经营，往往热衷于多元化发展。家族企业创始人实施多元化战略，我不反对，但是必须要考虑自身的企业条件和现状。反观日本家族企业，其长寿的一个秘诀就是坚守本业
缺乏长远的规划	当某些家族企业得到一定的发展，创始人往往安居一隅。总是"直把杭州作汴州"，结果错过了家族企业发展的大好机遇

第二，外界因素的冲击，如表1-4所示。

表1-4 中国家族企业死亡的外界因素

原因	具体表现
军阀	由于战乱，很多家族企业的货物被军阀强行霸占，甚至要缴纳非常高的军饷
匪患	在很多绿林匪患严重的地区，很多商人的银子经常被抢劫，严重地影响了家族企业的生存和发展
战争	由于战争涉及的地域较广、较长，阻碍了消费者购买商品的需求
政策	由于外国列强的入侵，使得国外企业享受超国民待遇，使得中国家族企业的经营困难重重
社会变革	遭遇社会变革，家族企业被社会化改造

当然，中国家族企业没有长寿的原因还有很多，但是能够幸存下来的长寿家族企业同样经受了战争等外部因素的影响。我认为，中国家族企业没有长寿的原因还是自身的问题没有处理好。

作为家族企业创始人，要想将家族企业打造成百年老店，甚至像寺庙一样永远长存的千年长寿企业，就必须摒弃传统的僵化思维，从而对家族企业进行批判和再造。那么，我为何要批判中国家族企业并提出再造呢？原因有以下几个，如表1-5所示。

见表 1-5   批判中国家族企业并提出再造的原因

原因	具体表现
中国家族企业在我国当前的国民经济中发挥着重要的作用却被很多人忽视	家族企业一直是中国乃至世界商界一个重要的企业类型。目前，家族企业在全球经济中起着强有力的支撑作用。在我国，改革开放之后私营企业迅速崛起，已经表现出强大的活力。为数众多的民营企业不仅在我国当前的国民经济中发挥着重要的作用，即使从长远的发展来看，也将是我国市场经济发展中不可忽视的重要企业群体
家族企业与任人唯亲、刚愎自用等词语挂钩	在很多企业家论坛上，一些企业家公开直言不讳地批评家族企业，可以说，家族企业在当今的中国仍会和"小型企业""倒闭企业""侏儒企业"等不阳光的词语挂钩
中国家族企业优势没有得到足够的重视	中国有着浓厚的家文化传统，数千年来，家文化商业一直是主要的商业存在形式，但在近几十年的经济发展中，家族企业被视为落后管理的代名词，受人诟病，以至于很多家族企业不愿意承认自己的企业是家族企业，家族式管理的弊端被放大，其优势没有得到足够的重视
家族企业可以长命百岁	虽然中国是重视家庭与亲情的国家，但家族制企业却不因此而得到慷慨的理解和支持。把家族制企业所遇到的问题仅仅归结为都是家族制惹的祸，似乎过于简单，同样也有失偏颇。存在就有道理，方太董事长茅理翔坚信，家族制企业也能健康长久，也可以长命百岁
中国家族企业往往得不到某些地方政府、银行的支持	家族企业在与国有企业、外资企业及其他混合型企业相比，往往得不到地方政府和银行的支持。在很多地方政府政策里明文提出，地方工作人员引进外资往往都有不同程度的奖励，这些地方工作人员因此还可以得到重用和提拔，而家族企业却是一个例外

在表 1-5 中可以看出，中国家族企业的现状不容乐观，因为在极端恶劣的环境下生存尤为艰难。然而，当翻开世界上著名大企业的发展史，几乎就是一部部家族企业的发展史，家族企业在现代发达的市场经济国家非常普遍，在美国，家族企业也是美国经济的主导力量：在美国 90% 以上的企业都是家族企业或者家族控股企业，家族企业的产值占美国 GDP 的 62%，家族企业提供 60% 的就业岗位。

中国家族企业面临的种种问题

在很多时候，许多家族企业创始人都被误导了，以为现代企业制度就是解决企业发展问题的灵丹妙药。

事实证明，制度没有先进和落后之分，只有合适与不合适之分。企业制度的选择是一个自然的过程，如果盲目追求理想中的组织形态，必将以牺牲家族企业的利益为代价。因此，福特汽车创始人亨利·福特在接受美国《华尔街日报》采访时就谈道："有人说，家族企业是落后的企业，家族经营是落后经营，如果硬要把家族企业说成是落后的企业，家族经营是落后经营的话，那么他们代表的肯定不是正确的观点。"

从亨利·福特的观点中不难看出，家族企业绝对不是落后的企业，在亨利·福特意识中，家族企业是最佳的企业类型。然而，对于中国家族企业来说，尽管家族企业是最佳的企业类型，但是不进行批判和再造的话，那么一些中国家族企业即使能做到一定的规模，也肯定不能做成百年老店。

当然，肯定有人支持笔者的这种观点，譬如盛大网络CEO陈天桥就认为，"家族式管理最先进"。然而，立即引来了诸多研究者的质疑，这些研究者说盛大将遭遇前所未有的问题，同时还列举了三个理由，如表1-6所示。

表1-6 盛大将遭遇前所未有问题的三个理由

理由	具体表现
任人唯亲	在这部分研究者的理由里，排在第一位的就是任人唯亲，他们认为，陈天桥家族要想把盛大这个企业的经营管理大权牢牢控制在自己手上，就必须把家族成员放在盛大的关键岗位上，尽管有些家族成员可能不适合这些关键岗位
家族内部分歧不易解决	不可否认，在中国家族企业里，一些家族成员的身份非常特殊，正是这些家族成员经常违反了家族企业的规章制度，如迟到、早退等，然而，非家族成员会碍于家族企业特殊身份，不愿意得罪这样的家族成员，对这部分家族成员听之任之，这样就使盛大原本的正常秩序被打乱，从而影响了企业的发展和壮大
独裁的管理导致决策的质量不高	在家族企业中，家族企业创始人在决策方面相对独裁，这就使得家族企业创始人的决策质量不高，从而导致盛大将面临巨大问题

然而，让很多研究者没有想到的是，陈天桥重金从微软中国聘请唐骏成为盛大的CEO，全面负责盛大的日常管理工作。

陈天桥的举动无疑打消了部分人的质疑。当然，这些人质疑还是有一些道理的。其实，中国家族企业倒闭大多与家族企业创始人，或者二代、三代接班人有着重要的关系。研究发现，在中国，家族企业通常会面临如下几个困境，如表1-7所示。

表1-7 家族企业面临的困境

困境	具体表现
员工忠诚度极低	在很多家族企业中，一些非家族员工往往认为，该企业是某某老板家族的，自己就算做得再好，也得不到家族企业老板的重用，一般非家族员工不会在家族企业中工作较长的时间
客户忠诚最低	家族企业创始人在初创时期，寻找合作者是相当困难的，因为合作者会因为家族企业过于弱小不愿意合作，甚至放弃
银行和政府支持力度最低	由于家族企业初创阶段没有规范的财务制度，从而有可能得不到银行的支持，又由于规模过小，再加上我国长期以来对外资企业实行"超国民待遇"的优惠政策，将家族企业置于不平等市场地位，增加了家族企业的融资难度。家族企业遇到的最大阻力在于不能与其他企业被一视同仁。因此，家族企业很难得到地方政府的扶持

从表1-7中可以看出，中国家族企业正在面临的问题越来越严峻。这从《华尔街电讯》的统计数据就可以得到印证。

《华尔街电讯》的统计数据显示，中国家族企业获得持久成功的机会已经越来越小，有89%的家族企业不能够传递到第二代，仅仅只有1%的家族企业在三代之后还能继续生存和发展。

遗憾的是，新中国成立初期中国约有老字号1万多家，分布在餐饮、零售、食品、酿造、医药、居民服务等行业。商务部从2006年起在全国实施了"振兴老字号工程"，目前已认定两批"中华老字号"品牌，老字号企业大约1000家，不足新中国成立初期的10%。

从这个数据可以看出，到目前为止，传递到第三代、第四代的家族企业已经屈指可数了。除了像所有企业一样面临着越来越激烈的市场竞争，家族企业的经营还会遇到自身特有的风险。因此，我在"富过三代——家族企业如何迈过接班生死坎"培训课上公开告诫家族企业创始人，在创业成功后，尽快地对企业自身进行批判和再造，把不能胜任职位的家族成员撤离，更不要把亲戚都放到公司里担任重要职务，如果有一天发现其不能胜任职责，想撤他的职务就很困难了。

第二章

集体性战略缺失导致中国家族企业不能基业长青

中国企业之所以"短命",还有一个最根本的原因,那就是决策者心态浮躁、目光短浅,缺少对企业长远的战略构想和通盘设计。

——北京华夏圣文管理公司资深培训师 汪洋

"短命"的中国家族企业

在金融危机中,诸多中小家族企业的死亡其实是一件非常正常的事情。前几年没有出现原材料价格猛涨、人民币升值、用工成本激增、银行贷款难、民间借贷利率飙升的情况,中小家族企业倒闭的现象同样发生,而且并不比现在少。

事实上,目前的宏观调控对部分中小家族企业有一些影响,但这些影响不足以"致命",中小家族企业倒闭的原因很多,但根本原因只有一个,那就是中小家族企业的经营管理,只要中小家族企业的核心竞争力较强,再大的外界因素也不能让中小家族企业遭受灭顶之灾。

是什么原因导致这些中小家族企业倒闭的呢,特别是长江三角洲地区企业出现"异常倒闭"现象?最要命的原因就是"拍脑袋决策"。

那些倒闭的中小家族企业,在金融危机之前大部分都大规模盲目投资,这是倒闭潮的罪魁祸首。在浙江慈溪,被人称为"完全靠低价来做市场的冰箱制造行业"就是其中的一个典型代表。

位于东海之滨的浙江慈溪,历史悠久——春秋时属越,秦代设县,古称"句章",至唐开元二十六年(公元738年)始称慈溪,县治在今之慈城。慈溪交通便利,区位和交通优势十分明显——东离宁波60千米,北距上海148千米,西至杭州138千米,是长江三角洲经济圈南翼环杭州湾地区上海、杭州、宁波三大都市经济金三角的中心。

如此优越的条件无疑给商业发展提供了肥沃的"土壤"。在21世纪初，慈溪就成为中国三大家电制造基地之一。

在2008年金融危机爆发前，特别是2000~2007年，中国企业借着中国经济发展的东风可以说是如鱼得水。具有敏锐市场洞察力的浙江慈溪企业老板们绝不会放弃这样的市场机会。从2005年开始，很多慈溪企业老板就开始投资建厂生产冰箱。

然而，这样的转变说起来非常简单。在慈溪企业老板的意识中，"只顾着投身去赚钱"就可以，但是他们却不会过多地考虑企业的发展前景。2007年，一位老板在饭桌上谈着谈着就拍板，他要进军冰箱产业。

据媒体报道，这位老板原来是从事兔子养殖业的。最让人担心的是，这些投身到冰箱行业的企业老板都是"门外汉"，那么这些从来没有涉足过家电产业的企业老板为什么都要投身冰箱制造行业中？据媒体披露，这些老板认为，冰箱制造是当时最赚钱的行业。

从宁波慈溪市经济发展局曾经公开的数据可以印证媒体的观点，慈溪冰箱2007年的产量突破了500万台，到2007年底，慈溪从事冰箱生产的企业约50家，设备投资超过1亿元人民币。在2007年，还有10余家企业老板有涉入该领域的意向。

在慈溪，有媒体曾用"异军突起"来形容当时许多企业投资冰箱行业的勇敢与冲动，然而，这股冲动在2008年画上了休止符。在2008年的金融危机中，接到单的冰箱生产企业已经不超过10家了。

从上述这个案例中我们不难看出，连从事养殖业的企业老板都敢去上冰箱生产线，一个低则百万元高则千万元乃至上亿元的投资项目，老板在饭桌上谈着谈着就拍板了。

这样仅靠拍脑袋就能做出的重大转型决策，听起来非常不可思议。然而，并不因为我们觉得不可思议就不存在。

事实上，这样的"拍脑袋决策"每天都在进行着。正是许多中小家族企业经营者在决策时往往都是拍脑袋，才导致珠江三角洲、长江三角洲中小企业倒闭频现。

从上述案例还可以看出，中小家族企业创始人并非在各个方面都有着较高的水平。因此，要想将家族企业做强、做大，就必须提高家族企业创始人的领导能力和素质。就中国家族企业创始人队伍整体而言，其素质状况既有值得赞许的方面，同时也还存在一定的缺陷，主要有以下四个方面，如表1-8所示。

第二章 集体性战略缺失导致中国家族企业不能基业长青

表 1-8 家族企业家存在的缺陷

缺陷	具体表现
文化素质不高	在中国诸多家族企业中，由于中国特定的历史原因，培养了一大批不同类型的企业家，但是这批企业家却在文化素质上参差不齐，差异非常大。在改革开放中，早期创业的企业家大多数是农民和个体户，一般文化素质相对较低，有的是因为没有考上大学，有的是因为家庭非常贫穷而被迫创业，可以说，这一批家族企业创始人文化层次都不太高。从总体看，中国企业家队伍高学历层次的人才仍不太多。从所分析对象的文化层次看，初高中以下文化者占 80%~85%
缺乏系统的经营管理专业和知识的培训	很多家族企业创始人根本没有上过大学，也无从知晓企业经营管理理论，大多数家族企业创始人都比较重视经验，不相信理论，缺乏理论修炼的动力与时间
市场运作经验积累还有限	从改革开放到现在也不过40年，由于中国实行市场经济的时间相对较短，市场经济本身还不太成熟，家族企业创始人能够接触到的层面、范围、所处理的市场关系等依然存在一定的局限性。特别是对资本经营运作、国际市场经营运作等方面缺乏必要的认识，甚至经常被国外的风险投资，或者跨国企业诱导，签订许多不利于自己的融资条款
小作坊观念仍然存在	由于中国职业经理人管理制度还不成熟，很多家族企业创始人依然没有跳出家庭式管理的樊篱。其管理方式和手段，逐渐与大企业、大集团运作不相适应

从表 1-8 可以看出，不管有没有金融危机，很多中国家族企业由于创始人缺乏战略思维，阻碍了家族企业的发展，其中一个较为显著的特点就是——"寿命短，长不大"。

研究发现，中国家族企业真正发展的黄金时期大多数在 2~4 年，当家族企业在经历了黄金发展时期之后往往体现为以下三个方面，如表 1-9 所示。

表 1-9 家族企业经历黄金发展时期后的三个现状

现状	具体表现
倒闭	很多中国中小家族企业在经历了高速发展之后，由于创始人缺乏整体的战略思维，从而会盲目扩张，甚至是陷入投资"大跃进"，结果使得家族企业迅速倒闭
长期停滞徘徊	很多中国中小家族企业在经历了高速发展之后，家族企业很难突破"瓶颈"，从而使家族企业陷入长期停滞的状况。如山东三株集团、珠海巨人集团、北京南德集团、广东中山爱多集团等

续表

现状	具体表现
迅速做强、做大	这部分家族企业属于少数部分，由于家族企业创始人非常主动战略规划，使得家族企业的发展都按照战略规划的步骤来进行。特别是在做到一定规模后，绝不盲目投资和武断冒进，从而避免了诸多家族企业倒闭，或者长期停滞徘徊的情况出现

在表 1-9 中，特别是第一方面和第二方面，中国诸多中小家族企业由于缺乏科学、整体的战略规划，遇到发展"瓶颈"时很难突破，就会倒闭，或者陷入长期停滞徘徊中。这就印证了中国家族企业像流星一样一个又一个辉煌地崛起，然后一个又一个悲壮地倒下。

进入 21 世纪，创业在中国已经成为最令人激动的话题，在这样的背景下，我们正面临着一个创业思维和创业活动异常活跃的年代，创业活动在中国大地上全面兴起，并逐渐成为中国国家经济发展的驱动力。

毋庸置疑，对于创业者而言，都想将家族企业做强做大。遗憾的是，一批又一批的家族企业注册成立，放鞭炮庆祝开张，同时，一批又一批的家族企业宣布倒闭，人去楼空。

据北京华夏圣文管理咨询公司的调查，样本中经营 10 年以上的企业仅有 10%。每年全国新成立的家族企业有 15 万家左右，同时有 10 多万家企业关门。家族企业中制造业领域企业最多，占 74%，而且 90% 左右以家族形式经营。

在市场经济改革的进程中，曾经涌现出了一大批著名企业，但是它们很快又在我们视野中消失了。如果是真正按照市场经济规则运行，企业的生死存亡本来是极其正常的事情，但是，对众多失败企业进行审视之后，我们发现中国家族企业总是绊倒在同样的错误面前，同样的错误接二连三地上演。

是什么原因导致了中国企业接二连三地倒闭呢？究其原因，就是中国企业家大都缺乏系统的战略性思维，在与本土巨头和跨国公司的较量中集体败北。

拍脑袋决策使得经营困难重重

在"富过三代——家族企业如何迈过接班生死坎"培训课上，一位中层经理抱怨说："在我们公司，我舅舅，也就是我们老板常常在一些重大决策上从不和我们这些高层经理商量，而且上千万元的投资都是通过拍脑袋的方式做出决策。在金融危机的今天，使得我们的经营困难重重。"

从这个中层经理的抱怨中不难看出，在中国家族企业中，中国家族企业创

第二章 集体性战略缺失导致中国家族企业不能基业长青

始人常常都会犯这个拍脑袋决策的错误,究其原因,在过去 30 多年中,中国经济处于极速发展阶段,机会随处都是,在一个机会型市场内,13 亿人的大市场做什么都赚钱时,通过科学、系统地做出某些重大决策似乎就显得多余了。

然而,这部分中国家族企业创始人不知道,在企业经营中,系统地做出某些重大决策主要是针对企业未来的发展方向,关乎着企业长期的、全局的和动态的市场竞争。这就决定了中国家族企业创始人做出的决策都必须是企业基于特定资源积累核心竞争能力。

然而,这样的决策往往是成熟企业才能具备的。这就决定了一些中国家族企业创始人在做出某些决策时,往往都是依靠自己的实战经验"拍脑袋决策"。

作为为中国经济做出重要贡献的中小企业,其数量非常庞大。国家工商总局统计数据显示,截至 2014 年 12 月底,全国实有各类市场主体达 6932.22 万户,比 2013 年增长了 14.35%,增速较 2013 年同期增加了 4.02 个百分点;注册资本(金)为 129.23 万亿元,比 2013 年末增长了 27.70%。其中,企业有 1819.28 万户,个体工商户有 4984.06 万户,农民专业合作社有 128.88 万户。然而,值得我们关注的是,这些中小企业的平均寿命仅为 2.9 年。

是什么原因导致这些庞大的中小企业在短短 3 年之内踏上死亡之路呢?其实,大部分中小企业不是死于企业的盈利模式,不是产品没有适销对路,也不是产品不具备成本竞争力,而是死于领导者的心浮气躁,决策随意,具体表现为在做出重大决策时,往往是领导者拍脑袋决定,没有经过深思熟虑。巨人就是一个典型的例子。

谈到巨人,读者一定能想起巨人大厦。谈到巨人大厦,很多读者会不约而同地认为,珠海巨人集团的危机,就是在于巨人大厦层层的加码上。

引发巨人集团危机的原因表面上看起来与巨人大厦层层加码有着重大关系。巨人大厦从最初设计的 18 层,到 38 层,再到后来的 54 层、64 层,直到最后的 70 层,最后因为资金链断裂,从而造成整个巨人集团陷入重重危机。不可否认的是,就是从 18 层到 70 层这一系列头脑发热的过程,改写了巨人集团的企业历史。正是这个过程的发生才引发巨人集团的现金流断裂的危机。读者可能会问?为什么会发生这样的事情呢?

其实,这都在巨人集团背后隐藏着一个更加深层次的企业管控制度问题。因为在巨人大厦从 18 层到 70 层的决策过程中,这与高层领导者强势有关。

在巨人大厦楼层的加高过程中,曾多次遭到多名高级干部的质疑,而且还向史玉柱提出过不同意见。

然而,在此之前,巨人集团从未形成过尊重"异议人士"观点、民主协商、集思广益的企业管控制度。

在巨人大厦楼层加高的时候，当不同意见，特别是反对意见提出来之后，自然不会不引起巨人集团高层的重视。

这主要源于巨人集团的执行文化——董事长或者总经理的决策都必须严格执行。在这样的执行文化下，不同意见，特别是反对意见也就不可能改变增加大厦楼层的决策。当巨人大厦的楼层一层一层地往上加，直到增加到70层时，最后一根稻草最终压垮了巨人集团这只骆驼。

当巨人集团遭遇重大危机后，史玉柱接受《南方周末》记者的采访时曾这样说："现在想起来，制约我决策的机制是不存在的，这种高度集中的决策机制，尤其集中到一两个人身上，在创业初期充分体现了决策的高效率，但当巨人规模越来越大、个人的综合素质还不全面时，缺乏一种集体决策的机制，特别是干预一个人的错误决策乏力，那么，企业的运行就相当危险了。"

究竟是什么原因驱使巨人大厦从最初设计的18层加到最后70层的呢？

史玉柱在接受媒体采访时坦言说："……从64层加到70层，是我一个人一夜之间做出的决定，我只打了个电话给香港的设计所，问加高会不会对大厦基础有影响，对方说影响不大，我就拍板了。"

其实，"拍脑袋决策"的事情每天都在发生，只不过是没有被媒体和研究者揭示而已。反观上述案例，在一个夜晚、一个电话、一个公司总经理。一个关系到企业生死存亡的重大决策就这样随意地产生了。正是从这样的教训中吸取了经验，引以为戒，才促使史玉柱的东山再起。

阻碍中国企业走向基业长青的深层次因素

披露家族企业的死亡真相并不是笔者的最终目的，最终目的还是让更多的家族企业能够避免那些悲剧的重演。一个企业要生存和发展，必须有正确的战略思维，而这也是真正吸引有识之士和激励全体职员协同作战并且战无不胜的重要基础。

那么，今天我们来认真思考一下，是什么阻碍了中国企业走向基业长青的呢？研究发现，阻碍中国家族企业发展的原因有如下几个，如表1-10所示。

第二章 集体性战略缺失导致中国家族企业不能基业长青

表1-10 阻碍中国家族企业发展的原因

原因	具体表现
经营者盲目自大	由于近几年EMBA培训了不少家族企业创始人,当这些家族企业创始人接受了一些短期EMBA教育并且拿到结业证之后,再加上家族企业创始人曾经取得过一些骄人的业绩,于是这些家族企业创始人便认为自己已经具备了一个合格战略规划家的能力了。当这些家族企业创始人在EMBA课堂上学会了那些专业、时髦的企业管理术语之后,对于家族企业的管理更加理直气壮了,渐渐地缺乏征询专业人士意见和"礼贤下士"的传统,而很多适合于家族企业发展的正确建议和方法往往就难以接受,一些看来非常明显的错误也会在家族企业中一再出现。加上很多战略决策总是朝令夕改,令家族企业中层管理者和一线员工根本无所适从
缺乏系统的战略思维	缺乏系统的战略思维是中国企业家绕不过去的门槛,也是中国企业做强做大的一个显著的"短板"。过去十几年,中国经济处于极速发展阶段,机会随处都是,在一个机会型市场内,13亿人的大市场做什么都赚钱,系统思维似乎就显得多余了。因为系统思维关注的是企业市场竞争长期的、全局的和动态的问题
缺乏前瞻性和长远战略思维眼光	在家族企业初创时,选择何种盈利模式往往会考虑企业的发展前景、行业和营销渠道等因素,然后才是现阶段薪金福利等非常现实的问题。然而,中国家族企业会怎么做呢?据北京华夏圣文管理咨询公司的调查结果显示,75.43%的家族企业老板靠与地方政府某一要员搞好关系,或者钻空子等因素来选择家族企业的经营方向。因此,就不难理解一个缺乏梦想和蓝图的家族企业,极少具有伟大战略构想思维能力,在种种资源的调配与处理方面,往往都缺乏前瞻性和长远战略思维眼光,结果是可想而知的
缺乏系统的企业管理培训与教育经历	在很多家族中,有一部分家族企业创始人由于缺乏系统的企业管理培训与教育经历,其自身的管理素质无疑无法胜任较大规模的家族企业的经营。此刻,一些家族企业创始人的远大抱负往往将家族企业引入倒闭的边缘。家族企业创始人的狂妄自大无疑就成了毁灭家族企业的内在因素
片面理解企业战略	在很多家族企业中,家族企业创始人常常片面地理解企业战略,也是阻碍家族企业发展的一个重要因素。这也是中国家族企业创始人们经常犯的一个错误之一 在企业家论坛上,很多家族企业创始人妙语连珠纵论企业战略,甚至还时不时地批判如科特勒等营销大师或其他管理大师的系统思想。客观地说,根据中国国情制定的战略比盲目照搬西方国家的战略思想要好得多,但是一旦片面地理解企业战略,只把企业战略停留于表面,这样的做法当然是不可取的。我们从很多失败企业中看到种种类似的问题。尽管这是家族企业创始人常犯的错误之一,但却是值得家族企业创始人深思的问题,特别是应该反思在决策时片面地理解企业战略这一环

尽可能让自己所做出的每一个决策都正确

在面对重大机遇时,科学决策是企业稳定发展的一个重要保证。读者可能会问:什么是科学决策呢?所谓科学决策是指决策者凭借科学思维,在充分调查研究的基础上,把握趋势,利用科学手段和科学技术对重大问题做出决定,并提出目标、方法、策略等所进行的决策。这就要求家族企业创始人在科学决策时,必须具有以下三个特征,如表1-11所示。

表1-11 科学决策的特征

特征	具体表现
程序性	决策程序性主要是指家族企业创始人在决策时,绝不能头脑发热、信口开河,更不能独断专行简单拍板、随意决策,必须按照一定的程序,充分依靠家族企业领导班子及其所有员工的集体智慧,从而有效地运用决策工具和方法来选择最佳的方案
择优性	决策择优性主要是指家族企业创始人在决策时,能在多个方案的对比中寻求获取较大效益的最佳方案,可以说择优是决策的核心
指导性	决策指导性主要是指家族企业创始人在决策时,特别是在管理活动中,决策一经做出,就必须付诸实施,对整个管理活动、系统内的每一个人都具有约束作用

从表1-11可以看出,作为家族企业创始人,不管是面对机遇,还是危机时尽可能集思广益,据此做出正确决策,对不同看法,通过交锋、论证提出可供选择的方案。

不可否认的是,在企业经营中,任何一个家族企业创始人都不可能保证自己做出的每一个决策都是正确的,就如在战场上,任何一个将军都不敢保证自己能百分之百地打胜仗一样。

企业成败主要取决于决策和管理两大因素

素有现代管理之父之称的彼得·德鲁克(Peter F. Drucker)认为,决策就是判断,是在各种可行方案之间进行选择。

哈佛商学院认为,决策对于企业的作用非常巨大,可以说,企业成败主要取决于决策和管理两大因素，其中，决策因素占 80%，管理因素占 20%。

从哈佛商学院的观点来看，决定企业成败的关键因素还是在决策上，从这个意义上说，企业领导者的决策关乎着企业的做强、做大，更关乎着企业的生死。

当家族企业创始人在做出某个决策时，意义非同小可。小而言之，决策决定某一项目的成败；大而言之，决策则有可能事关企业的兴衰进退。

从这一点讲，提高家族企业创始人的科学决策能力，不仅是提升家族企业创始人领导力的具体表现，同时也是企业持续、快速发展的核心。

既然决策的作用如此重要，那么如何避免家族企业创始人在决策时随意、目光短浅，动不动就拍脑袋决策呢？为了科学地进行决策，业内专家建议按照以下六个步骤进行，如表 1-12 所示。

表 1-12 科学决策的六个步骤

步骤	具体表现
确定决策目标	确定决策目标是家族企业创始人在决策时的出发点。当然，决策目标的确定不是随意而为，家族企业创始人在做出决策时必须搞清楚该项决策能解决企业的具体问题。这就决定了家族企业创始人制定的决策目标必须具体、明确，尽可能量化
搜集相关决策信息	在做出决策之前，搜集信息就是一项不可或缺的步骤。当制定决策目标后，家族企业创始人就必须集中时间和精力广泛搜集相关的、数量庞大的、影响决策目标的各种信息资料，从而将这些相关信息作为决策参考的根据
提出备选方案	家族企业创始人在做出决策时，必须满足科学决策的特征——择优性。这就要求家族企业创始人针对决策目标做出若干可行的备选方案。作为家族企业创始人必须清楚，提出可行性的备选方案是科学决策的一个重要环节，同时也是做出科学决策的重要保证。可能读者会问？什么是可行的备选方案呢，这里主要是备选方案存在合理性、技术上的先进性、市场上的适用性，及其资金上的可用性。对此，提醒家族企业创始人的是，在做出备选决策方案时，每个备选方案都要依据家族企业自身的客观条件，从而更加有效地使企业有限的人力、物力和财力资源都能得到合理的配置和利用
通过定量分析对备选方案做出初步评价	当家族企业创始人做出若干可行的备选方案后，就必须把若干可行备选方案的可计量资料先分别归类，系统排列，然后再根据决策目标选择适当的专门方法，比如建立数学模型对各方案的现金流量进行计算、比较和分析，再根据经济效益的大小及其对企业未来发展有利的利弊，从而对把若干可行备选方案做出初步的判断和评价，再依据这个评价建议选择最佳方案

续表

步骤	具体表现
考虑其他因素的影响，确定最优方案	确定一个最适合家族企业发展的决策，必须考虑其他因素的影响。也就是说根据定量分析的初步评价，在更加全面地考虑各种非计量因素对若干可行备选方案的影响。从而把定量分析的初步评价和定性分析的结果相互结合起来，科学合理地权衡利弊得失，再根据若干可行备选方案提供的经济效益和对企业未来发展的利弊进行综合判断，最后选择出最优的决策方案
评估决策的执行和信息反馈	家族企业创始人在决策时，必须充分考虑决策的执行性，而且必须具备指导性，也是检验家族企业创始人过去所做出的决策是否正确的客观依据。因此，当经过一系列程序筛选出的最优方案在付诸实施以后，还需对决策的执行情况进行跟踪评估，从而更加有效地发现决策中存在的诸多问题，再根据出现的问题反馈，及时纠正决策中的问题，以保证决策目标的最终实现

家族企业要想基业长青，创始人就必须拒绝拍脑袋决策的这种做法。因此，对于那些立志把家族企业打造成百年老店的中国家族企业创始人而言，提升系统战略思维和科学、合理地进行战略决策是至关重要的。对于家族企业创始人来说，如何补上思维僵化和战略决策拍脑袋这一课，已经成为一道不能轻易回避且必须跃过的"门槛"。

第三章

机会主义的暂时繁荣阻碍中国家族企业的永续经营

当企业快速成长的时候，企业家开始自鸣得意，写传记、拍电影。但企业壮大之后，企业家的能力不够用了，不知道该做什么样的投资。

——中国香港中文大学讲座教授　郎咸平

处处是机会的经济环境

在企业家论坛上，许多中国企业家在传递一个信息：企业多元化发展得到了意想不到的成功。

可以说，从这些企业家在论坛上的发言来看，他们是非常热衷多元化的。可能有读者会问，他们为什么总是冒险多元化呢？

分析得知，就中国企业整体而言，实施多元化战略这种现状与中国企业过去十几年的发展密不可分。

事实上，中国改革开放的40年，也是中国经济处于极速发展阶段的40年，机会随处都是，在一个机会型市场内，13亿人的大市场做什么都赚钱时，专注似乎就显得多余了。即中国家族企业创始人热衷于多元化的一个重要因素，就是中国家族企业在它的专业化和核心领域之外，还存在大量的潜力巨大的商业机会。特别是从20世纪80年代开始，当改革开放开始后，中国制度转型期的经济秩序和行业结构调整都腾出了大量的利益空间，只要创业者敢想敢干，把拥有的某种特殊资源，如关系、渠道、资本、垄断优势等转化为商业价值，就算是进入一个完全陌生的行业，创业者也可能会获取丰厚的利润。

在这样遍地是机会的背景下，家族企业创始人受到的诱惑非常多，当然也就在家族企业达到一定规模时，必然会选择多元化。

迄今为止，特别是从改革开放以后，中国诸多家族企业的高速发展及其获得的巨大成功，这其中大多数成分还要归功于机会。在很多伟大的创业故事中，我们听到了太多关于创始人力挽狂澜的神话。这些神话都必须建立在市场开放和巨大的内需基础之上，因为这两个方面成就了中国大多数家族企业取得的骄人业绩。

目前为止，可能读者会依稀记得，在20世纪八九十年代排浪式市场所引发的家电抢购潮，深圳、海南等地房地产的开发热，保健品市场的红红火火……

可以说，在这样的背景下，谁能够主动地抓住机会，谁就能赢得这个机会，谁也就能够将家族企业做大。但是，在这里，我们需要强调的是，家族企业创始人依靠潜力巨大的机会获得的成功与依靠管理获得的成功是有区别的。

家族企业创始人依靠机会获得的成功，只可能是暂时和偶然的。家族企业依靠科学的管理和完善的现代企业制度获得的成功，才可能保证家族企业基业长青和永续经营。对此，中国社会科学院世界经济与政治研究所研究员、世界华商研究中心主任康荣平在"中小企业专注还是多元化"论坛上就发表了他的观点：我们研究企业都经历过这样的情况：20世纪90年代很多企业家问我们多元化怎么做，怎么回事。多元化国内当时也没有人研究，我们研究了几年，主要是针对美国、日本和欧洲企业成长史做了研究。美国企业是最典型的，可以说从19世纪中叶一直到20世纪中期，将近100年的时间，整个企业成长都是专业化绝对唱主角的。1900年前后，美国的大企业百分之九十几都是专业化型的，很少是做多元化的。如果以美国企业成长作为一个坐标来看，中国企业很怪了，真正进入市场经济前20年，几乎都是多元化的，稍微发展了几天的企业都是忙着做多元化，这确实引起我们很大的反思，到底因为什么呢。每个国家企业成长大的环境不一样，美国在那一段成长的环境和中国企业这20年成长的环境是绝对不一样的，所以我们后来把多元化又做了区分，把中国的多元化干脆起了个名字，叫机会型多元化。美国等于是20世纪中叶，重点是"二战"以后，美国企业开始大规模的多元化成为主导战略。前些年在中国非常流行的是美国的GE，中国几乎人手一本书，这种企业的多元化我们把它称为以能力多元化或者机会型多元化，我们觉得这是两种多元化。当然，中国多元化可能还有其他原因，中国是转轨型的，政府起的作用非常大，作为一个民营企业，你只要做大了就可以得到更多资源，就可以做得更多，多元化是做大的一个快速方式，你可以用很多因素来解释，当然我觉得第一类因素应该是中国海量的机会，在一个时空范围。但是这个阶段过去了，如果非要找个线的话，应该是中国加入WTO，随着中国市场经济的建设，随着中国逐渐的开放，企业平均利润已经跟国际上开始接近，竞争越来越激烈，机会对于每个人来说已经很小了。所以在这么一种新的战略环境下，我认为对于中小企业应该提倡专业化。

康荣平研究员分析了中国偏爱多元化的深层次元素，尽管偏爱多元化，但是，众多的机会使得家族企业创始人选择了多元化，从而将家族企业引入一个盲目冒进的深渊之中。

研究发现，在中国改革开放的进程中，由于遍地都是机会，一些家族企业的发展速度惊人，甚至达到了 10 年 1000 倍的发展规模。从这些案例可以说明在过去 40 年的企业发展中，中国家族企业的主旋律依然是"高成长"。

然而，值得警示的是，尽管不少高速成长的家族企业，在家族企业资产、收入等硬指标上表现突出，但是在战略、决策、知识产权保护、专利技术研发、管理、制度、人才、创新、社会责任、价值观、技术、品牌等软实力上却频频遭遇"瓶颈"，成为阻碍家族企业高成长的诸多因素。众多高速成长的家族企业随着规模的增大，依然采用原有的管理手段，这就使得高速成长的家族企业因成长撕裂已有的管理体系和经营体系，引发更多的矛盾与冲突，陷入成长的陷阱："没有成长等死，高速成长找死。"

对于这样的现象，香港中文大学讲座教授郎咸平在"成长企业 100 强"的揭晓现场演讲时，提出一个让在座的企业家们唏嘘不已的论断——企业高速成长一般是企业失败的开始。虽然不是授课，但郎咸平的开场白就向数百位老板们抛出一个难题："我可以大胆地讲，没有一个行业在 2004 年是好过的。成长企业 100 强企业走到今天，都要面临同样的困境，在同行和你一样将成本压缩到无法再降的时候，下一步怎么办？"

当然，郎咸平这样的观点无疑给引以为豪的中国家族企业家们泼了一盆冷水，而且这盆冷水冰凉刺骨，可能使原本心潮澎湃的热情刹那间降至冰点。但是郎咸平却善意地给诸多中国家族企业的企业家提了一个醒——高速成长一般是企业失败的开始。郎咸平说："当企业快速成长的时候，企业家开始自鸣得意，写传记、拍电影。但企业壮大之后，企业家的能力不够用了，不知道该做什么样的投资。"

的确，当中国家族企业处于高位发展时，中国家族企业经营者大都缺乏危机管理意识，直到企业濒临危险时，甚至宣布倒闭时，有的中国家族企业家才明白，其实，那样的危机完全可以避免，但为时已晚。

温州老板"跑路"源于摈弃实业

前几年，随着温州老板外逃的事件被媒体披露，一些媒体认为，温州老板外逃是因为融不到资而去借高利贷，最终无法偿还高利贷所致；一些媒体认为，温州老板外逃主要是他们借高利贷炒房炒股，由于遭遇国家宏观调控；一些媒体认为，温州老板外逃主要是他们投资所致。

尽管众说纷纭，但是真相只有一个。在央视对话现场，温州打火机行业协会会长、日丰打火机有限公司董事长黄发静认为，老板外逃并不是因为融不到资金，而是外部环境的变化引发的，他说："温州小微企业面临的困局是浙江乃至全国小微企业的一个缩影。浙江小微企业当前所面临的困难，主要是外部环境发生了重大变化：原材料价格不断升高、人民币汇率变化、劳动力成本提升等，都在一步步挤压企业的利润空间，如打火机行业原来的利润为10%~15%，如今只有3%~5%。但是，面对当前的危机，小微企业没有'怪'任何人，浙江的小微企业也没有传言中的那样惨，因为，浙江企业的创业精神还在。"关于企业要他救还是自救的问题，黄发静说，企业根本没有等政府来救，但政府要把已经出台的政策落到实处。

我比较赞成黄发静的观点，真正做实业的企业家并不是融不到资金，温州老板外逃是由于一部分中国家族企业家自身的原因导致的。从20世纪60年代开始到2011年，浙江的重商主义影响着浙商这个商帮，在那个艰难的年代，一些浙江商人通过各种形式来生产产品，从而达到了他们积累第一桶金的目的。可以说，今天的温州，一些商人已经远离了浙商当初的实业精神，从而使得他们投机心态更加浓厚。

在企业家论坛上，多位温州商界人士感叹温州商人的可贵品质正在淡去，投机逐取暴利使得温州商人偏离了发家时的实体经济，转而投资房地产等暴利行业，并且有一些还渐渐沾染上了赌博等恶习。温州中小企业联合会会长周德文表示，大部分温州企业主依旧保持创业激情，但一些"跑路"老板却迷恋虚拟资本游戏，倚重高息的民间借贷，押宝房地产，最终只能饮鸩止渴，作茧自缚。

温州大虎打火机有限公司董事长周大虎介绍，自己在1992年以5000元下岗工人安置费起步，创办工厂生产打火机，两口子白天当老板，晚上睡地板，义无反顾打拼天下，到1997年获中国最强打火机企业称号。

对于那个时代的温州商人及其骨子里的精神，周德文概括说："20世纪80年代为'四千精神'，即走遍千山万水、历尽千辛万苦、说了千言万语、想出千方百计；20世纪90年代为'四自精神'，即自力更生、自担风险、自强不息、自求发展。"

在如今的温州，这样的实业精神已经淡去，取而代之的是更加浓厚的投机心态，特别是那些商人吹糠见米的投机心态比比皆是。例如，从1998年开始，中国取消福利房，推行商品房制度，敏锐的商业洞察力让温州人看到了又一次投机的机会，于是温州炒房团声名鹊起，以至于发展成老公开厂赚钱、老婆全国买房的掘金路径。

在暴利的引诱下，更多的温州人开始迷恋上房地产这个游戏，甚至不惜铤而走险借助高利贷。与此同时，富裕起来的温州商人也渐渐沾染上赌博的恶习，甚至靠高利贷筹集赌资。对此，周德文强调，随着全国房地产调控政策频出，房地产利润难以支撑高昂的高利贷利息，资金链断裂成为压倒诸多温州商人的最后稻草，于是"跑路"成为必然的结局。

从周德文的观点中不难看出，温州"跑路"老板借高利贷不是发展经济，而是炒房，搞虚拟经济，甚至有的是为了赌博。当然，在中国，温州只不过是一个小小的缩影。不过，不少深处困境的企业都将希望寄托在政府身上，希望依靠政府政策的转变来帮助自己渡过难关。不过，寄希望于政府政策或者出口退税政策改变目前困境是很不现实的，对于企业来说，最重要的是要实现转型，提高管理水平。中小企业有一些是家族式的管理方式，随意性很大，造成管理混乱，特别是在成本管理、财务管理、质量管理等基础性管理方面都不到位，这就必须要求规范化管理。

因此，要想使得中国家族企业延续高速成长，那就必须改变投机的心态，拒绝可能多的诱惑，从而保证中国家族企业的高成长性发展。

第二部分

对中国家族企业的批判与再造

☞ **本篇要点**

要增强竞争能力，企业再造就成为中国企业领导人面临的一个严峻的课题。有人说企业再造运动已经成为甚为壮观的企业战略整合活动，是企业经营管理活动的创新潮流。一切束缚发展的思想观念都要坚决冲破，一切束缚发展的做法和规定都要坚决改变，一切影响发展的体制、弊端都要坚决革除。家族企业如何再造已经成为刻不容缓的重大问题。家族企业要想生存和保持有效运作，在高层管理人员当中至少需要有一位非家族成员。

第一章

面对竞争企业的汪洋大海，家族企业已经没有石头可摸

中国家族企业乃至所有的企业要走向未来、走向现代化，批判与再造是一条必经之路，是一条直通路，是一条最近的路。

——《中国商业评论》召集人，主任编辑　周云成

批判与再造是一条必经之路

随着世界经济一体化进程的深入，特别是中国加入WTO后，面对中国庞大的市场，垂涎三尺的世界跨国公司早已将触角延伸至中国市场。

面对跨国公司的强势介入，且这些跨国公司有着强大的实力和丰裕的资金，这种兵临城下的压力就使得中国企业，特别是中国家族企业将面临更加惨烈的竞争。

然而，在这种大兵压境的局势下，如果中国家族企业再不对自己的竞争优势进行重新定位，那么中国家族企业必将会大面积死亡，这将是一个非常严峻的课题。因此，批判和再造就成为每个中国家族企业经营者，特别是家族企业创始人不得不考虑的问题，因为这个问题将影响中国家族企业的长远生存和持续发展。

众所周知，家族企业只有生存和发展下去，才能谈基业长青和永续经营。为此，家族企业创始人必须把对家族企业的批判和再造作为一项重大的战略来执行。在这里，需要提醒家族企业创始人的是，对家族企业的批判和再造也不同于传统的在家族企业内部实行现代企业管理制度，它是基于家族企业本身的优势，对家族企业的批判与再造，是为了更好地适应互联网下半场的竞争需要。

可以说，要想在与跨国公司较量中赢得胜利，就不得不对中国家族企业进行批判和再造，这不仅是要与实力雄厚的国外跨国公司进行正面竞争的彩排和提前预演，更是对中国家族企业创始人到企业的一场从灵魂到肉体、从思想到

行为的自我变革。

在撰写《传统企业到底该如何转型》一书时，我就把批判和再造作为传统企业经营者思维转型的一个点，剖析了当下在互联网时代，互联网化正在迅猛入侵传统企业的产品研发、渠道创建、营销推广等方方面面，如广告投放、危机管理、大数据商机、移动互联网市场等领域。

传统企业若不能实现互联网化，将毫无未来可言。在调查中发现，很多企业家之所以不愿意转型，一个原因是因为他们总沉溺于过去的成功中。例如，柯达是世界上最先研发出数码照相技术的企业，由于死守胶卷业务，最终在与日本数码企业竞争中败北。苏宁创始人张近东曾坦言："企业转型最大的障碍是很多人总沉溺于过去的成功。"

张近东的告诫，源自其管理实践。学者磐石之心高度评价了苏宁，磐石之心撰文指出，"苏宁曾是民营企业第一名，海尔是中国白色家电领导者，万达是商业地产的标杆。这些企业都是诞生于改革开放之后的80年代，它们是第一次改革开放红利的受益者。研究发现，企业只要不经历转型危机，它们总会迅速地爬上抛物线的最顶端。这三家企业无疑都是如此。成功令人眩晕，同时也会成为转型的包袱，这是几乎所有人都清楚的真理。然而从帝王到企业，再到个人，都普遍存在着'自我麻醉'的现象，也可以叫作'装睡的人'"。

的确，诸如此类的巨型企业，每次转型无疑是最为艰难的一件事情，尤其是当它们爬上抛物线的最顶端时。在这三个企业中，其转型面临同样的问题。由于自身的成功，特别是占据行业优势的情况下，自然会阻碍企业的积极转型，甚至优势还可能成为转型中最为沉重的包袱，因为转型最大的障碍，不是对未知的不确定，而是源于过去的成功。

基于此，让家族企业创始人进行自我批判和再造就成为企业转型的关键。当然，从家族企业创始人到全体成员及其家族企业进行的自我变革绝不是一次"运动式"的头脑发热，同样也不是灵光一闪，更不是某个经济学家的思想体现。而是在与跨国公司的竞争中尽可能有效地发挥家族企业的优势，尽可能地规避家族企业的劣势，从而赢得主场的胜利。

对此，业内专家曾撰文指出："家族企业乃至中国所有的企业要走向未来、走向现代化，批判与再造是一条必经之路，是一条直通路，最近的路。"

在这样的战略背景下，家族企业要实现真正的再造，第一步就必须完成批判。可能读者会问，在对家族企业再造时，为什么要用批判这样强烈而敏感的词语来讲述家族企业的自我变革。只有这样，才能真正地摈弃僵化的、不合时宜的管理方法。

在中国加入WTO以前，许多中国家族企业创始人就是按照"摸着石头过

第一章 面对竞争企业的汪洋大海，家族企业已经没有石头可摸

河"的办法创业成功，而且创业成功的人数也不在少数。

然而，随着中国加入 WTO，当世界 500 强企业的战略东移时，大批跨国公司涌入中国市场，原来中国家族企业创始人"摸着石头过河"的企业经营战略已经不再适应群雄割据的局势了，如今摆在中国家族企业创始人面前的已经不再是一溪流水、一滩浅水、一条小河了，而是一望无际的汪洋大海，汪洋大海深处无疑是像位于西太平洋深 11000 米的马里亚纳海沟这样深不可测的深渊与沟壑。

毋庸置疑，在日常的"浅水"里，中国家族企业创始人还是可以"摸着石头过河"的，但是，一旦在暗流涌动的汪洋大海里，如果中国家族企业创始人仍旧采取"摸着石头过河"的经营方式，那么中国家族企业创始人面临的不仅是达不到预期的目标，而且还会为之付出惨重的代价。

事实证明，中国家族企业创始人在 20 世纪八九十年代那种"摸着石头过河"的传统做法已经不适应当今企业的经营了。所以，家族企业创始人要把自己的企业缔造成拥有世界一流核心竞争力的企业，就必须拥有全新的管理思维和战略视野。

这就是我一再强调对家族企业进行批判和再造的一个重要原因。家族企业创始人只有摈弃僵化的管理思维，拥有一流企业的管理思维和战略视野，利用家族企业的管理优势和现代企业制度的力量，造出一艘家族企业的航空母舰，才能顺利渡过深达 11000 米的马里亚纳海沟，从而战胜实力雄厚的跨国公司。

可能读者会认为，中小企业，特别是中小家族企业一般是不可能转型的，甚至认为不可能战胜跨国公司。其实，这样的观点是错误的。在总裁班的讲课中，我专门谈到这个问题，由于篇幅有限，在这里就不再专门讲述了。如果读者有兴趣，请参阅喜马拉雅 APP 周锡冰讲台，或者扫描右方二维码。

在这里，我们以美国零售业巨头沃尔玛连锁超市为例，它虽然是家族企业的佼佼者，但也是从小企业开始成长起来的。

在 2011 年世界 500 强排行榜（企业名单）上，家族企业的代表沃尔玛名列第一，如表 2-1 所示。这给中国的家族企业提出了一个问题——同样作为家族企业，为什么沃尔玛能长盛不衰，而且业绩也多次雄踞世界 500 强榜首？

表 2-1　2011 年世界 500 强排行榜前五名

排名	公司名称	国家	营业收入（百万美元）	利润（百万美元）
1	沃尔玛	美国	421849	16389

续表

排名	公司名称	国家	营业收入（百万美元）	利润（百万美元）
2	荷兰皇家壳牌石油公司	荷兰	378152	20127
3	埃克森美孚	美国	354674	30460
4	英国石油公司	英国	308928	-3719
5	中国石油化工集团公司	中国	273421.9	7628.7

沃尔玛的成功，给中国家族企业提供了一个可以参考和借鉴的范本，家族企业类型并不是阻碍企业发展和壮大的阻碍因素，也不是家族企业经营战略的拦路虎，只不过是部分中国家族企业创始人缺乏长远的战略眼光和可执行的战略决策而已。

事实上，中国家族企业管理思想相对来说还是比较先进的，只不过某些中国家族企业创始人过分迷恋西方的管理思想。当然，这部分中国家族企业创始人迷恋西方管理思想，其深层次的原因是，自从1840年鸦片战争的炮火轰开了中国的大门，西方的科技神话和管理神话就开始入侵着中国商人的经商文化。

对此，日本大藏省前副财务官船桥晴雄就曾撰文指出："自1840年的鸦片战争以来，欧美，特别是美国的资本主义成为主导世界的潮流。它崇拜绝对化的个人自由与尊严，追求无止境的社会进步与发展，政治上实行民主主义，经济上最大限度地发挥市场机能。这种只追求利润的资本主义经济逐渐蔓延到整个世界，导致了地球环境的恶化，地域社会的崩溃，激化了恐怖主义，给社会带来严重的不安。2008年雷曼公司破产引发的全球金融危机，足以使我们认识到资本主义社会的极限。它无疑表明，欧美的资本主义已走到了尽头。那么，资本主义之后又会是一个什么样的社会呢？也许比起绝对化的个人自由来说，更强调先有集体才有个人，重视集体主义；也许比起固执于某一方的绝对正确性来说，更类似于中国古代'阴阳'思想的二元论思想；也许比起无止境的社会进步与发展来，更重视安定、协调、幸福；等等。"

船桥晴雄的观点给中国企业，特别是中国家族企业指明了一个方向，那就是中国传统的管理理论才是支撑着世界家族企业发展壮大的核心因素，尽管沃尔玛没有直接采用中国古代的管理理论，但是沃尔玛却实践了中国古代的管理理论。

事实证明，在改革开放40年的时间里，中国百万富豪家庭数超140万，全球排名第3。这是美国波士顿咨询公司发布第12份《全球财富报告》中谈到的内容。

《全球财富报告》称，全球百万富豪家庭数量达到1260万户，新增的富豪家庭主要来自中国和印度。2011年，中国百万富豪家庭数量达到143.2万户，富豪家庭数量增加了19.3万户，增幅近15%，印度则为16.2万户。

其实，这个报告从侧面证明了中国企业，特别是多数以家族企业为起点的"夫妻档""父子厂"企业，如今成为某些行业的佼佼者。这些家族企业已经成为一股为世界经济做出重要贡献的重要力量。

据美国《商业周刊》调查报告显示，在标准普尔500指数的成份股公司当中，有177家属于家族企业——创始人或其家庭成员在企业管理中扮演重要角色的企业。在美国《财经》杂志上，美洲大学教授安德森和坦波大学教授里布在共同发表的文章中也做了类似的阐述。根据长期的调查研究，两位教授得出的结论是："美国家族企业要比非家族企业的生命力旺盛得多。"

无论经营与管理，美国家族企业都比那些谈不上血脉相继的竞争对手更胜一筹。按10年平均值计算，美国家族企业的股票投资回报率为15.6%，而非家族企业的股票投资回报率则只有11.2%。在资产回报率、年度收入增幅两项重要指标当中，家族企业分别达到了5.4%和23.4%，非家族企业则为4.1%和10.8%。

事实上，在美国家族企业中，由于出色的经营业绩造就了很多显赫的家族富豪，如微软软件公司创始人比尔·盖茨（Bill Gates）、标准石油创始人约翰·戴维森·洛克菲勒（John Davison Rockefeller）、美国银行家约翰·皮尔庞特·摩根（John Pierpoint Morgan Sr.）、福特汽车创始人亨利·福特（Henry Ford）、沃尔玛连锁创始人山姆·沃尔顿等知名家族企业创始人。

从美国的这些家族企业创始人身上我们不难看出，家族企业造就了美国今天的繁荣，但为什么中国的家族企业频频死亡呢？

年广九、牟其中、刘晓庆、仰融、杨斌等，这些中国曾经的知名企业创始人，他们就像流星一样划过中国的20世纪90年代，究竟是什么原因让这些时代潮头人物迅速离开中国明星企业的视野呢？他们不是缺乏能力，也不是缺乏伟大战略，他们缺乏的是对自己的企业进行批判与再造的勇气。

两个难以逾越的坡顶困境

当然，要把家族企业打造成百年老店，甚至是像寺庙一样永垂千古的千年企业，这就必须要排除万难，从而有效地对家族企业进行再造。

作为家族企业的创始人，对家族企业的批判和再造不仅需要解放思想，更要更新管理观念，调整战略决策，从而做到与时俱进，推动家族企业持续、快速发展。因此，家族企业创始人这样不仅可以坚决地破除一切束缚家族企业发展的落后的思想观念，坚决改掉一切制约家族企业发展的方式、方法，同时还能坚决清理一切影响家族企业发展的制度和规则。

可以说，只有合理地再造，才能将家族企业打造成百年老店。针对这个问题，我曾在《家企之路》一书中重点谈到过，对于创业者而言，家族企业创业模式是创业者初期创业最佳的选择模式。

但是当家族企业一旦达到一定的企业规模后，家族企业就会遭遇难以逾越的坡顶困境，即家族企业如果还想保持初创时期的高速发展，占据其他市场，甚至开拓海外蓝海市场，一般地，家族企业往往会遇到两个难以逾越的障碍，如表2-2所示。

表2-2　家族企业遭遇的两个难以逾越的坡顶困境

困境	具体表现
资金不足	当家族企业发展到一定规模后，如果家族企业创始人拒绝吸收外来资本，包括引入战略投资者、私募股权基金，或者是上市，甚至要求创始人稀释对企业的股权结构，那么家族企业的发展动力因融资渠道而衰竭。即使家族企业可以用向银行借贷的方式注入新资金，但是在提升家族企业规模上毕竟是杯水车薪的，因为家族企业借贷必定要以企业资产做抵押。在日本众多长寿的家族企业中，至今依然是手工作坊，包括有1400多年历史的家族企业——金刚组
企业管理层的家族化人才储备不足	当家族企业一旦达到一定规模，就必然要求家族企业管理层的非家族化。因为在任何一个家族企业中，优秀企业管理人才都是非常稀缺的，要想使得家族企业永续发展，就需要优秀的管理人才，这无疑使得家族企业管理层非家族化

从表2-2可知，要想使家族企业规模扩大，不囿于手工作坊阶段，就必须社会化。从欧美国家家族企业的社会化过程不难得知，从18世纪开始到20世纪初期，随着西方工业国家的经济规模越来越大，市场化程度越来越高，原来以家族为基础的企业组织形式已经不能适应经济的发展，所以许多家族企业纷纷社会化，最终打造成像沃尔玛这样营收超过4469.5亿美元、利润156.99亿美元的家族控制的公司。到今天为止，大部分欧美工业国家的行业都是被诸多家族企业所控制。

然而，对于后WTO时代的中国家族企业来说，要想与世界级的企业竞争，特别是世界500强企业竞争，必须紧紧抓住家族控制家族企业和规模扩张这两个方面。

批判和再造是做大家族企业的途径之一

事实证明，如果家族企业不实施社会化战略，那么家族企业的规模就永远做不大，甚至连最基本的企业生存也可能面临严峻考验。当然，拒绝社会化，可能诱发诸多问题，例如，产权不明晰、创始人决策缺乏有效监督；可能还会引发家族企业高速发展过程中积累的深层次矛盾，如创始人和接班人在战略方面的判断不同等。

其实，家族企业创始人拒绝社会化可能使得家族企业失去做大的机会，同时还可能会使家族企业产生一大批思想落后、行动迟缓的家族管理者。

在这些家族企业管理者中，有的依然沉浸于昔日家族企业高速发展的快车道上而忽略了未来的发展机会；有的则对家族企业的未来失去信心，这两种家族企业管理者的看法都阻碍了家族企业可持续的发展。

在"富过三代——家族企业如何迈过接班生死坎"培训课上，我就告诫过家族企业老板、家族企业管理者，甚至是家族企业创始人身上所存在的与企业发展现状不相适应的僵化思维，如果不及时地再造，那么再谈家族企业的自我变革，或者基业长青，甚至是持续经营，无疑是痴人说梦。因为像这样下去，家族企业的自身生存都会成为问题，何谈基业长青，甚至是持续经营。所以，家族企业创始人必须每月集中一两天进行自我反省，多做批判和自我批判，从而有效地根据家族企业自身的情况进行再造。

这样就可能更加合理地审视家族企业现有的优势，更好地推动家族企业的变革管理，以此来赢得较量跨国公司的胜算。事实证明，家族企业创始人对家族企业的批判和再造是做大家族企业的途径之一。例如，福特汽车的家族社会化变革，特别是福特要上市的举措，《纽约时报》1955年11月7日的报道把福特的上市当成一枚重磅炸弹："世界上最大的家族工业帝国——福特汽车公司的普通股票将于2013年1月首次公开发售。日前发布的一项声明为金融史上最大的一次股票发售扫清了道路。这项声明说'福特家族将出让52年前创立的这家公司的多数控制，60%的股份将发售给投资者，家族仅保留40%'。"

可以说，福特汽车的社会化促使了其迅速发展，特别是福特汽车职业经理人的引进就是其中的经典案例。当然，在福特上市的过程中，创始人亨利·福特开始是不愿意上市的，因为亨利·福特看不起华尔街上那些"贪婪的野蛮人"，亨利·福特认为："股东们，在我看来，应当是那些活跃于该产业把公司看作一个提供服务的工具而非赚钱机器的人。"显然，"华尔街的那些人"并不具备福特对于股东的要求,所以直到亨利·福特去世 8 年之后,福特才上市成为一家公众公司。

福特汽车的社会化之路给中国家族企业以启示,作为中国家族企业创始人,要想将家族企业做到像沃尔玛、福特汽车这样的规模,就必须摒弃僵化的管理思维,其方法有以下两个,如表 2-3 所示。

表 2-3 摒弃僵化的管理思维的两个方法

方法	具体思路
借用"木篦梳理"的自我批判方式进行批判和再造	"木篦梳理"就是指用"木篦"梳理头部,除去头发上的头屑和杂物,其寓意是指去除头脑中过时的管理思维。这就要求家族企业创始人,甚至是家族企业各级管理者,都要认真查找、梳理自身所存在的问题,进而进行自我梳理、自我批判,并形成书面材料,同时管理人员"级别"越高,梳理的要求就越严,从而使得家族企业的再造更加彻底
借用外力的方式进行批判和再造	借用外力来实现家族企业创始人的自我批判相对来说还是很容易的,只要家族企业创始人给予家族企业的管理者和员工一条沟通的渠道,就可以展开全体家族企业成员的批评与自我批评,从而根据管理者和员工反映的问题进行有针对性的再造,从而有效地达到了家族企业批判和再造的预期效果

当然,家族企业的批判和再造不是一个时髦的管理名词,必须要实施到位,因为它是一个系统工程,必须建立在家族企业创始人的大力倡导和全体员工的执行下才能更得以实施,这样更有利于其整体运行。

第二章

剪掉了家族企业的辫子，并不就是真正的现代企业

批判和再造并不是全部否定家族企业这种企业的类型，只是说要变革管理家族企业，也就是通过批判和再造来实施家族企业的改革之路。

——中央民族大学人类学博士 兰世辉

批判和再造并不是全部否定家族企业

在"富过三代——家族企业如何迈过接班生死坎"培训课上，一些家族企业老板曾激情洋溢地数落了家族企业的种种弊端："周老师，有一回，我去银行贷款，银行工作人员听说我的企业是家族企业后，服务态度立马就变了样，还说需要领导研究后才能决定。后来，我就决定将家族企业社会化了，我聘请了几个职业经理人，当我再次去贷款时，银行工作人员的话还是一样，需要领导研究才能决定，真是气死我了。"

从这个家族企业老板的抱怨中似乎可以看出，这个家族企业老板非常痛恨自己的企业是家族企业，因为银行工作人员因为该企业是家族企业而没有给他贷款。

其实，银行工作人员没有给他贷款与该企业是否是家族企业毫无关系，主要还是与该家族企业的账目是否规范有关。

2004年，一个家族企业老板对我说："周老师，您说银行的工作人员烦不烦，天天追着我让我贷款。"

这里，我要告诫家族企业的是，对家族企业的再造过程中，有的家族企业老板以为剪掉了家族企业的辫子，就把自己企业当作现代企业了。

这样的思维本身就存在问题，作为家族企业老板，在对家族企业进行再造的同时，还需要建立现代企业制度管理，如规范的财务制度等。这样才能真正地赢得银行的支持。其实，银行不贷款给家族企业，主要是由于中小家族企业一般规模较小，资信度低，可供抵押的物品少，财务制度不健全，破产率高。

这就是上述家族企业老板抱怨向银行贷款和利用商业信用等方式融资时比较难的重要因素。

然而，家族企业要想改变这种现状，就必须对家族企业进行批判和再造。对家族企业的批判和再造并不是全部否定家族企业这种企业的类型，只是说要变革管理家族企业，也就是通过批判和再造来实施家族企业的改革之路。

对家族企业进行批判和再造是一个系统工程，在实施的过程中必然会遭遇诸多棘手的问题，但批判和再造对家族企业错误的决策进行校正，使得家族企业真正地向着持续经营的方向发展。因此，以增强核心竞争力为前提的批判和再造是我倡导家族企业创始人进行变革管理的初衷，它不仅能够让家族企业的决策得到有效监督，而且还能更加科学合理地制定企业长远发展战略。

把对家族企业的批判和再造与家族化管理区分开

2005年，北京华夏圣文管理咨询公司做了一个关于对家族企业进行批判和再造遇到最大的阻力的调查，结果显示，最大的阻力是源于家族企业中既得利益者的僵化观念和势力。

这些僵化的观念和势力大大地阻碍了家族企业进行良性变革，这个阻力如果不能在批判和再造中被打破，无论是达到一定规模的家族企业，还是刚刚初创的小型家族企业，都不可能取得长足发展，更不要说是基业长青和永续经营了。

在实际的家族企业经营中，一些家族企业引入并借用了欧美国家的制度化、流程化管理模式，甚至有的家族企业还真正地实施了一段时间的变革和再造。

然而，由于家族企业创始人在制度化方面缺乏应有的经验和表率，结果就使得风风火火进行的变革和再造运动在老板的不支持中夭折了。

于是，新的管理制度实施一段时间后又恢复到当初的粗放型管理模式上。但这部分家族企业老板就开始向外界宣称自己的企业已经实施了现代企业管理制度，企业的管理模式已经不再是传统的家族企业管理模式了。

像这样的家族企业尽管已经进行了一些批判和再造，似乎是"剪掉了家族企业的辫子"，但并不意味着该家族企业就是真正的现代管理制度企业。

研究发现，许多中国家族企业创始人还并没有适应真正的市场竞争，也没有真正成为与跨国公司，特别是世界500强企业竞争的主体，而家族企业创始人的僵化思维同样不能达到跨国公司CEO一样的经营能力和素质。

尽管如此，就目前状况而言，中国中小家族企业的优势依然非常明显。但

第二章 剪掉了家族企业的辫子,并不就是真正的现代企业

是一旦当家族企业达到一定规模,特别是做大、做强时,家族企业内部隐藏的种种问题也就充分地暴露了出来。当然,家族企业如果没有进行批判和再造,也许就不会有沃尔玛的今天。同样可以说,如果没有家族企业的批判和再造,大部分家族企业可能就缺少明天。

在发展过程中,越来越多的家族企业创始人认识到对家族企业进行批判和再造的重要性。有的家族企业已经引进了大量的先进管理人才与超强的技术人才,甚至有的家族企业已经在逐步推行现代企业管理制度了。

在这里,需要提醒家族企业创始人的是,不要把对家族企业进行批判和再造看成是另类管理。其实,对家族企业的批判和再造只不过是为了让家族企业更加适应未来的竞争而提出的一种变革和创新管理模式而已。在实施这个管理模式的过程中,对家族企业进行批判和再造可能遭遇诸多问题,但是这种对家族企业变革的创新并不只局限于一种固定模式,在遇到问题时要具体问题具体分析。当然,家族企业创始人还可以尝试其他的变革。

第三章

实现再造，必须对家族企业进行彻底批判

可惜中国太难改变了，即使搬动一张桌子，改装一个火炉，几乎也要血；而且即使有了血，也未必一定能搬动，能改装。不是很大的鞭子打在背上，中国自己是不肯动弹的。我想这鞭子总要来，好坏是别一问题，然而总要打到的。但是从哪里来，怎么地来，我也是不能确切地知道。

——文学家、思想家、评论家　鲁迅

比登天还难的批判和再造

随着世界经济一体化的纵深发展，特别是后WTO时代，在国外巨头企业攻城略地的挑战下，家族企业的竞争优势不再成为优势，在这种情况下，唯一的道路就是增强企业的核心竞争力，这使得对家族企业进行批判和再造就显得越来越重要。

在中国，要让家族企业创始人批判和再造他的家族企业，有时候比登天还难。对此，鲁迅先生在《娜拉走后怎样》一文中曾谈道："可惜中国太难改变了，即使搬动一张桌子，改装一个火炉，几乎也要血；而且即使有了血，也未必一定能搬动，能改装。不是很大的鞭子打在背上，中国自己是不肯动弹的。我想这鞭子总要来，好坏是别一问题，然而总要打到的。但是从哪里来，怎么地来，我也是不能确切地知道。"

尽管这是鲁迅先生1923年12月26日在北京女子高等师范学校文艺会的讲话，但是鲁迅先生的"在中国，挪动一张桌子都是要流血的"这个观点对我影响深远。

中国古代的几次变法，都因为批判和再造不彻底失败了。因此，鲁迅先生的观点告诉中国家族企业创始人，在中国家族企业中，要批判和再造是需要勇气的，同时也是需要付出代价的，尽管其再造的强度很小，但是取得一点进步都非常艰难。不信，我们再来看看下面这个案例。

第三章　实现再造，必须对家族企业进行彻底批判

在江苏昆山我的"中外家族企业成功之道"课堂上，有一位60多岁的企业家问我一个关于去家族化的问题，大意是说："在昆山当地，有人认为家族化是影响沟通的一个主要障碍。"在这里，我们来看看这个企业的具体问题。

江苏省某服装企业是一家非常典型的家族企业，爸爸张万奇任董事长，儿子张文良是美国哈佛大学的工商管理硕士，留学归来后任公司副总裁，负责全面经营。

随着企业规模越做越大以及张万奇自身年龄的增长，张万奇很想把自己一手缔造起来的企业让给儿子经营，但是对儿子主抓经营后的西式做法非常不满。张万奇说："儿子用的是西方式管理，对事不对人，简直无情无义。第一次迟到罚款100元，第二次迟到罚款200元，如此倍增，直到工资罚完为止。我不同意。员工迟到有特殊情况，稍微罚点儿就算了，罚完怎么得了。还有，儿子上来就要换人，要把和我们一起创业的老员工都换掉，我也坚决不同意。有一段时间，该公司的设计师因为怀孕经常迟到，因为她住得太远了，一个月工资被儿子罚完了，最后我让我老婆悄悄给她补发了工资，儿子知道后不依不饶，坚决要设计师退款，否则就开除。我现在还没有彻底把企业交给他管理，我害怕儿子接手后，那些员工被儿子开除了怎么办。"

我问他们父子之间有没有进行沟通，张万奇告诉我："现在是无法沟通了，一聊彼此都上火，只差断绝父子关系了，我一天一天地老了，又不想干了，但又不放心儿子，真不知道怎么办。"

我当时告诉张万奇，其实，没有必要担心这个，沟通与家族化无关。

在中国家族企业的经营中，这是一个非常典型的案例。在写作本书时，我曾多次采访中国家族企业的企业家们，经过研究后发现，在中国家族企业中，沟通不畅而影响执行不到位的事情屡屡发生。

就像本案例中，张万奇父子在管理企业中各自有比较明显不同的手段，对于张万奇来讲，当初在创业过程中形成的管理方法，不可能因为儿子的硬权力管理而终止，相反，还会更多地站在员工的立场上考虑问题。在创业初期，正是因为有效的沟通才将战略执行到位的。

当然，对于学习西方管理思想的儿子来说，他这样做也没有错，因为企业规模做大的同时，去家族化也是一个可以选择的方法，不过，我也不认同完全去家族化，这在我的其他拙作中皆有介绍。在这里，就不再具体详述了。

回到本案例中来，表面看来，张万奇父子是观念之争，父亲用的是情感管理，儿子却强调西方的现代化管理。父亲指责儿子无情，儿子责备父亲漠视制度的力量。当然，对经历过创业艰辛的父亲来说，家族化的情感管理是企业取

得成功的一个关键因素,不可能因为儿子是哈佛大学的高材生而废除。

在本案例中,张万奇父子沟通不到位,才是导致父子之争的根源。为此,建议家族企业的企业家们,要把家族企业的"家"文化融入现代企业管理之中,也就是说,把张万奇父子的管理思想同时放入该服装企业当中,这样不仅延续了艰苦的创业精神,又将现代企业制度嫁接在服装企业之中,可以说给企业装上了航空发动机。

张万奇父子正确的做法

张万奇父子无法沟通、无法统一意见还有一个重要的原因。为此,我曾告诫家族企业的企业家,作为父亲,如果真的打算将企业交给儿子,就应该放权给儿子,而儿子也必须清楚,在坚持制度化的时候也必须善用情感化管理来维系员工的忠诚度。

对此,日本京瓷创始人稻盛和夫在接受媒体采访时就专门谈到维护员工忠诚度:"京瓷第一年,销售额为2600万日元,净利润300万日元。很快,在京瓷成立第三年的时候,我遇见了人生的第一个管理难题。前一年进入公司的11名员工递给我一封请愿书,要其做出定期加薪水福利的承诺,不然就集体离职。起初,我分别找这些员工谈话,企图各个击破。殊不知,这11名员工竟然也私下立下血誓,联合同进同退。我最终满足了那11名员工的要求。"

从稻盛和夫的回忆中我们不难发现,在家族企业的发展过程中,必须将员工的利益放在客户和股东之前。只有这样才能促进家族企业的高速发展。

反观上述案例,在对家族企业的改造中,必须在坚持制度化的前提下保持家族企业的人文关怀,如表2-4所示。

表2-4 张万奇父子正确的做法

	具体表现
张万奇的正确做法	在该家族企业中,张万奇的问题在于放权以后就不应该越权,既然信任儿子,让儿子经营管理,就不应该对其决策进行干预。既然放心把权力给儿子,就应该多多支持,否则该家族企业就会陷入停滞
儿子的正确做法	作为家族企业的接班人,尽管受到了西方管理思想的影响,但是也必须明白,在强调制度管理的同时,也必须坚持情感管理,因为西方管理的目的是为了提升员工的积极性和公司的效率,而不是忽略人性化管理,对于怀孕的设计师,灵活地给予上下班时间更能提升其忠诚度。关键的问题是这样是否影响了设计工作

在上述这个案例中，对家族企业的再造，若没有"挖骨去瘤"的勇气与毅力，不但不能提升家族企业的竞争优势，反而会大伤家族企业的元气；唯有彻底批判，才会有否定之否定后的发展。

在中国历史上，比较知名的变法有商鞅变法、王安石变法、戊戌变法，但是王安石变法和戊戌变法都失败了，原因就是尽管在变法的过程中实现了再造，但没有彻底地批判，导致失败的结局。如果家族企业像王安石变法和戊戌变法那样，结局都是一样的。为此，中国家族企业要想做强做大，永续经营，前提就是在企业再造的时候彻底地批判。

第四章

没有批判与再造，就没有基业长青和永续经营

> 进行有效的再造和批判，其根本目的就是要使家族企业创始人自己能够摆脱僵化的管理思维，从而将家族企业做到基业长青和永续经营。
>
> ——中国总裁培训网 CEO　沈洋

两大怪圈严重制约着中国家族企业的发展

老实说，批判、再造，原本和家族企业基业长青和永续经营原本没有任何关联，但是只要家族企业创始人能够使用合适的手段对家族企业进行批判和再造，那么家族企业基业长青和永续经营也就成为可能。

在"富过三代——家族企业如何迈过接班生死坎"培训课上，我曾多次强调："如果这个世界上没有家族企业，那么这个社会就不会进步。"

我之所以这样说，是因为当前国家与国家的竞争不单单是军事上的竞争，也是集国家战略为一体的跨国企业之间的竞争。因此，我非常期望所有中国家族企业打造成为百年老店，从而成为推动中国经济发展的力量之一。

当然，要把中国家族企业打造成百年老店，说起来容易，但是真正实现这个目标，难度还是不小的。因为中国家族企业在发展过程中往往会陷入两大怪圈，如表2-5所示。这两大怪圈严重制约着中国家族企业的发展，并且一直不能得到有效的解决。

表 2-5　两大怪圈严重制约着中国家族企业的发展

怪圈	具体表现
"轮回"的怪圈	改革开放后，一大批中国家族企业经历蓬勃发展后很快地"死"去了。也就三五年一个轮回，大多数是"你方唱罢我登场"。家族企业就这样前仆后继地"死"去了，更别谈基业长青了 研究发现，家族企业迅猛发展三五年并不是难事，难的是像可口可乐那样依然保持百年的成功。当然，如果要想使得家族企业跳出这个"轮回"的怪圈，就必须依靠

续表

怪圈	具体表现
"轮回"的怪圈	家族企业创始人对家族企业实施批判和再造，从而探索出一条适合自己发展的道路
个人"英雄主义"的怪圈	中国第一代家族企业创始人普遍都很强势，这就容易导致家族企业创始人误入个人"英雄主义"的怪圈。特别是在特定的时期、特定的阶段，家族企业创始人往往因为敢想、敢干而取得了成功，这就促使了家族企业创始人的强权领导着家族企业的发展方向，但是如果将家族企业的未来命运维系在一两个人或几个人身上，势必就会严重制约中国家族企业的可持续发展，同时也制约中国家族企业的接班和传承。因此，家族企业要走出这个怪圈，就必须制定现代企业制度，才能避免个人英雄主义时代的再次发生

从表 2-5 中可以看出，家族企业要想彻底走出这两个怪圈，就必须对家族企业进行有效的批判和再造，这是基于中国家族企业的目前发展现状而提出的解决办法。

家族企业的两个优势

众所周知，要想让家族企业成为百年老店，就必须提升家族企业的竞争优势。然而，面对实力雄厚的跨国公司，这种竞争压力无形中就对不少家族企业提出严峻的挑战：要么有效地对家族管理进行变革和改造；要么只能在与跨国公司较量中被对手打败，甚至市场份额遭到严重收缩，直至衰亡。

中国家族企业的分布非常广泛，在东南亚一带的华人家族企业中，家族成员直接参与管理非常普遍，控制了几乎全部的关键职位。在中国台湾，家族企业的主要经营层中具有亲戚关系者占到 90% 以上；中国大陆的情况也基本如此。

据一项对中国大陆私营企业的调查表明："在接受调查的企业中，近一半已婚企业主的配偶在本企业做管理工作，1/3 已成年子女在本企业做管理工作。"

从这份调查数据可以看出，在中国家族企业中，用"自己人"或"熟人"似乎是华人家族企业非常普遍的现象。客观地说，在某些特定阶段，特别是在创业阶段，"自己人"或"熟人"对于促进家族企业高速发展的优势还是较为明显的。通常优势表现在以下两个方面，如表 2-6 所示。

表 2-6　家族企业的两个优势

优势	具体表现
决策速度快、效率高	在家族企业中，决策速度非常快，其效率也非常高。表现在一旦家族企业董事长（创始人）做出某项战略决策，这个决策能很快就付诸实施
管理成本低	在家族企业管理中，其管理成本相对较低，有些家族企业成员在工作与生活中能够重合，这就使成员之间的沟通比较容易

当然，家族企业具有独特的优势永远不止表 2-6 中所列的两个，其实还有很多。研究发现，家族企业不同于现代股份制企业，其有着许多自身独特的特点，特别是支持企业永续发展的、变通地针对市场快速反应的管理模式和市场战略。家族企业的管理模式非常合理，运作成本相对较低，效率却非常高。另外，家族企业的高效率还要基于特定的经济环境中加以判断，特别是在中国特定的经济环境下，在经济体制环境剧烈变革、信用环境有待完善的条件下，适宜于创业的家族企业模式往往都表现出非常高的效率，这在非家族企业中是很难达到的。

事实上，在家族企业的运营中，运作成本相对较低在企业的发展初期表现得更为明显。由于家族企业都是建立在血缘、亲缘基础上的组织结构，即家族企业把家族和企业合并起来，家族成员就是企业员工，家族成员在心理上对企业高度认同，在工作中的积极性也就非常高，要求提高待遇的行为也就相应少了，在他们的潜意识中，他们对家族企业的未来充满憧憬，而与非家族企业相比，企业员工想得更多的是收益，而不是未来。因此，家族成员共同经营企业更具有凝聚力，即使家族企业面临重大困难，甚至是遭遇失败，家族成员也都能敢于面对家族企业遭遇困难的现实，他们不会轻易放弃做强、做大企业的想法。

其实，任何一件事物都具有两面性，当家族企业到达一定规模，"自己人"或"熟人"这时候就会成为家族企业成长的主要障碍之一。这也是家族企业在特定文化和制度环境下经久不衰而又需要不断变革改造的主要症结所在。

客观地说，许多家族企业创始人正是凭借决策速度而富有效率，能够及时地、快速地、灵活地抓住小众的市场需求。

一旦当市场需求发生改变时，华人家族企业创始人往往能比竞争对手更快地调整产品的价格，从而有效地消化库存，极大地降低了产品的成本。另外，家族企业创始人通过与合作者之间的社会关系网络，不仅可以促使家族企业之间形成相互依赖、互通有无的组织间网络，大大地降低了产品成本，而且还可以降低市场风险。可以说，华人家族企业，包括东南亚家族企业正是通过这一优势赢得了与实力雄厚跨国公司的较量。

不过，家族企业也有其自身的缺点，主要表现在决策权和控制权经常被滥用、家族利益与企业利益不分导致的混乱等，这些问题都是目前很多家族企业难以解决的问题。

当然，由于历史原因，中国家族企业曾中断过几十年，但是在改革开放后，中国大多数家族企业又迅速获得了新生。在家族企业初创时期，家族企业创始人善于利用社会关系网络和资源，能够抓住市场机会。但是不少家族企业发展的个案表明，当家族企业发展到一定阶段而进入较大规模或全国乃至国际性的、多元化经营时期时，初创时期的家族化管理就会严重地制约家族企业的发展壮大，甚至给不少家族企业带来难以逾越的坡顶瓶颈，因此有的家族企业在市场竞争中因为管理者僵化的思维而消亡了。

目前中国家族企业四个改造内容

要将家族企业成为百年老店，就必须有效地批判和再造。值得欣慰的是，在最近几年中，已经有不少家族企业创始人开始积极地对家族企业进行批判和再造，从而尽可能地将家族企业的管理和经营模式与现代企业管理制度相结合起来。具体表现在如下几个方面，如表2-7所示。

表2-7　目前中国家族企业四个改造内容

改造内容	具体表现
聘请职业经理人	在一些规模家族企业中，已经从国内外跨国公司中重金聘请职业经理人，其目的就是为了更好地引入专业化的管理思维。例如，盛大创始人陈天桥就从微软花巨资聘请唐骏，不仅提升了盛大的品牌形象，而且还给盛大带来了前所未有的正面评价
制度化的管理模式	有的家族企业达到一定规模后，就开始着手制定适合本企业的制度，特别是建立正式的战略和组织管理程序，以及财务控制制度，从而规范家族企业的决策和经营
重组和流程改造	在很多家族企业中，一些家族企业创始人非常清楚，家族企业本身存在着诸多的不合理问题，当家族企业达到一定规模后，就开始进行家族企业重组和流程改造，从而使得家族企业的管理更加流程化，这就为家族企业持续经营打下了坚实的基础
引入竞争的人才机制	在重要岗位的人才选拔上逐渐摆脱"任人唯亲"的用人原则，在企业内部引入竞争的人才机制

在上述家族企业自我改造中，至少可以说，这些规模较大的家族企业正在进行着一场"家族企业再造管理的革命"。

毋庸置疑，家族企业创始人要想把家族企业打造成百年老店，就不得不摒弃初创企业时期的"任人唯亲"，裙带关系和敢想、敢干的管理与经营模式。

在这样的背景下，家族企业创始人对家族管理方式进行改造就成为一种必然。欧美国家成熟的、有一定规模的家族企业，往往通过社会化改造来提升家族企业的竞争优势，即把家族企业的竞争优势和现代企业制度管理相结合。

创始人对家族企业改造时的三个担心

目前，我国绝大多数家族企业是在中国改革开放后发展起来的，众多的家族企业依然还处于初始阶段，并且一大批家族企业依然是第一代创业者掌控着企业未来的发展方向，但是随着家族企业创始人已经步入退休的年龄，这部分家族企业创始人交班就势在必行。一些家族企业随着规模的扩大，仅仅将家族企业的接班人锁定在家族内部显然不是一个明智的选择，这就必须引入人才竞争体系。在这里，我还是建议家族企业创始人从企业内部培养接班人。

要想把家族企业打造成百年老店，就必须对家族企业进行合理的改造。然而，在对家族企业进行改造时，一些家族企业创始人主要有以下几个方面的担心，如表2-8所示。

表2-8 创始人对家族企业改造时的三个担心

担心	具体内容
泄露家族企业的一些商业秘密	家族企业引入"外人"后会泄露家族企业的一些商业秘密，包括一些技术秘密
泄露家族企业的"四本账"	担心泄露家族企业的"四本账"，从而增加在税收上的成本负担。殊不知，家族企业如果不能合法纳税，其风险是非常大的，尤其是对于一些较大规模的家族企业来说，逃税漏税将为此付出惨重的代价
担心职业经理人蚕食家族企业的控制权	一些家族企业创始人担心聘请的职业经理人过于强势，不能与家族企业创始人同心同德，甚至会蚕食家族企业的控制权，家族企业创始人更担心控制不住职业经理人，自己辛辛苦苦经营起来的企业可能会落入他人之手

家族企业创始人有这样的担心是可以理解的，如在2009~2011年的黄光裕

与陈晓事件。在这里，我想告诫家族企业创始人，对家族企业进行改造并不是简单地将家族企业交给"外人"（职业经理人）经营就了事了，家族企业创始人还必须明确职业经理人的权限。

如果家族企业没有建立现代企业制度就盲目地聘请职业经理人，那么家族企业创始人和职业经理人就会发生冲突，此时，家族企业创始人必须保持对家族企业的控制，适当地授权给职业经理人，这样才能避免更加激烈的冲突。

然而，在主流媒体上，我们每天看到的大多数是家族企业之间的纷争，不是为了家产而付诸公堂，就是为了控制权而剑拔弩张。于是，一些企业家在很多论坛上高调宣称，家族企业最多还存在50年。

其实，这样的观点是错误的。因为从中国家族企业诞生那一刻起，至今已经有上千年的历史，只不过没有能够延续发展下来而已。可以说，中国家族企业已有很悠久的历史，它还将有很久远的未来。但是家族企业要生存和发展下去，就必须不断地适应环境变化而进行改造，这一点恐怕没有人会反对。

第三部分

家族企业"短命"的 22 个致命因素

☞ **本篇要点**

综观中国的家族企业，有一个十分普遍而又值得深思的现象，那就是"长寿"的优秀企业凤毛麟角，"短命"的优秀企业比比皆是，"你方唱罢我登场，各领风骚三五年"，更多的时候是各领风骚三五个月。在经济舞台上那些曾经优秀的企业，没过几年已经不优秀了，或者已经走向倒闭和破产。我们不禁要问，中国优秀的家族企业为何"短命"呢？本部分特此从 22 个角度剖析家族企业倒下的深层次原因。

第一章

急功近利，鼠目寸光

要想使家族企业基业长青和永续经营，企业长远的战略规划和未来的战略布局往往是打造家族企业基业长青和永续经营的第一步，如果长远的战略规划和未来的战略布局这第一步都没有做好，那么就根本谈不上基业长青和永续经营了。

——新希望集团有限公司董事长　刘永好

缺乏战略总体设计

目前，在中国诸多家族企业中，由于家族企业创始人在管理企业时随意性较大，再加上家族企业创始人不注重现代企业制度管理，这就使得家族企业创始人缺乏长远眼光和战略总体设计，目前已成为中国诸多家族企业最大的一个通病。

可能有读者认为我是在这里夸大其词，据媒体披露，广东爱多集团创始人之一的胡志标就是这样的家族企业家。

原爱多VCD创始人、爱多企业集团原董事长、总裁，一代标王胡志标在经营爱多的时候，特别是在讨论投资立项时，经常与自己的高级幕僚通宵达旦地畅谈。在畅谈之间，一旦某个高级幕僚说出一个新颖的绝佳点子，胡志标就立即把这个新颖的绝佳点子付诸实施。

我们不禁要问，作为一家规模上亿元营收的大型企业，怎么能像过去君王一样缺乏总体的战略设计？据媒体披露，爱多甚至连一个两年的长期书面规划都没有制订过。

从媒体披露的胡志标的经营方法可以看出，胡志标缺乏长远的战略设计和总体的战略规划，为广东爱多集团日后的衰落埋下了伏笔。

可以说，缺乏长远的战略设计和总体的战略规划是导致爱多衰落的一个重要因素，同样也是导致历史悠久的中国百年以上的家族企业寥寥无几的原因。

当然，我们也不得不承认，由于历史的原因，当改革开放后，一大批家族企业家中，绝大一部分家族企业家曾经都是个体户或者农民，尽管这部分企业经营者成为企业家了，但是，这部分家族企业家的管理行为方式和思维方式仍然停留在原有个体户和农民的经营思维上，这是家族企业家缺乏长远战略规划和未来战略布局的第一个原因。这部分家族企业家普遍认为，只要目前所获得的利润足以维持最近三个月企业生存就可以了，他们根本不会过多地考虑企业长远的战略规划和未来的战略布局。

殊不知，这部分家族企业家这样做不仅不能使家族企业基业长青和永续经营，甚至还会使得家族企业提前倒闭。因为对于经营者而言，企业长远的战略规划和未来的战略布局往往是打造家族企业基业长青和永续经营的第一步，如果长远的战略规划和未来的战略布局这一步都没有做好，就谈不上基业长青和永续经营了。

在"富过三代——家族企业如何迈过接班生死坎"培训课上，我发现来听课的学员中，他们所经营的大部分中小家族企业都没有长远的战略规划和未来的战略布局。

为此，我曾经在多种场合下对家族企业家们呼吁，如果中国家族企业要想成为百年，甚至是千年老店，就必须制定长远的战略规划和未来的战略布局。

在与家族企业家接触的过程中我们发现，家族企业家缺乏长远的战略规划和未来的战略布局的第二个原因就是，一些家族企业家对企业的长远发展缺乏一个较为准确的定位。这部分家族企业家由于自身文化素质较低，加上在中国改革开放后，遍地都是黄金式的机会，这就使得他们不知道自己究竟有多大企业经营能力，及其他们能干什么，该干些什么，特别是当家族企业处于高速发展时，盈利水平达到300%，甚至更多时，此刻，一些家族企业家想要扩大新的投资，在这样的情况下，很多家族企业家从未慎重考虑企业自身的优势就开始盲目多元化了，当然这部分家族企业家这样做的结果不仅使该家族企业在新上项目中损失惨重，而且还可能严重殃及原本高速发展的企业形势，最终因家族企业核心竞争力下降而发展减缓。

在与家族企业家接触的过程中我们发现，家族企业家缺乏长远的战略规划和未来的战略布局的第三个原因就是，许多家族企业家在创业初始时凭借的就是直觉。

然而，当家族企业到了一定规模时，初创时期的急功近利式的直觉方式就已经过时，当家族企业要进一步扩展新的利润增长点时，或者家族企业要开展新的项目时，就不能仅靠家族企业创始人的直觉或拍脑袋就可以的了。

如果家族企业创始人还以投机的心态去拓展新的利润增长点，那么将会可能为之付出惨重的代价。因此，这就必须要求家族企业创始人基于企业自身的企业优势和现状进行正确的投资决策，当然还必须慎重考虑企业在整个产业价值链中的定位，有效地整合整个价值链上的资源，从而实现企业内部整合与外部扩张。

看重眼前利益

在"富过三代——家族企业如何迈过接班生死坎"培训课上，我发现，前来听课的学员很多都急功近利、看重眼前利益，这似乎已经成为很多民营企业，特别是家族企业非常明显的特点。

在做任何决策时，很多家族企业创始人总是奉行"现在能挣多少钱"的思维角度上去考虑问题，明天对于这部分家族企业创始人来说过于遥远，在这部分家族企业创始人的意识中，明天就意味着种种不确定因素，可变性实在太多，很多形势很难把握住。

在这样的背景下，这部分家族企业创始人认为，与其把家族企业发展押在不确定性太多的明天，还不如尽可能地把握家族企业尽快赚到利润的当下。

在这种思维方式作用下，很多家族企业家的行为无疑都成为一种短期的行为，使得家族企业与基业长青和永续经营越来越远。

20世纪90年代初期，贵州省遵义市一个叫孟奎的私营家族企业老板，在一次与儿时玩伴们聚会时得知，儿时的玩伴们因生产烤烟塑料薄膜赚了上千万元。

这让急功近利、看重眼前利益的孟奎心动不已。于是在最短的时间里就筹集了100万元资金，购买了一台有点过时的设备，决定也要尽快投资上马生产烤烟塑料薄膜这一项目。

就在孟奎一切准备就绪之时，技术员李先进劝告孟奎说："孟总，我们的这套设备能不能推迟两个月，只要您将开工时间往后推迟两个月，我们就能安装、调试出一种目前最先进的生产烤烟塑料薄膜设备来，而我们生产的设备比现在的要好很多，这样我们厂生产的烤烟塑料薄膜能占据遵义市场的75%，那么我们将牢牢地垄断遵义烤烟塑料薄膜市场。"

当李先进说完后，孟奎非常生气地说："推迟两个月生产烤烟塑料薄膜是不可能的事情，小李，你知道推迟两个月生产烤烟塑料薄膜意味着给牛小红那帮家伙更多的机会，不行，这样的话，我们将白白损失数百万元的利润。"

在孟奎的强烈要求下，这个有点过时的生产烤烟塑料薄膜就安装、调试完成了，而且马上就开工了。

在工厂开工后不到两个月，该厂就因为配套技术过于陈旧、烤烟塑料薄膜科技含量过低而陷入滞销。

孟奎也不得不重新投入巨资对才开工没多久的工厂进行技术升级改造。

其实，本案例中的孟奎代表了很多家族企业创始人。由于缺乏长远的战略规划和未来的战略布局，家族企业创始人一旦将规模做到一定程度时，非常容易受到眼前利益驱动，忽视长远战略规划和未来的战略布局，这些家族企业创始人往往会采取急功近利的短期行为。

就像上述案例中的孟奎一样，尽管提前两个月开工生产烤烟塑料薄膜，在一定程度上能够使该厂一时获利，但是却因为配套技术过于陈旧而失去了长远发展的后劲。因此，在家族企业的经营过程中，投资新项目不仅需要考虑自身企业的实际情况，而且还必须正视投资这项系统工程。所以，家族企业创始人在扩大规模的过程中，尽可能地克服急功近利的思维，更不可以做杀鸡取卵、涸泽而渔的战略决策。

不可否认的是，作为企业经营者，盈利才是经营企业的使命，如果企业一直不能盈利，那么这样的企业也是不可能基业长青和永续经营的。

中外百年家族企业创始人在创业时，就让继承者必须按照家训的内容严格执行，尽可能把长远的战略规划和未来的战略布局考虑周详。

20世纪80年代初期，由于中国刚从计划经济向市场经济发展，物质较为短缺，再加上当时人们的商业思想比较缺乏，这就为许多敢想敢干的家族企业创始人创造了条件。一时间涌现了许多敢想敢干的家族企业创始人。

在当时，谁敢想敢干，谁就能很快挣到创业的"第一桶金"。一些敢想敢干的家族企业创始人只要及时生产一种产品或者推出一项技术，从而瞄准一个潜在巨大商业价值的利基市场，该产品就可以迅速地卖到千家万户。

当然，这样的创业成功模式是基于家族企业创始人个人的胆识和气魄，这也是抓住了中国经济发展过程中的诸多商业机会。可以说，这种创业模式的成功从某种程度上只是表现在产品上的成功，而不是真正意义上的市场竞争性成功。

众所周知，这样的成功可能引发家族企业在经营和管理上的紊乱现象。研究发现，由于很多家族企业创始人在初创时取得了一定的业绩，他们就往往把这种偶然性的创业成功模式渐渐固化为一种企业决策思维定式，特别是当家族企业做到一定规模时，家族企业创始人在决策时就往往带有极强的赌博性质。

在这些家族企业创始人的意识中，一旦某个产品达到了预期的成功，其他所有产品都会如法炮制。但是，这部分家族企业创始人却并没有意识到，家族企业自身的生存和发展需要有一个通盘的战略设计和未来全局战略的设定，然后才可能创造出某个单项产品引领整个行业的发展趋势，从而保持这种可持续发展的能力。例如，苹果手机，在苹果创始人史蒂夫·乔布斯（Steve Jobs）的引领下，仅仅依靠单款手机就打败了手机巨头诺基亚。

然而，在20世纪80年代，史蒂夫·乔布斯就已经制定了苹果手机战略。可以说，苹果手机的成功不仅是史蒂夫·乔布斯读懂消费者需求的成功，更是通盘战略设计的成功。

一夜暴富的投机心态非常严重

中国许多家族企业创始人由于自身缺乏战略远见，时刻都想着一夜暴富，投机心态非常严重，从来就没有想过把自己的企业打造成一个百年老店，而是去全国各地炒房炒股，在急功近利、看重眼前利益这样的思维驱使下，能把自己的产品做成像苹果手机这样的世界名牌产品少之又少，甚至更多的是像流星划过夜空一样"昙花一现"。

出现这样的问题主要源于家族企业创始人在管理方面往往存在着浓厚的非理性、经营能力的欠缺和创始人的个人投机，及其偏执而狭隘的所谓经验等方面有关。

当然，家族企业创始人这样的做法非常容易堕入心理学家所描述的"赌徒谬误"（Gambler's Fallacy）中。所谓赌徒谬误亦称为蒙地卡罗谬误。

其实这是一种错误的信念，当人们在做任何事情时，总认为随机序列中一个事件发生的概率与之前发生的事件有关，即事件发生的概率会随着之前没有发生该事件的次数而上升。就像重复向上抛出一个硬币一样，一旦硬币反面连续多次向上，大部分赌徒就可能错误地认为，下一次硬币正面向上的概率大很多。

对于家族企业创始人而言，如果某个产品非常畅销，那么就继续生产该产品，相反，如果生产的某产品滞销，那么就生产其他的产品。但是这样的做法是不能保证产品独占市场的，作为家族企业创始人，他们都清楚，如果仅仅只顾保持优越的独占地位，而缺乏规模出击其他潜在市场份额的意识，那么自己优越的独占地位很快会被其他竞争者所抢占。

然而，遗憾的是，在我们遇到的家族企业家中，他们有很大一部分依然固执地坚持草莽时期的做法，这部分家族企业创始人这样做的原因在于抛弃曾经成功的产品会影响他们对未来产品设计的判断。

这部分家族企业创始人大都会坚持"赢家从不退场，退场者从不会赢"的做法。一般地，这部分家族企业创始人都会一条道走到黑，坚守初创企业时的成功方法。

当然，这部分家族企业创始人这样做的后果就是种下了自我毁灭的种子。研究发现，有90%以上的中小家族企业在破产倒闭时，往往是这个家族企业的创始人在刚刚找到企业增长的方法并抢占一定的市场份额之后，即开始迷信于过去的老招法的发展惯性，最终因为老招法倒闭。

"我国民营企业的平均寿命只有3.5年，它的背后与品牌是什么关系？为什么许多民企'著名'品牌，瞬间成为过眼烟云？"慧聪国际创始人郭凡生批评说道。

郭凡生强调，目前我国许多民营企业做品牌存在严重的急功近利心态。中国民企平均寿命仅为3.5年，其中急功近利、看重眼前利益则是主要原因。

郭凡生说道："我国民营企业做品牌不能急功近利，这种急功近利心态是创牌的大忌，它不仅害了品牌也害了企业。"

郭凡生举例说道："大家都知道，我国曾出现'秦池''爱多'等著名品牌，本来这次公布的最具竞争力50强企业中也应该有它们的名字，但如今早已销声匿迹。为什么这些声名一时的品牌生命力如此脆弱？究其本质是我们的民营企业家在做品牌的过程中，只看重眼前的市场和利益，这种急功近利心态最终害了品牌和企业。"

郭凡生坦言："目前我国许多民营企业做品牌都存在着急功近利的心态，在认知程度上局限于做品牌就是为了市场，为了马上赚钱，顾眼前而不考虑长远，对品牌的高目标指向缺乏明确认识。其外在主要表现是，好炒作成了企业提高品牌知名度的惯用手段。'秦池''爱多'等'泡沫'品牌，说倒就倒，正是前车之鉴。"

郭凡生认为，品牌是"人品""产品""企品"的合一，要靠科技创新，靠文化力支撑。要想打造国际品牌，对我国民营企业来说，首先要调整和改变这种急功近利的心态。遗憾的是，由于很多家族企业创始人在急功近利、看重眼前利益思维的驱使下，往往是以追求企业利益为唯一目的，这部分家族企业创始人热衷于追风赶潮，甚至在企业经营管理活动中都带着诸多的政治目的，根本不可能会考虑家族企业长远的发展，更不可能设计长远的战略规划和未来的战略布局。

可能读者会问，中国家族企业为什么会先出现这样的原因？究其原因在于以下几个方面，如表3-1所示。

表 3-1　缺乏战略总体设计的原因

序号	原因
1	中国许多家族企业家创业前大多是农民或者个体户,几乎没有在规范化、国际化的大型跨国企业长期工作的履历。这部分家族企业家的管理思维达不到现代化企业高层决策者应有的能力和素养
2	由于中国家族企业创始人的自身文化水平较低,接受过高等教育的家族企业家少之又少,根本不可能与西方国家的企业管理者相提并论。中国 20 世纪 80 年代初期的家族企业创始人大部分人的学历都在小学、初中或高中
3	由于历史原因造成的在社会责任感、信誉度、对人才的态度、企业制度化建设及企业基本价值观念等一系列基本问题上的理解偏差,中国一些家族企业家根本不可能难彻底摆脱历史、社会和环境给他们留下的深刻烙印,当然也就达不到美国和欧洲企业家所具有的企业家能力和素质
4	当中国改革开放已经非常深入的时候,过去物资短缺的时代已经成为历史,一些家族企业创始人在市场经济瞬息万变的纷乱中已经显得力不从心。在理性而有序的时代,过去那种急功近利、看重眼前利益思维模式已经过时,如果家族企业创始人再热衷于投机就能独占市场份额,其想法就如同无稽之谈一样荒唐可笑。事实上,正是由于家族企业其本身机制的非规范性使得家族企业本身存在非常大的先天性生理缺陷,这是很多家族企业高成活率、高死亡率、低生命周期的重要原因

第二章

刚愎自用,独断专行

自以为是,老子天下第一,"钦差大臣"满天飞。这就是我们队伍中若干同志的作风。这种作风,拿了律己,则害了自己;拿了救人,则害了别人;拿了指导革命,则害了革命。

——毛泽东

领导人唯我独尊阻碍成熟期企业的发展

在中国众多中小家族企业创始人队伍中,管理非常强势,甚至是专制独裁,或者有点刚愎自用的家族企业创始人多得举不胜举。不可否认的是,在不稳定的经营环境中,或者在家族企业创建初始阶段,家族企业创始人这种领导风格在一定程度上发挥了一定的作用。这样的领导风格不仅可以大大地降低家族企业内部的管理成本,还可以为家族企业提供一个能够做出大刀阔斧经营决策的经营环境,从而有效地促进了家族企业的快速发展。

当然,任何一个事情都有两面性,就像硬币的两面一样。家族企业一旦发展到了一定的规模,特别是家族企业进入成长、成熟期之后。这就要求家族企业创始人按照现代企业制度来进行管理,在家族企业管理层,就必须重用具备现代管理的人才来担任,特别是在家族企业的战略规划和目标管理方面,更是如此。

然而,不少中小家族企业在创建初始阶段都依赖于家族企业创始人的决策和能力,在决策时往往带有非常浓厚的个人英雄主义色彩。在整个家族企业的生存和发展过程中,这些家族企业创始人都过于强调个人在家族企业生存和发展中的作用。

众所周知,当家族企业达到一定规模后,特别是进入成长成熟期之后,家族企业面临更加激烈的市场竞争,这对家族企业创始人提出了更高的管理和经营要求,而家族企业创始人的这种个人英雄主义势必会成为家族企业生存和发展的重大障碍。

在很多家族企业中，一些家族企业老板有一种唯我独尊的心态，甚至还把这种唯我独尊的心态用在企业的战略决策中。

当面临某个重大机遇时，一部分家族企业创始人常常采用"民主"的决策方式，把这样的决策拿到公司高层中讨论。然而，在开会讨论之前，一部分家族企业创始人在脑子里面其实就已经有了一个大体的框架。

一些家族企业创始人开会讨论的目的，更多的是要把家族企业创始人已经作出的决策让高层经理们接受而已。在高层会议上，如果高层经理们提出不同意见，甚至是相反的意见时，尽管家族企业创始人有点不愉快，甚至对提不同意见、相反意见的高层经理产生厌恶感，但这都是家族企业创始人所预料的。接下来，家族企业创始人就开始说服提反对意见的高层经理，而不是去考虑自己的主张是否存在问题。在这里，我们来分享一封来自互联网的辞职信[①]。

L总：
您好！

今天，当我不得不怀着复杂的心情提笔时，心中充满了感慨和遗憾。算来今天差不多是我上任总经理五个月的样子，其间的酸甜苦辣，一言难尽。尽管这五个月已经取得了我们公司历史最好的业绩，但我还是决意离开，这种结局带给我更多的是沉重和反思。

一、反思走入公司的决策

1. 是因为原因接受了任命，而非因为目的

当初经过跟您和猎头公司协商，我对公司进行了为期三周的调研，呈交管理诊断报告后我选择了放弃。两天后您亲自开车到我家，而且告诉我，您组织过中层管理人员集体表决，一致通过聘我做总经理，并让他们每个人签了"军令状"，如果某一天因为新任领导的管理需要，对他们进行调整或辞退，任何人不得有异议。

我很感动，自感无法望孔明先辈之项背，无须三顾茅庐；也看您变革决心之大，告诉我把权力完全下放，可以大胆放手地去干；还有一点是我的私心——大学毕业二十年一直在外漂泊，中国人有叶落归根的情结，而我们公司正好在我的老家，种种复杂的原因让我接受了这份任命。

问题恰恰出在这里：是因为原因接受了任命，而非因为目的——我迈出的

[①] 领教工坊. 我聘请的总经理走了！这是他的辞职信，还有我的回信. [EB/OL]. 2018. http://www.sohu.com/a/223868972_177747.

第一步就错了；而作为您，在各项条件尚未完备，尤其在您没有足够思想准备的情况下，就匆忙引进了一个总经理。

进入公司两个月后，在逐渐意识到公司过分注重短期效益，授权也远不够充分时，我提出了离开。是您的诚心再一次打动了我，是啊，来的时间毕竟太短，完全放权也存在风险，公司失败不起，而员工的渴望、管理的现状也确需引进外聘的高管；我同样也失败不起，作为从业多年的职业经理，更不愿意轻易看到自己的失败。

2. 您需要的不是总经理，而是一个总经理助理或者执行副总

企业发展之初，老板的主要管理方式是靠人治。当企业十几、几十个人的时候，企业所有情形都能一目了然，问题一句话就能解决，当组织规模扩张到上百人的时候，自己那双眼睛已经远远不够用了。

您招聘我的目的不仅因为自己飞得太高太快，感觉那些熟悉得连乳名都能随口叫出来的老臣已跟不上自己的思路及企业的形势，还希望借他人之手革除组织的痼疾，又能避免被人说成是炮打庆功楼的朱元璋似的领导。

今天看来，我们双方的定位就没有从根本上取得一致。您是想通过一个外聘的高管把自己的管理思路贯彻下去，您需要的不是总经理，而是一个总经理助理或者执行副总，无非为了促成我进来，冠了一个总经理的名头，尽管您对此一直讳莫如深。

但我们配合的最大问题在于，老板您希望通过一个职业经理去改变下边时，却没有意识到系统问题的根源大多出在自己身上。职业经理依之，将因错位导致舍本逐末；反之，试图改变老板的结局，往往注定失败的是自己。因此，我们公司招聘高管，必须在您认识并接受改变自己的时候。

二、反思战略思路的配合

一个企业的战略要统领全局，是企业发展之大纲。战略是基于企业使命的基础上，充分分析优势、劣势、机会、威胁等综合因素并配备必要资源的结果。企业不同的发展阶段需要配合不同的战略。

1. 今天成功的经验，可能是明天失败的根源

企业由快速增长变成停滞不前，已经说明企业发展遇到了瓶颈，长痛不如短痛，趁现在企业效益还好，市场还给我们喘息的机会，应尽快把工作重心放到规范基础管理上，否则受技术、人员素质、管理水平、执行力等诸多因素的制约，在质量、交期无法彻底保障的情况下，我们供货越多风险越大，等到我们的品牌信誉出了问题再去补救，就为时太晚了！

回顾一下我们公司的发展历史，我们企业的发展，得力于老板您敏锐的市场洞察力和广泛的社会资源，我们是在行业竞争力极其弱小的情况下，借火爆

的行业形势，靠低端产品和价格优势迅速膨胀起来的，我们赖以成功的增长模式就是复制规模。

尽管您嘴上承认规范管理为第一要务，但内心似乎更偏好规模效益，做得更大，然后更强。但是，做大还是做强，要看企业发展的阶段，不是凭感觉或拍脑袋出来的。今天成功的经验，有可能是明天失败的根源。

2. 老板的格局决定一个企业的战略，有什么样的战略就会有什么样的企业

我曾在竞争比较激烈的行业做过，深刻理解残酷的市场竞争意味着什么。不用跟家电业比，即使跟普通竞争状况的行业相比，我们的生存都是问题。今天汽配行业的竞争形势已经从蓝海跨入红海阶段，但我们的思维还未从根本上转变。

包括您在内的众多元老对此不以为然，企业为了快速赚钱难道还错了吗？要这么说，那我们的孩子为什么不中学毕业就去工作，而要选择上大学？上大学不仅不赚钱，每年还要花费上万元。

也许我们思路相悖的原因在于，在老板您的眼里，企业从无到有，是自己一点一滴心血的结晶，您对待公司更像是对待自己的孩子，尤其随着规模的发展，对企业命运的担忧可谓如履薄冰，容不得半点闪失，导致在战略决策的风险评估和选择上，更倾向于经验避免失败。

但我一直在想，当行业形势迅速逆转后，我们怎么办？我们的核心竞争力在哪儿？靠技术？管理？市场资源？还是价值链？我们都没有优势可言。

三、永远不要做无创见的妥协

一个企业的成功80%在于执行力，优秀的执行力可以弥补和发现战略的失误。而在我们公司有一个很奇怪的现象，同一件事情，不同的人安排会出现大相径庭的结果。下面从公司最基本的几个方面，分析一下我们不能有效推动工作的问题出在了哪里。

1. 只换一个包工头，想领着原来一帮盖草房的泥瓦匠盖起高楼大厦是不可思议的

一个公司，组织结构的确定要服从于公司的整体战略，然后根据企业发展的需要进行岗位分析，进而把合适的人员选拔到合适的岗位。而在我们公司，核心权力层都是跟随您十年以上的老部下，如果这不是问题，那您身边的司机，陆续做了部门经理、副总经理的时候，还感觉不出其中的问题吗？

建筑学中有一个很形象的比喻：只换一个包工头，想领着原来一帮盖草房的泥瓦匠盖起高楼大厦，简直是天方夜谭，除非队伍素质提升，要么服从统一指挥，可这在我们公司却难以实现。

2. 老板不是救火队长

在公司组织伦理的管理上,您远没有意识到越级指挥对一个企业带来的危害。您对公司的情感是任何人都无法比拟的。您喜欢事必躬亲,对企业的了解甚至哪个角落有个螺丝您都清楚;当您看到工人维修效率太低,挽起袖子就下手,或者认为哪个地方需要调整,现场就调动起资源。效率倒是有了,但结果是连他们的主管都不知情,原有的计划也被打乱。对此我曾不止一次跟您沟通过,您也意识到其中的问题,但您认为自己就这个脾气。

3. 被架空的主管

人事权的控制,将决定一个管理者的权威。我曾做过两个不同类型企业的总经理,虽不敢说取得过什么成就,但至少运作过他们品牌跃升至前几位。我非常清楚变革的艰难程度,在千名员工中近1/4是夫妻的复杂环境中,一招不慎甚至连自己怎么"死"的都不知道。

在我们公司,人力资源部经理要接受双重领导,人事调整过分艰难。生产系统内部一个车间主管的任用上,根据其业绩已明显不适合,我建议其直接主管予以调整,主管说自己早想调整,但此人是您不久前直接任命的,强行调整会带来系列的问题。我曾三次跟您沟通过,但最终的结果是人事变动我事先都不知情;在其出现问题后,您一怒之下当众拿下。如此一来,他的直接上级权威何在?部属有必要在乎他们吗?一个个被架空的主管,员工会服从他们的管理吗?当层层都可以不服从安排,企业会是一个什么样的局面?

4. 法之不行,自上犯之

让一个人执行不太愿意做的事情时,只有两种办法:一种是通过沟通改变其观念,另一种是如果不执行意味着将出现其担心的后果。

感谢您在这一点上的大力支持,实际看到的结果是,一路下来被罚的几乎都是一些主管,还有您倚重的那些员工。公司纪律也随之出现空前的好转。

但问题在后边,很多人开始提出异议,穿工作服重要吗?开会响手机能影响企业效益吗?还不如把精力放到多生产一个配件上。在元老们的眼里,企业是他们拼死拼活挣来的,大家拼来拼去拼到最后却突然发现一个陌生人仅凭那点所谓的资历就在坐享其成,不仅高高地坐在他们的头顶上,还要享受着他们为企业辛苦半生都无法企及的待遇,内心会产生极端的不平衡,恨屋及乌,自然对新推行的一些政策极具抵触情绪。

更要命的是您的态度也随之开始动摇。其实我的目的在于给员工一个信息——从现在起,凡是新颁布的文件都会以此为例,以便为将来推行新的管理制度铺平道路。心理学中,这叫"首因效应"或"第一印象"。还有企业文化建设与冲突,等等。

也许原因在于您承载了一个企业矛盾的核心，既有自身理性和感性的矛盾，也有自己超前思路与原有滞后管理团队的矛盾，还有与外聘高管管理思路和文化的冲突，还要面对各种矛盾的平衡，不同力量博弈的结果往往成了判定决策执行的依据；而更深层的原因在于，对新招来的人，除了不放心外，潜意识里总希望看到自己的某种影子，既想管住他，按自己的思路运作，又想让他干好。种种原因导致了牵而不放，或者收收放放。公司的变革必须在您痛下决心的时候。

四、反思如何对一个管理者评价

管理中有一个很耐人寻味的数字，一个组织对某人的评价，如果30%的员工说好，50%员工不了解，20%的员工说差，按说人无完人，这个人还是不错的，事实上这种比例带来的结果却是近70%的人认为这个人不怎么样。原因是影响切身利益的那些人会不遗余力地大肆宣扬某人如何差劲，而认为不错的那些人是很少主动站出来纠正的，最后，那些不明真相的员工也就自然倾向于舆论宣传者的那边。

我们对一个管理者评价不是看业绩数字，而是就事论事，凭感觉。

我知道，您耳朵里每天塞满了各种各样的声音，您知道吗？您的一个家庭会议，其影响程度超过我几个会议的总和不止。我知道您喜欢听这些声音，兼听则明，这本身没有错，但那些汇报者如果真正想解决问题（不含投诉），为什么不直接找他的上级？而您又总是在有意无意地寻找支持您信念的信息。

也许，我们职业经理只是站在绩效的角度上看问题，绩效上去了就自以为成功了；而老板您更关心某种决策给组织带来的后果，评价是建立在信息传递者评价的基础上。

在具体问题的处理上，职业经理往往认为有益于企业发展的就要坚持，错误的就坚决否定；而站在老板的角度，有时即使明知职业经理的做法正确，出于各种因素的考虑，也会断然否定。

我们的根本分歧在于，缺乏统一的价值评判标准。多年的外企经历一直促使我思考，是什么原因导致了国内企业的平均寿命不足2.9年？也许现阶段大多数企业需要的不是如何去创造成功，而是首先要懂得如何才能避免失败。这或许是中国培训业的悲哀。

L总，这次我离意已决。我的离开不是为了证明谁对谁错，那毫无意义，管理上也没有哪一种理论界定某种思路就一定对或错。如果老板不对，就不可能有今天企业的成功。我只是对公司未来的命运充满了深深的忧虑，希望通过这次离职促使彼此深入地思考，或许能对公司的稳健发展有所裨益。

感谢这5个月来对我的关心和照顾，您的心地宽厚、雷厉风行和敬业精神让我由衷敬佩。为了避免给企业造成一些不必要的负面影响，您可以考虑一种有利于公司的方式让我退出。

再次感谢！

礼！

songzy

2010.7.6

该职业经理人在家族企业的遭遇较为典型，在这封信中，几乎把家族企业中创始人刚愎自用的各个方向都做了介绍。当 songzy 把辞职信留给家族企业创始人后，该老板给 songzy 做了如下回应①：

songzy 先生：

你好！

我考虑再三，还是决定提笔给你回复这封辞职信，可能这封信比你洋洋洒洒的辞职信要简短得多。

首先非常感谢你阶段性加盟我们的公司，我也代表公司的全体职工及家人对你这段时间的贡献表示感谢。当你坚持离开这片不适合你发展的"土壤"时，我很遗憾，也很痛心。我并不否认你信上所说的企业存在的这些问题，而这也正是我竭力邀请你加盟的原因。

下面我逐一答复你提出的问题：

一、关于你走入企业的决策

你我双方的定位问题，是我们分歧的根源。这看似是管理角色的界定，实质上是两种不同价值观的抗争。

你知道，这个企业在风风雨雨中打拼了 19 个年头，才终于走到了今天。周围的企业一个个在我面前倒下了，我们自己也经历了几次死而复生，如果没有这些九死一生的经历，根本无法体会到个中的滋味。这迫使我不得不战战兢兢，如履薄冰，如同司机开车越久，就越懂得谨慎。有些时候，并不是所有的经验都是负债。

其实你说的这些问题，不仅只是你我，还有企业的那些高管心里也清楚。前几年，企业也曾积极学习某企业的先进管理经验，为此政府部门还把我们树为典型，但公司为这种激进的措施付出了惨痛的代价，一个企业能经得起几次

---

① 领教工坊. 我聘请的总经理走了！这是他的辞职信，还有我的回信．[EB/OL]．2018. http://www.sohu.com/a/223868972_177747.

这样的折腾？所以我不得不压着变革的步伐，而你却把它看成了阻力。

我内心也希望企业发展得越快越好，但我知道，弯拐太急容易跌倒，螺丝过紧容易拧断，这才是你我在授权问题上争议的关键所在。经验告诉我，企业重发展，更要注重安全，平稳的发展比忽上忽下要明智得多。今天我不敢奢望企业的涅槃重生，就企业的现状看，发展的速度慢一些，至少倒掉的概率要小很多。

说心里话，我不是不信任你，你的人品我也非常赞赏，包括对你的业绩我也认可。但你实施的方法，我得需要权衡，因为成功的经验必然基于不同的企业环境，否则广为诟病的家族企业，就不可能有国内外那么多成功的先例。

实质上你我分歧的焦点在于"企业安全"与"企业创新"之间的认识不同，立场不同。我考虑更多的是企业的安全性发展，而你注重的是推动企业业绩的快速增长，其他一切可以摧枯拉朽。如果推进的"改革与创新"给企业带来危险和不确定性，那我宁可选择缓慢的完善。企业毕竟还没大乱到需要大治的时候。

说得不客气一点，你可以把企业当成自己某个发展阶段的平台，但我不能，这个企业不是你所说的"当成自己的孩子"，而是我生命的全部！企业一旦经营失败，你可以拍拍屁股走人，再继续找一个下家，而我呢？跳楼的是我，不是你！

这个社会，老板永远不会有那么多的机会拍拍屁股换个地方当老板，就是屁股拍肿了都没用！毕竟中国没有几个史玉柱，可以换个地方东山再起。当你什么时候做了老板，也许就明白了。这无关你是否进入企业。

二、关于战略思路的配合

问题在于，我要你来干什么？我承认，我们在战略思路的配合上，由于沟通的深度远远不够，导致存在了一些误区。

我不否认你超前思路的正确性，但当大家都说你对的时候，错也是对；当大家都说你错的时候，对也是错。

你把业绩指标或公司的效益放到了第一位，但我并不这样认为。我的排序是：首先让企业尽可能地延续下去，其次才是企业的发展。尽管我对业绩指标有所要求，其实是在次要位置。

也许你会问，既然不是为了业绩，为什么还要高薪聘你进来？因为我心里很清楚，再让原来这帮家伙折腾下去，企业很快就要完蛋了，正如你在诊断报告所分析的，三年业绩的徘徊也是佐证。我对他们是爱恨有加，但爱甚于恨。

每当我走进企业的每一个角落，看到的点点滴滴无不浸透了老臣们当年的汗水，包括车间、门卫室都是他们在三九严寒中一砖一瓦垒起来的，上面还印有他们冻裂手脸的血迹……千名员工中近1/4是夫妻关系，也从另一个角度说明了他们的身家性命都已经跟这个企业血肉交融了。企业一旦倒闭，他们将无家可归。所以我必须将这个饭碗捧好，已经没有了退路。

到此，也许我的很多行为你就有些理解了。但这些我又怎么去告诉你？不是为了业绩，你会拂袖而去。因为创造效益是你们职业经理能力的证明或者生存的意义，而养活这帮员工则是我朴素的想法，无论你把它叫作小农意识还是狭隘的个人情结。

三、关于对下工作的推动

你认为，我对你工作的支持力度不够，并把你进入企业后我设立的监督机构看成了一种掣肘，可这是我了解真实信息的重要窗口。

你一味地要求老板去改变，要围绕新的方向和政策，并希望其他人也围绕新高管去适应，可这现实吗？你认为，只换一个包工头，想领着原来一帮盖草房的泥瓦匠建起高楼大厦几无可能。

其实，任何一种管理思路，都能条条大道通罗马，只要能把你们外聘人员的先进管理理念和我们这些老臣们积累的丰富经验有机地结合起来形成拳头即可，但你们双方都过分坚持了自我，让我如同面对自己的左右手，左右为难，无法割舍。

当某一天，他们被淘汰了，让我如何去面对这帮父老乡亲？有些人已经两鬓斑白，他们把一生中最宝贵的年华留给了企业。纵使我可以身背骂名，又让我如何每天都去面对起居一院的眼神？难道仅仅是那点金钱的补偿吗？

再说把功臣一个个的杀掉，将来还有谁肯信任我？也许某一天，当你感觉不爽的时候，你会拍屁股走人，正如你今天的离职。但他们永远不会抛弃我，他们会与企业生死不离，直至终老。因此，在老板的眼里，忠诚大于能力。

推动高速变革的往往是一些"新生力量"，而我们毕竟面对的都是一些"老人"。大而言之，中国改革开放到今天，我们也一直在走出去，引进来，但我们跟先进外企的差距怎么就那么大呢？因为这是文化使然，需要一个融合的过程。

你说我对组织伦理过分随意，事无巨细都要插手，其实也正是因此出现了问题。你们职业经理抓大放小的同时，工作容易浮在面上。当然我也承认，磨合需要个过程，用对人才是关键，但摆在眼前的浪费，于情于理我无法无动于衷啊。也许我的这种方法有待商榷。

四、关于对职业经理的评价

对职业经理与老板关系的评价，这个话题太大，我不敢妄下断论，但国人几千年来观念的影响、文化的积淀、相互的诚信等，也许让这种纠结不得不在未来很长一段时期内存在。

我也像所有的老板心理一样，希望这个企业能基业长青，这也是我引进你及其他高管的初衷，只是在实际推动中，与我设想的差距太大，我耳朵里每天塞满了不同的声音，而更多的是抱怨和意见，伴随着干部心态的动荡，我不能不产生疑惑。

这些问题的产生，应该说作为职业经理也有不可推卸的责任，说明在沟通环节上仍存在某些问题。作为类似规模的企业，不照样也有很多通过职业经理的推动，成功地进行了二次创业，成为品牌的吗？

对具体事情的评价上，你习惯于只要结果。但我在看重结果的同时，也同样注重过程。管理有两种方式，一个是靠"疏"，一个靠"堵"，也许到最后都能达到同样的结果，但组织付出的代价却天壤之别。

你却说，一个老板的格局和人性决定了企业能走多远，并认为中国富不过三代会是多数国人的宿命，并由此上升到了国民教育；但我知道，一个人不能一日无炊。

在你离开后，我也进行了深入的思考，我个人的看法是，在职业市场还远不够成熟的今天，中小企业如果让职业经理做总经理，老板做总经理助理或许更适合企业的发展。老板从台前退至幕后，执行总经理决策的同时，既了解了进度，又能协调某些关系，这对民营企业也许不失为一种可以参考的模式，当然不能因此形成第二个权力中心。

客观地讲，该老板的回应相对比较客观，家族企业是该老板的全部家当，不敢有任何的闪失。正因如此，该老板才说："这个社会，老板永远不会有那么多的机会拍拍屁股换个地方当老板，就是屁股拍肿了都没用！毕竟中国没有几个史玉柱，可以换个地方东山再起。当你什么时候做了老板，也许就明白了。"从职业经理人和该老板的对话中不难看出，角度不同，其立场自然各异。

由于空降的职业经理人没有与创始人一起艰苦奋斗过，更没有与企业一起共成长，其归属感相对较低，这就决定了空降职业经理人不可能与企业同生共死。从这个角度来讲，不了解企业发展艰辛的空降职业经理人可能不是一位合格的职业经理人。

站在职业经理人的立场，业绩和漂亮的财务报表才是其价值所在，而家族企业创始人考虑的则是家族企业的百年战略，尽管异议各表，但是作为创始人，当企业做到一定的规模，家族企业刚愎自用的管理模式还是应该避免的，因为刚愎自用，尤其是在企业决策时，可能将企业带入了深渊之中。

克林电子倒在"刚愎自用，暴政独断"中

在"富过三代——家族企业如何迈过接班生死坎"培训课上，一些家族企业老板们抱怨说："周老师，现在的高级管理人员就是不听话，非得要弄出一个××管理体系，还要参与什么企业战略决策。在私下我跟这些高级管理人员说：'兄弟，咱们企业就这么大，你按照我的战略执行就行了，至于其他的，你就不用那么操心了。'而这些高级管理人才说：'老王，不是我不执行您的战略决策，是您的战略决策有问题。'"

其实，像上述这个家族企业老板这样的抱怨还有很多。上述案例中的问题反映出一个非常值得反思的现象，在很多家族企业中，其创始人从不愿意招聘高级人才，从某种程度上说，他们更热衷于招兵。

究其原因就是兵来了，家族企业创始人往往把他们定义为一线执行人才，而高级人才加盟了家族企业，必定就要分享家族企业创始人的一部分决策权。据很多家族企业老板所言，听话的高级人才没本事，有本事的高级人才不听话，特别是随着高级人才的加盟，家族企业业绩蒸蒸日上后，不管是外界的合作者、媒体还是内部的员工，都会自觉不自觉地把目光投射到高级人才身上，这就使得家族企业老板们黯然失色。

这就是为什么一部分家族企业总是留不住高级人才，为什么家族企业花高薪聘请高级人才总是不断离职的根本原因所在。

据媒体报道，太阳神集团内部的诸多高层人士有一个不变的评论："董事长骆辉是一个绝对的大独裁者，无论你是谁，一旦吾意已决，无论你有多么充分的理由，到他那里一定是落花流水，一点作用也没有。"其实，这样的案例举不胜举。

由于公司业务的需要，于2000年初，李大志被深圳市克林电子有限公司挖去做副总兼营销总监，主要负责营销事务。

李大志，贵州省遵义人，毕业于贵州大学中文系，1993年辞去公职南下深圳谋求发展，在去深圳市克林电子有限公司之前为圣达公司华北区销售经理。

李大志走马上任后，竟然发现克林电子公司生产的产品是仿冒×国的一个同类产品，主要的销售模式是靠低廉的价格。

面对这样的产品销售，李大志主动与总裁刘国栋沟通。然而，出乎李大志意外的是，在克林电子公司，不仅李大志与总裁刘国栋之间存在沟通障碍，或者说

根本无法沟通，甚至每个高层经理与总裁刘国栋都沟通不畅。

当然，这都源于总裁刘国栋的刚愎自用，暴政独断，没有给过李大志等沟通的机会。

半年后，在克林电子公司召开营销工作会议上，总裁刘国栋认为，召开营销工作会议只是讨论一些技术性问题。

然而，李大志觉得，召开营销工作会议只是讨论一些技术性问题永远不够。因为克林电子公司出现的很多问题已经不是这些技术性问题本身的问题了，而很多技术性问题是由克林电子公司的战略决策所限定的。

让李大志没有想到的是，克林电子公司目前的很多重大战略决策都存在着方向性错误。面对这样的历史性遗留问题，李大志认为，如果重大战略决策的方向性错误得不到纠正，讨论再多的细节问题也毫无实质性益处。

经过几个月的周密调研，李大志根据自己的调研结果，拿出要对公司重大的方向性问题进行修改的方案。

当刘国栋拿到这份方案后，非常生气地说："我们克林电子公司需要的只是战术型人才，不是通盘考虑的战略性人才。在克林电子公司，全局战略性问题由我决定就可以了。"

当刘国栋说完之后，气冲冲地离开了会议室。

杨林对市场策划、市场开拓、产品价格及产品设计常常有许多好的创意和想法，常常找刘国栋进行沟通，然而，刘国栋常常不是没听完就不耐烦了，就是推托有事情不谈，要么就干脆否定杨林的建议，常常是"老板可以说不"。

克林电子公司岗位职责细化得非常详细，在"营销总监岗位职责"一节上非常清楚地规定了营销总监的工作范围与职权：制定公司的营销战略；制定公司的营销政策；制定新的营销模式；制定公司的广告投放计划；制定新产品的宣传策略；负责市场部内部人员工作安排；制定市场开拓及维护计划，并组织执行……

尽管"营销总监岗位职责"罗列得非常详细，但是在实际工作中，李大志负责营销事务，其职务是营销总监，却没有行使营销总监职权。

当李大志将一份《2000~2001年克林电子公司产品市场营销总体方案意见书》的报告交给刘国栋之后，再也没有回复。

2000年7月，李大志问刘国栋他写的那份报告需要哪些修改时，刘国栋却说："克林电子公司的有关产品营销总体战略、营销模式设定，及市场总体开发计划的重大事宜不是你这位营销总监考虑的。这些大的营销战略都是由我来统一制定。你这位营销总监的职责只是执行这些营销战略就可以了。不过，记住，你这位营销总监的任务只有一个——按照克林电子公司统一的营销策略提高销售额。"

李大志问刘国栋："刘总，既然您认为我还是营销总监，可以给您提几个营销战略的建议吗？"

刘国栋说："那是当然的，我非常欢迎。"

李大志又问："刘总，我的那份报告就算一份建议书，为什么交上来之后一个月还没有答复呢？"

刘国栋说："你报告中的内容不符合克林电子公司的实际销售情况。"

李大志又问："哪一些内容不适合呢？"

刘国栋说："这个方案应该是由总经理做，不是你分内的工作，所以不必那么麻烦。"

李大志拿出公司的《营销总监岗位职责》给刘国栋边看边说："这上面写得非常清楚，这些工作都是我这个市场总监分内的工作。"

刘国栋说："不要那么教条和死板，制度是死的，人是活的，不能什么事情都那么僵化。"

李大志听后只觉得无言以对。

2006年4月，我去深圳给一个企业做内训，再次见到了李大志，李大志现在在一个大型企业做销售总监。听李大志说，克林电子公司已经"死"掉快3年了，死因就是刘国栋一人独裁，听不进高层干部的荐言，以至于公司的产品没有市场，大部分压在库存，从而使资金链断裂，最终崩盘。

上述案例中，营销总监李大志称得上是一个称职的高层领导者，尽管李大志在工作中兢兢业业，但是李大志却在刘国栋这样的老板麾下工作，同样也使得李大志自己的业绩黯然无光。当然，正是因为刘国栋的刚愎自用、暴政独断，为克林电子公司的"夭折"埋下了伏笔。

研究发现，中国大多数中小家族企业最滞后和落伍的不是厂房、设备、技术和营销模式，而是中小家族企业创始人刚愎自用、暴政独断的管理手段。

在上述案例中，刘国栋只不过是中国上千万家家族企业中的一个非常具有典型代表的案例。

在"富过三代——家族企业如何迈过接班生死坎"培训课后，我发现很多家族企业创始人往往都刚愎自用、暴政独断，从来都听不得家族企业员工的不同意见，哪怕是一点反对意见也不行，而且很多家族企业创始人也从来不考虑家族企业员工意见的可行度。

刚愎自用、独断专行的四种类型

在中国，特别是在一些中小家族企业创始人队伍中，特别是像刘国栋这样刚愎自用、暴政独断的企业总经理为数不少。

可以说，就像克林电子公司这样的家族企业多如牛毛。这就是为什么我们经常见到很多家族企业创始人刚愎自用、暴政独断时有发生的原因之一。

对此，资深管理专家周广生曾撰文指出："所处的位置和权力欲的膨胀。一般来说，领导者最容易犯的错误就是独断专行，一言堂，搞一个人说了算。然而，只可惜，凡喜欢独断专行的人：一是没有不犯错误的；二是能成就大事者不多；三是往往得不到下属的拥护。"

从周广生的观点中不难看出，在家族企业实际的运营管理中，家族企业创始人通常采用的刚愎自用、暴政独断的管理方法对家族企业的发展危害是非常大的。

在很多家族企业中，刚愎自用、独断专行的家族企业创始人往往极端化、片面化、武断化。这样的管理方法就更加激化了员工对家族企业创始人的不满。因此，作为家族企业创始人，就必须知道极端化、片面化、武断化行为可能导致极其严重的结果，甚至为之付出惨重的代价。一般地，刚愎自用、独断专行的家族企业创始人主要体现在以下四种类型，见表3-2。

表3-2 家族企业创始人刚愎自用、独断专行的四种类型

类型	具体表现
明君型家族企业创始人	在很多时候，明君型家族企业创始人尽管有时会刚愎自用、独断专行，但是这类家族企业创始人往往会主动关心员工、尊重员工，但是"君臣之道"的思想非常严重，而且"君臣之道"不能触及
昏君型家族企业创始人	中小家族企业死亡率较高的一个因素多半是由昏君型家族企业创始人所导致的。昏君型家族企业创始人不仅会刚愎自用、独断专行，而且还盲目自大，从不关心员工，甚至在决策时决不允许员工提不同的意见
"事事躬亲型"家族企业创始人	由于家族企业创始人个人业务素质较强，"事事躬亲型"家族企业创始人也会表现出刚愎自用、独断专行的领导风格，这类"事事躬亲型"家族企业创始人常常坚持自己的决策，就像上述案例中的刘国栋一样，他们不会接受下属的意见

续表

类型	具体表现
身边人才匮乏型家族企业创始人	由于家族企业本身的原因，很多家族企业都极度缺乏人才，这就使得家族企业创始人不仅需要担负船长的角色，而且还要担负起其他角色，从而导致了家族企业创始人的刚愎自用、独断专行。当然，这类家族企业创始人的促成是由于员工们自身的工作技能达不到创始人的要求

从表 3-2 可以看出，不管是哪类中小家族企业创始人，都必须坚持民主决策，这样作出错误决策的概率要小很多。

研究发现，中小家族企业创始人刚愎自用、暴政独断不仅会影响员工不能充分地发挥自己的工作才能，还会制约家族企业的生存和发展。当家族企业进入成熟成长期后，家族企业面对的市场竞争更加激烈，只有解决了中小家族企业创始人刚愎自用、暴政独断的问题之后，才能保证家族企业的生存和发展。

柳传志的制度化管理值得借鉴

在"富过三代——家族企业如何迈过接班生死坎"培训课上，一位学员问道："周老师，既然解决中小家族企业创始人刚愎自用、暴政独断的问题如此重要，那么如何才能解决中小家族企业创始人刚愎自用、暴政独断的问题呢？"

要解决中小家族企业创始人"刚愎自用，暴政独断"的问题就必须用制度来保证。

在联想集团公司，柳传志反复强调，联想是一个执行力非常强悍的公司。柳传志举例说："联想开会决不允许迟到。我们规定，会议不管大小，迟到的必须罚站 1 分钟，那个姿势就像默哀一样的，很难受。从 1989 年到现在，这么多年来了这么多人，制度就是制度，必须贯彻。一开始还有人并不太当回事，后来，如果开会有人迟到，主持人没罚他站的话，那主持人到我这里来罚站 1 分钟。"

从柳传志的罚站可以看出，只有坚持用制度的强制力，才能解决掉中小家族企业创始人刚愎自用、暴政独断的问题。

然而，虽然许多中小家族企业创始人已经认识到企业进行制度化管理的重要性，但是许多企业制度却形同虚设，就像情景再现中的克林电子公司一样，其制度管理保留在口头阶段。对此，资深管理专家认为，进行制度化管理的方法有以下 8 个，如表 3-3 所示。

表3-3　企业进行制度化管理的8个方法

方法	具体表现
不能让企业制度凌驾于国家的法律法规之上	当中小家族企业创始人在制定制度时，必须依据国家的相关法律法规，从而制定符合自身实际的制度，决不能让制度凌驾于国家的法律法规之上。否则这些制度都将无效，反而会给企业惹上麻烦
制定完善的公司规章制度	制定一个完善的公司规章制度，用来指导和制约其他制度的制定和管理，一旦其他制度与公司规章制度有了冲突，立即宣布其他制度无效
明确各个制度的效力	在制定制度时，必须明确各个制度的效力。如某一个制度的生效和废止时间；该制度对某一范围内的员工有效等
制定相应的程序制度	在制定制度的同时，还必须制订相应的程序制度
设置专门负责制度管理部门	在制定制度时，就必须设置专门部门负责企业制度管理工作。例如，在制定某一企业制度时，由专门负责人协调各个部门制度的制定；汇编企业的各种制度；发现新旧制度发生、冲突，甚至矛盾时要及时宣布废止旧制度，确保新制度的执行
明确企业制度制定和执行的主体	在制定制度时，必须明确企业制度的制定和执行主体。这就明确了什么部门有权制定制度、制定企业的哪些制度，及制度由何人来执行与监督
管理层要重视企业的制度化建设和管理，并且要带头执行	如果没有中小家族企业创始人和管理层的重视，他们不带头执行，企业的制度化建设和管理也只是形同虚设。因此，这就要求中小家族企业创始人和管理层重视企业的制度化建设和管理并带头执行，从而形成上行下效的效果。就像柳传志迟到罚站1分钟一样，正是这样，联想才成为一家伟大的公司
制度制定完毕要进行培训	当制度制定完毕后，必须对员工进行培训，从而让员工先"知法"。通常情况下，中小家族企业创始人可以建立员工手册，手册中可以将企业的制度收编进去。这样也可以确保新近员工能很快适应企业，进入工作状态

从表3-3中不难看出，只有完善的制度化建设和管理才能彻底解决中小家族企业创始人刚愎自用、暴政独断的问题。

的确，在中国很多家族企业中，家族企业创始人的个人英雄主义曾经为家族企业的发展做出过卓越的贡献，但是当家族企业达到一定规模后，家族企业创始人"老子天下第一"的个人英雄主义行为必定阻碍家族企业的发展。如果说个人英雄主义能够在初创企业奏效的话，那么将这种管理模式沿用在具有一定规模的家族企业中显然是不合适的。在创业初期，个人英雄主义必然是追求决策效率最大化，决策效率最大化的结果是保证家族企业的高速发展，但家族企业达到了一定规模后，这样的管理模式就过时了，因为庞大的企业管理体系是不可能依靠个人英雄主义取得成功的，在很多时候，高压政策和独裁垄断的管理风格最终将导致整个家族企业人心涣散。

第三章

事必躬亲

你如果想做一个成功的领导,就必须懂得授权,因为人才潜能的发挥程度取决于领导的授权能力。

——联想集团创始人 柳传志

事必躬亲时的两种态度

在很多企业家论坛上,当企业家们谈及事必躬亲时,往往出现两个声音:

第一,就是赞同。为什么会赞同企业家事必躬亲呢?主要是因为在家族企业初创时期,由于要维持客户的满意度,不得不提高产品和服务质量,这就会造成家族企业创始人大事、小事都会过问,这样才能保证家族企业的生存和发展。赞成这个观点的企业家以宗申摩托车科技开发有限公司创始人左宗申为代表。

左宗申第一次登上胡润百富榜是2001年。这一年7月,宗申集团借壳成都联谊,令其身价倍增至20亿元,位列百富榜第19位。客观地说,在摩托事业上,左宗申更专业。

左宗申1952年出生于上海。在20世纪50年代末期,随着"大跃进"运动的发展,1958年左氏一家人从上海迁往山城重庆。"文化大革命"中,左宗申像无数中国青年一样在农村接受劳动锻炼。"文化大革命"结束后,左宗申返城在重庆瓷厂当上了一名烧窑工。

然而,20世纪80年代初期的中国,由于刚刚开始实行改革开放,一大批工人在创业大潮中下海经商了,左宗申就是其中的一个。他辞去了当时被视为"铁饭碗"的重庆瓷厂的正式工作,迈出了创业的第一步。

刚下海的左宗申并没有什么好的创业计划,只到河北、山东等地销售武侠小说、做水果生意、倒腾服装等。然而,让左宗申没有想到的是,下海经商比自己预想的还要难许多。当左宗申采购水果时，遇到了非常糟糕的天气，采购的水果几乎都烂在了运输的路上；倒卖服装时，又被骗了，可以说是"屋漏偏逢连夜雨，船迟又遇打头风"。此刻的左宗申甚至连回家的路费都没有了。

尽管屡受挫折，左宗申在妻子的再三劝说下，跟大舅子学起了摩托车维修。1982年，妻子把娘家在巴南区王家坝一间临街的住房腾出来，又在外面用牛毛毡搭起了一个小棚，这就搭起了左宗申摩托车维修的生意。

1990年，一次偶然的机会，一位贵阳的朋友托他到重庆南岸五中校办摩托厂买一辆三轮摩托车。在那里，左宗申发现校办工厂的生意很好，学校周围的旅馆都住满了等待提车的人。一打听，才知道发动机的货源很紧俏。左宗申想：修理摩托车发动机自己轻车熟路，为何不自己组装几台呢？打定主意后，他将自己的想法与校办工厂的厂长交换了一下意见，得到了厂长的赞同。几天后，工厂厂长亲自上门，向左宗申订购100台发动机。

这个偶然的机会让左宗申发现发动机货源紧俏，便以装配摩托车发动机完成了资本的原始积累。

两年后，左宗申攒足了20万元，又筹措了30万元，成立了重庆宗申摩托车科技开发有限公司，开始了真正的摩托车配件与整车的生产。

1994年和1995年，中国摩托车的发动机在市场上的表现出奇地好，那两年，几乎所有生产发动机的企业都赚了钱。宗申摩托车科技开发有限公司也迅速完成了资本积累。

在创业过程中，左宗申的一个特点是事必躬亲，这一年经左宗申签发的设计图就有1万多张，还要参与评审零部件、产品设计、部署营销等，每一款摩托车上市前都要经过左宗申的试骑。左宗申认为，第一代企业家必须事必躬亲。

这一观点源于2000年后左宗申引入职业经理的一次失败经历。当时左宗申请来一批高管，结果因"水土不服"离开了，使得宗申集团走了一定的弯路。这无疑固化了左宗申之前的想法——"中国所谓的大企业，除去垄断行业，其实都是很微弱的中小型企业，照搬职业经理人制度行不通，企业家必须事必躬亲才行。"

第二，反对。为什么会反对呢？主要是因为当家族企业达到一定的规模，如果家族企业创始人再事必躬亲的话，不仅会阻碍家族企业的发展，还会打击家族企业管理者的责任心和工作激情。

研究发现，事必躬亲这种做法不适宜于大型家族企业的管理，也是家族企业的老板和高层容易犯的毛病。所谓事必躬亲就是指不论什么事一定要亲自去做，亲自过问。一般形容办事认真，毫不懈怠。事必躬亲这个词语最早出自唐朝张九龄的《谢赐大麦面状》一诗中，具体是："伏以周人之礼，惟有籍田，汉氏之荐，但闻时果，则未有如陛下严祗于宗庙，勤俭于生人，事必躬亲，动合天德。"

从事必躬亲的解释中不难看出，作为家族企业创始人，如果要想把家族企业做强、做大，甚至是基业长青和永续经营，就必须懂得授权。因为对于任何一个企业来说，要想做大、做强，其中的各级管理者，尤其是高级管理者就必须是一个懂得授权、愿意授权并且掌握授权艺术的人。

在欧美等西方国家中，在企业管理方面非常强调授权管理，并且把授权管理和培养人才联系起来，视为对企业管理者综合考核的一项重要内容。对此，时任欧洲SAS航空公司总裁杨·卡尔松（Yang Karlsson）在接受媒体采访时就说过："如果我休假4周，没接到公司来的电话，就证明我成功了，说明员工接受了责任并开始决策，反之我失败了。"

从杨·卡尔松的观点可以看出，欧美等西方国家企业管理者对授权管理的认识还是非常透彻的。不可否认，欧美等西方国家企业的这种管理思想让很多公司特别注重后续人才的培养，而后续人才培养的主要手段之一就是授权。

在欧美等西方国家很多企业的平稳发展过程中，很少出现因为董事长，或者CEO的去世或者离职而引发企业动荡的现象。比如，苹果创始人史蒂夫·乔布斯去世后，苹果公司在新任首席执行官蒂姆·库克（Tim Cook）的带领下，继续创造了苹果的辉煌业绩。

然而，在"富过三代——家族企业如何迈过接班生死坎"培训课上，一个家族企业老板说："周老师，我是企业的船长，不怕您笑话，如果有一天我出了意外，我们企业的几千个员工就吃不上饭了，我的压力很大。"

不过，这位家族企业老板在讲这番话时，估计在阐述自己个人的能力，丝毫没有意识到潜藏在深层次的危机。这可能就是中国大部分家族企业"短命"的一个根源所在。

业务型领导者过于事必躬亲

据资料显示，在中国众多家族企业中，管理型领导者只占总数的5%，其余95%都是业务型领导者。

作为业务型领导者，其最明显的特征就是只盯着一些细小入微的事情，就像一个将军，考虑的不是全军总体作战方案，而是如何去炸掉敌人某一个碉堡和攻入敌人某一个山头。

其实，业务型领导者所忙的事情往往都是各个部门经理分内的工作。由于凡事都过问，凡事都亲力亲为，这就造成了领导者忙得不可开交，而各个部门经理的工作都被业务型领导者做了，就不知道应该做什么工作。

古人云："精于小、必废于大。"用这句话来描述业务型领导者非常恰当。业务型领导者容易事必躬亲，主要是由于业务型领导者大多数是家族企业创始人，在初创时期往往是从业务员或者个体户干起，这部分业务型领导者从来没有接受过系统而全面的企业管理相关知识的培训，也没有在大型企业或外资企业工作的经历。

不过，这部分业务型领导者敢想、敢干，在创业初期通过抓住一个好机会和好项目就积累了一定的财富，使家族企业在短短的时间内就达到了一定的规模。如有的企业规模就达到了成百上千万元的公司资产和数百名员工。

尽管这样的企业从企业形态、生产规模、工厂外观等来看，俨然是一家"有模有样"的竞争力较强的企业，但是，该企业老板的心态、处事方式仍然停留在"业务员"和"个体户"阶段。

在这样的背景下，既是老板又是领导者的业务型领导者仍然会把主要精力放在寻找客户、开发新市场、联系销售业务等事情上。而把作为一个家族企业老板应该做的事情束之高阁，甚至是不闻不问。

可能读者会问，作为家族企业老板，到底该做什么呢？在一些企业家论坛上，一些企业家认为，作为老板，重点应该是制定企业长远发展规划、建立正规化管理机制、财务控制、选拔任用人才等。

如果作为老板，没有充裕的时间来冷静考虑企业的长远战略和企业内部深层次的管理机制等诸多问题，而是一天到晚总是忙于各种应酬、亲自拜见客户、乐于去拜会政府领导，总是喜欢在出席各种会议、参加各种社会活动上指点江山，那么这样的企业将会遇到非常严重的危机。

A公司是一家典型的家族企业，老板黄贵山，29岁，北京某大学本科学历。在创业初期，黄贵山不仅工作态度端正，尽职尽责，而且创新能力非常强。合作者经常称赞黄贵山。

让黄贵山吃惊的是，本公司员工却始终不认可这位老板的管理风格，对黄贵山的诸多做法颇为不满，甚至是一肚子意见。于是，阻碍了公司的整体工作，无疑影响了公司业绩的提升。

在给该企业内训时，通过调查了解，我才发现，虽然该公司老板黄贵山吃苦耐劳，工作尽心尽力，但是员工最不满意的地方，即黄贵山的管理方法上存在的一些问题——授权问题。

由于黄贵山在日常工作中大事小事都事必躬亲，有工作不知道安排布置，而是自己干,唯恐员工出现差错,过分强调了老板的"身体力行",弄得员工反而手足无措。从而导致了"老板干,员工看"的局面,甚至一度造成了员工消极怠工的抵抗情绪。

黄贵山的案例可谓是中国家族企业管理的一个缩影。其实,这样的案例举不胜举。据有关材料显示,在中国,至少有80%以上的家族企业创始人不懂得授权。由于传统观念的影响,在他们看来,下属的能力永远不如自己,授权给他们唯恐把事情办砸,所以自己整天忙得不亦乐乎,成效却不甚显著,甚至会遭到下属的反对或抵触。

事必躬亲,不喜欢授权的原因

在很多时候,有些家族企业创始人习惯性地亲力亲为,生怕员工执行不到位,或者没有那个能力完成某项工作,于是事事都需要自己做。

在他们的意识中,"亲力亲为"就是所有事情都必须亲自去做,但他们不清楚一个人的能力和时间都是非常有限的,不可能巨细靡遗,况且术业有专攻,家族企业创始人应尽可能地把一些工作交给有能力、有特长的员工去完成,这才是作为家族企业创始人必须要做的事情。

说到底,什么是授权呢?所谓授权就是指家族企业创始人将其职权或职责授给某位部属负担,并责令其负责管理性或事务性工作。

对于任何一个家族企业创始人而言,授权其实是一门必须要懂得的管理艺术,只有充分、合理地授权给员工完成各项任务,家族企业创始人才能真正地提升家族企业的经营业绩。如果家族企业创始人事事亲力亲为,不把更多的时间用于对家族企业经营中去,那是舍本求末。

家族企业创始人事必躬亲,不愿意授权的原因是多方面的,这既有管理思想方面的原因,也有个人综合素质方面的原因,还有传统文化和传统意识方面的原因,但归结起来大致有以下几点,如表3-4所示。

表3-4 家族企业创始人事必躬亲,不喜欢授权的原因

原因	具体表现
创始人本身的惰性	家族企业创始人本身的惰性偏向做一些简单的工作,而事实上这些工作应该授权员工去完成

续表

原因	具体表现
创始人不懂得如何授权	有些家族企业创始人因不懂得如何授权，从而把自己困在非常琐碎的工作细节上
创始人缺乏安全感	不把权力授予员工，是家族企业创始人害怕自己的地位被取代，没有安全感
创始人对员工没有信心	家族企业创始人对员工没有信心，所以本能地不赋予应有的权力
过分强调个人能力	在诸多中国家族企业中，长期以来过分强调个人能力而忽视了团队作用，"个人英雄""能人企业"的出现就是这种现象的具体反映。在很多家族企业里，企业文化就是老板文化，老板的个人能力就是企业的竞争力
企业家个人素质使然	在前几年中国市场制度尚不完善的情况下，靠胆量、机遇成就了一批企业，也造就了一批企业家，但企业管理者的个人素质没有随着企业的发展而进步，还停留在过去的水平上
企业管理中的机制问题	在家族企业初创时期，由于不合理的晋升机制使家族企业创始人不敢授权。在众多初创家族企业中，创始人在选拔人员时往往片面地强调工作业绩而忽略管理能力，在这些创始人眼中，谁有业绩就提拔谁
对工作了解不够	有些家族企业创始人相对来说还是开明的，在很多场合下还倡导授权，但是却不够深入了解下属的特长或工作特点，不知哪些人该授权或哪些事该授权，担心因授权而失控

从表3-4可以看出，以上几个原因是家族企业创始人事必躬亲，不喜欢授权的一种通病，可能很多管理者都有授权的想法，但怎样授权一直是困扰他们的难题。

领导=决策+授权

众所周知，授权不是单纯的管理要求，它具有很多艺术成分，要授权必须学会授权艺术。授权者对授权尺度把握得是否准确，直接关系授权的成败。但是，要想将家族企业打造成为百年老店，家族企业创始人必须抓大放小，把时间和精力放在战略制定和决策上。

事实上，家族企业创始人亲力亲为的目的不是代替员工做事，而是让员工感受到家族企业创始人对他们工作的重视，让员工感受到家族企业创始人对他们诉求的认真态度，同时让家族企业创始人自己也更加了解员工。

作为家族企业创始人，尤其是既是家族企业老板，又是高层管理者，若想真正通过下属实现预期目标，要学会授权，因为家族企业创始人任何一项决策都必须由部门经理和一线员工来完成。

领导不能简单地等同于一般的管理者，领导属战略思维，领导思考的应是全局性的、综合性的问题。领导的真正作用在于恰当处理组织的协调问题，发挥组织成员的潜能。为了调动组织全体成员的积极性和创造性，齐心协力完成组织目标，领导要善于决策，善于授权。相反，作为家族企业创始人如果不懂得授权，那么家族企业业绩将会受到严重的影响。

A门店是某民营连锁集团的一家旗舰店，由于连锁集团业务经营规模的扩大，2007年开始，老板决定将A门店交由聘请的店长及其经营管理层全权负责该门店的经营管理。

其间，老板基本上不过问A门店的日常经营事务，同时，既没有要求A门店的经营管理层定期向连锁集团汇报经营情况，也没有对A门店经营管理层的经营目标作任何明确要求，只是非正式承诺如果A门店盈利了，将给A门店的经营管理层奖励，至于具体的奖励金额和奖励办法也不明了。而且，尽管连锁集团有完善的规章制度，但是采购、宣传和销售甚至财务全部由A门店的店长负责。经过两年的经营，到2009年底，问题出现了。

老板发现，A门店的经营管理一片混乱，账务不清，在采购中经常出现采购货品与采购单不符、损坏率过高、店员生产纪律松散等现象，甚至出现个别店员在采购中私拿回扣、收取合作企业入场费不入账等问题。

同时，因为账务不清，老板和店长之间对A门店是否盈利也各执一词，老板认为这两年公司投入了上千万元而没有得到回报，属于店长经营管理不善，而店长则认为这两年A门店已经减亏增盈了，老板失信于A门店的经营管理层，特别是店长，没有兑现其给予A门店经营管理层奖励的承诺。

面对A门店管理中存在的问题，老板决定将A门店的经营管理权全部收回，重新由自己亲自负责A门店的经营管理。

于是A门店原有的经营管理层一下觉得大权旁落，认为老板对自己不信任，情绪低落，在店员中有意无意散布一些对A门店不利的消息，使得A门店人心涣散，经营陷入困境。

其实，像A门店这样的例子举不胜举，在现代管理中、授权不仅是一门学问，而且关系一个连锁企业的生存和发展，通常表现在店长宏观的管理和微观的调控中。

在上述案例中，连锁集团老板本意是想通过授权使自己能够从 A 门店日常经营管理活动中解脱出来，将店员特别是经营管理层的积极性调动起来，但是，事与愿违，不但没有达到预期的效果，反而使 A 门店经营管理陷入困境。究其原因，主要是该连锁集团老板没有正确运用好授权管理的艺术，走入了两个极端：

第一个极端是在 2007~2009 年，把授权当作放任不管，在实施授权管理的前提条件不完全具备的情况下，对 A 门店经营管理层"授权过渡"，导致 A 门店管理混乱，在 A 门店经营管理的一些重要环节出现权力真空。

第二个极端是在 2009 年底之后，连锁集团老板发现 A 门店经营管理中存在的问题后，又将 A 门店的经营管理权全部收回，"授权不到位"束缚了 A 门店经营管理层的手脚，挫伤了 A 门店店员的工作积极性。

事实上，在老板包揽了大部分权力之后，并不能把实际工作做好，由于包揽的事情太多太杂，加之对具体情况缺乏了解，大部分工作都做不到位，很多工作长期没有过问，形成无人管理的"死角"。于是乎，在家族企业中就形成这样一种局面——经理人能够管好但又无权去管，老板有权掌管却又管不好。

职位越高，授权的比例就越大

当一个家族企业老板意识到授权的重要性，并准备授权时，家族企业老板应该掌握下列几条原则，如表 3-5 所示。

表 3-5　授权的原则

原则	具体表现
在授权之前，先充分了解被授权之人	作为家族企业创始人，在授权之前，通过有效的沟通交流，先充分了解被授权者。如了解被授权者的知识结构、工作经历、工作技能、擅长领域、能力特点等。如果授权给某个被授权者，该被授权者能不能独立完成，或者在适当的指导下完成。一般情况下，只有被授权者有一定的工作能力，又有工作意愿时，才是实施授权管理的最佳机会
让被授权者按照家族企业创始人的意图把任务完成	作为家族企业创始人，授权不是简单给被授权者分派几个工作任务，而是在基于了解被授权者的心理活动的基础之上，力争每一项授权工作都让被授权者大力支持，这样才能够充分调动员工的工作积极性和创造性，从而按照家族企业创始人的意图把任务完成

续表

原则	具体表现
严格说明授权的内容和目标	在授权之前，必须把授权目标和责任的范围详细交代给被授权者。这样不仅能够让被授权者知道自己如何履行责任，而且更重要的是，让被授权者知道预期的结果和目标
强化团队意识和组织力量	作为家族企业创始人必须清楚，授权的目的是强化家族企业的竞争优势，不是为了家族企业中的个人利益。如果家族企业能够成为一个充满活力的组织，对被授权者的授权也非常到位，那么这个团队就是一个能够保证家族企业高速发展的团队
参照管理学"5W"法，检查授权效率	所谓"5W"法就是指对选定的项目、工序或操作，都要从原因（何因 Why）、对象（何事 What）、地点（何地 Where）、时间（何时 When）、人员（何人 Who）、方法（何法 How）六个方面提出问题进行思考。在授权时，家族企业创始人为了有效地控制"什么事""授权给了谁""事情进展过程怎样""结果如何"等。同时给予必要的指导和检查，检查方法可以由被授权人报告或者是亲自了解等
给被授权者相应的权力	在授权之时，家族企业创始人必须给被授权者相应的权力。如被授权者在完成某项工作中支配资金的额度、被授权者发布命令及命令的对象、报告预期的进度及报告的时间等
做好发生错误以及承担风险的准备	在授权时，家族企业创始人就必须要做好有发生错误并承担风险的准备，即使是家族企业创始人亲自去干也有可能出现差错，授权更不例外

当然，作为家族企业创始人，在授权时，还必须明确自己的岗位职责，如果授权不当，不仅达不到授权的目的，甚至往往适得其反。

研究发现，对于任何一个企业而言，管理职位不同，其授权的比例也不相同。中国台湾一家管理研究机构的调查统计结果就能说明一些问题。职位所负职责应授权的百分比如下：总经理95%，副总经理75%，部门经理50%，班组长25%。

从数据中可以看出，职位越高，授权比例越大。作为一个总经理，其实只需要做几件事情，如表3-6所示。

表 3-6　总经理的职责

职责一	制定公司发展战略
职责二	高层以上的重要人事安排
职责三	公司重大投资决策
职责四	对直接被授权者进行监控

作为基层管理者或班组长，则恰好相反，除一些琐碎事务授权员工自行处理外，其余工作必须身先士卒，率领员工共同完成任务，而不是只工作却不带领着大家具体执行。因此，正确授权的优点有如下几个，如表 3-7 所示。

表 3-7　正确授权的优点

优点一	减少家族企业创始人的工作负担，使家族企业创始人集中精力处理更重要、更大的问题
优点二	正确的授权是家族企业创始人对被授权者的一种信任，有利于充分发掘被授权者的创造性
优点三	正确的授权有利于家族企业创始人"发现人才、锻炼人才、培养人才"
优点四	正确的授权有利于团队建设，有利于各级管理者之间、管理者与员工之间的协调、团结
优点五	正确的授权有利于家族企业创始人避免专断，降低决策错误的发生

适当的授权，不仅不会影响企业整体目标的实现，反而能够调动下属人员的积极性，把总经理从繁杂的事务中摆脱出来，去捕捉新的市场机会。管理者要成功，就必须学会授权管理。因为企业管理的最高境界是"闲者为上，能者为中，工者为下，智者为侧"。

强化家族企业创始人的授权意识

很多中国家族企业创始人不愿意授权，这就必须加强化家族企业创始人的授权意识，从而让家族企业创始人意识到授权对企业发展的重要性。如何才能真正地做到授权呢？方法有以下几个，如表 3-8 所示。

表 3-8 真正地做到授权的四个方法

方法	具体做法
全方位了解下属	在授权前，家族企业创始人通过与下属进行有效的沟通交流，从而更好地了解被授权者的知识结构、工作技能特点以及优劣势。依据对下属的了解，再授权给他
让下属感到自己非常重要	家族企业创始人尽可能做到每一项授权工作都能让下属感到自己非常重要。家族企业创始人这样的授权才能真正地调动员工的工作积极性和激情，从而按照家族企业创始人授权的意图把工作任务执行到位
明确授权目标和责任的范围	家族企业创始人在授权之前，必须明确授权目标和责任范围
给被授权者适当的自主权	在授权时，家族企业创始人一定要给被授权者适当的自主权，如在项目进行中支配资金的额度、报告预期的进度及报告的时间等

第四章

任人唯亲

一直有这样一种观点：中小企业管理是中国民营企业走向兴盛的"瓶颈"，因为裙带关系会产生任人唯亲现象，优秀职业经理人难以进入决策管理层，而家族中不称职者会占据要职；产权界定不清还会导致中小企业的所有权与经营权不分。

——阿里巴巴创始人　马云

热衷于任人唯亲的两个原因

在"富过三代——家族企业如何迈过接班生死坎"培训课上，很多学员谈及家族企业的第一印象时，占一半的学员会说任人唯亲。

可见任人唯亲在家族企业生存和发展路径中有浓厚的痕迹。其实，学员们谈及家族企业的第一印象是任人唯亲时，我一点也不感到意外，因为家族企业在初创时期，高级管理人才因为较低的薪水和平台无法施展其才华而不愿意加盟。

家族企业创始只能选择家族成员来担任重要的职位。家族企业创始人热衷于任人唯亲主要有两方面原因，如表3-9所示。

表3-9　家族企业创始人热衷于任人唯亲的两个原因

原因一	在创业时期，由于实力较弱，给不起较高的薪水和福利来聘请高级管理人才，而家族成员则可以省去这笔费用
原因二	家族企业创始人通常会认为，家族企业是自己家的，家族成员不会背叛自己。在改革开放初期，很多家族企业创始人都处在法律的边缘，这样的话，家族成员不会去举报，甚至是告密

研究发现，在家族企业的人力资源管理中，对于家族企业创始人而言，首先考虑的是家族成员，主要原因是家族企业创始人认为家族成员不会背叛自己。

基于此，很多家族企业创始人在用人问题上仍然走着任人唯亲的老路。在创业初期，创始人坚持任人唯亲是可以理解的，但是当家族企业达到一定的规模，创始人就必须考虑家族企业社会化，即从家族外部聘请一些高级管理人才来协助发展家族企业。

然而，有些家族企业创始人在如何科学、合理、正确地任用人才方面问题重重，特别是在家族企业关键岗位上任用高级管理人才等思想认识上仍然不够清楚，有的家族企业创始人甚至宁愿"让肉烂在锅里"也不愿改变用人方面的落后僵化思想。但是，家族企业创始人的这种思想顽疾将会成为家族企业"管理混乱、效益低迷、人心涣散"等不利于家族企业发展的诸多障碍。

任人唯亲是家族企业的一个顽疾

任人唯亲是家族企业的一个顽疾，是很难治愈的。在"富过三代——家族企业如何迈过接班生死坎"培训课上，当学员们对家族企业达到了一定规模后还坚持任人唯亲的诸多弊端介绍时，一个学员对此感触颇多。任人唯亲的用人问题给企业带来的教训是惨痛的。

在 A 分公司 B 项目部。作为 B 项目组经理来说，他把素质低下的亲戚安排在 B 项目关键岗位上。由于素质低下，又没有管理经验，结果就造成 B 项目亏损巨大，A 分公司经理就撤换了 B 项目组经理。

据该学员介绍，有的分公司经理也犯任人唯亲的错误，一些分公司经理总是把一些不能胜任材料员、保管员岗位的亲戚安排在重要的岗位上，而这些员工仗着自己是分公司经理的亲戚不仅明知故犯，还"监守自盗"，甚至"吃里扒外"，一些分公司经理总是睁一眼，闭一眼，任其亲戚蚕食公司的财产。正是任人唯亲造成分公司经济效益滑坡的直接原因。

2008 年，公司进行社会化改造运动，许多符合公司内部管理制度也相继出台，在用人上也采用"能者上庸者下"的新战略。

该学员认为，公司在用人管理上仍未抓到实处，分公司在用人问题上的顽疾依然存在，且任人唯亲愈演愈烈，企业漏洞也愈来愈大。

按理说，进行社会化改造运动后的企业，尤其是分公司经理对本企业产生经济效益的关键岗位应该择优录用，实行"弃亲避嫌"的制度。

让该学员不可理解的是，有一些分公司经理仍然坚持在关键岗位上非"自家人"不用的用人策略，让这些分公司经理想不到的是，正是"自家人"以各种手法违规操作，从企业的钱包里捞钱：比如，抬高材料价格以次充好吃差价、多开票款、少拿货、吃余额、开空头发票，打白条吃回扣等。

可能有读者会问，如何才能解决这个棘手的问题呢？该学员建议，"公司一定要出台一个用人条例，明确规定在关键岗位上（会计、材料员等）不准任人唯亲，并且实行公司委派制度。材料员一定要经过培训上岗，还应该出台一个专门监督处罚的规定，帮助分公司、项目部妥善解决这一个棘手的问题。"

上述案例中的问题在很多非家族企业中很有代表性，有一些分公司经理安排自己的亲戚来负责重要的岗位，然而，那些分公司经理的亲戚们总是想方设法地利用公司的资源给自己多一条赚钱的道路。

然而，在家族企业中，这样的问题会相对少一些，主要是，作为家族成员而言，家族企业是自家的，没有必要做这个亏本的买卖。在家族企业中，任人唯亲主要是源于创业初期特定的发展阶段，当家族企业发展到一定的规模后，很多高级管理人才又不愿意加盟家族企业。同时，作为家族企业创始人把家族企业做大也经历了诸多的辛苦，也不愿意把关键岗位给予"外人"。

当然，由于历史的原因，家族企业创始人文化素质相对低下，这也是家族企业任人唯亲的一个重要因素。20世纪80年代，中国改革开放不仅促进了中国经济的高速发展，同时造就了一个特殊的群体——家族企业家。农民和董事长、总经理这两个风马牛不相及的词汇联系在一起。拥有这两种身份的人无疑是农民中杰出的代表，其有如下两个特点，见表3-10。

表3-10 家族企业老板共同的特点

特点一	具有农民优秀品质的同时，还保留有传统小农经济的思想和观念
特点二	具有不怕困难、勇往直前的创业毅力和必胜信念的同时，还有心胸狭隘、目光短浅，以及难以摆脱家长制的思维

从表3-10中可以看出，由于这部分家族企业老板身上的这两个特点，给达到一定规模的家族企业经营增加了难度，而一些家族企业经历了蓬勃发展后，由于家族企业创始人自身的原因，家族企业最后倒闭了。

我曾经受邀去培训过一个企业，去了以后发现那是一个标准的家族企业，更确切地说是家庭种业公司，在这家企业没有任何现代企业管理的规章和制度。

M公司是一个典型的家族式企业，也是一个标准的家族企业，这家企业没有任何现代企业管理的规章和制度。

该家族企业老板宁建新，也是该家族企业的董事长兼总经理。而 M 公司经销部经理是宁建新的儿媳；企划部经理是宁建新的女儿；财务部经理是宁建新的妻子；办公室主任是宁建新的女婿；库管部经理是宁建新的父亲；仓库保管员是宁建新妻子的弟弟；品管部主管是宁建新的堂弟；技术部总监是宁建新的高中同学；出纳员是宁建新的侄女；司机是宁建新的外甥……

不过，宁建新能够把 M 公司做大也费了不少心思。据宁建新介绍，宁建新是 D 地人，高中毕业后独自创业。M 公司兴起于 20 世纪 80 年代，以经营瓜果蔬菜种子为主业，发展势头很好，一度和港商合作经营。

M 公司发展到 1991 年时，已经是一个拥有固定资产数百万、员工 250 人、产品行销全国 15 个省份的中型企业。

到了 20 世纪 90 年代中期，M 公司更是如日中天，产品遍及全国大部分种子市场，每年营销瓜菜种子 3000 万~4000 万元。由于经营规模的扩大，还获得中国农业部第一批注册 3000 万元资证的种子公司之一。在 20 世纪 90 年代曾笑傲市场。

然而，由于公司高层经理个人的工作能力有限，特别是在 20 世纪末期，瓜菜种子的竞争日趋激烈，又由于管理不善而导致的种子质量等多方面因素，公司产品销售疲软，失去了中国南方地区的市场份额，企业也因此亏损严重。再无力挽回局面的情况下，宁建新才有了聘请一位总经理来拯救 M 公司的想法。

然而在 M 公司召开的管理层会议上，财务部经理说："老公，请总经理的事情能不能缓缓再说。"

企划部经理说："爸爸，您请总经理的方法不好使。"

办公室主任说："爸爸，请来个总经理让人家怎么工作呀？"

……

这样的管理层会议简直就是十足的家庭议事。

然而，宁建新毫不掩饰地说，"周老师，您说得没错。就是一个家庭会议，要不请您给出个主意。随着企业规模的不断壮大，儿子、闺女、儿媳、女婿等成为家族企业管理队伍的主力军，毕竟都是自家人，关键是其他人我也不相信"。

针对 M 公司的现状，我给宁建新提出了四点建议：第一，理顺体制，健全部门；第二，重新聘用各职能部门人员；第三，建立规章制度，整顿管理秩序；第四，改变公司的"家族形象"，根据工作能力有些亲属最好能退出管理层。整顿后再考虑招聘一位经理人。

当培训结束时，宁建新拒绝了我的建议。

2004年4月，当我到D地做培训时，宁建新的手机已经换号了，M公司办公室的电话停机了。很多人不知道M公司发生了什么事情。据说是市场萎缩、销售减少、持续亏损、资不抵债，积压种子1000多万公斤，欠款300多万元，欠债250多万元。这个注册3000万元的种子公司最后竟莫明其妙地蒸发了。

M公司是中国家族企业的一个典型代表，尽管M公司因经营不善而倒闭了，但是作为一种类型，家族企业本身还是具有强大的生命力的，只不过是做到一定规模后没有引进人才和制度化管理，以及社会化而已。

在给很多家族企业做内训时，我都拿上述案例来分析。但是作为M公司老板宁建新而言，他也是有苦衷的，毕竟在艰苦创业时职业经理人是不可能与自己同甘苦、共患难的，只有家族成员才能把自己的命运与企业的命运紧密地联系在一起。

宁建新作为M公司老板，当M公司规模做大后，引进人才的时机已经成熟，而宁建新依然坚持用家庭成员来作为高层经理，这个决策是错误的。

任人唯亲的现象非常严重

在诸多中国家族企业中，任人唯亲的现象非常严重，在这些家族企业中，像宁建新一样的领导者通常都不会承认自己会任人唯亲。当我向他提出重新聘用各职能部门人员，改变公司的"家族形象时，从宁建新的表情来看显然是不愿接受的，从宁建新经营M公司的情况来看，领导者对家族成员的过分倚重是任人唯亲的重要原因之一。

针对家族企业创始人任人唯亲的问题上，美国《华尔街日报》引述一份研究报告的数据显示，在15000个样本中，有92%的受访者坦言，在他们公司，领导者任人唯亲的事情经常发生；有3%的受访者承认，在提拔下属时，自己曾经有过任人唯亲的做法；有5%的受访者明确表示，在他们上一次提拔员工时，"唯亲"就是一个考虑提拔的因素，见图3-1。

从图3-1可以看出，尽管仅有8%的受访者承认，在提拔下属时，曾经有过或者"唯亲"是提拔依据。但是作为企业领导者不管承认与否，在企业管理过程中，企业领导者任人唯亲的现象是存在的。

由于世界经济一体化的纵深发展，必然会加剧人才市场竞争。尽管很多任人唯亲的家族企业领导者不愿意引进优秀人才，但是在这样的背景下，家族企业领导者对人才的需求自然也越来越高。

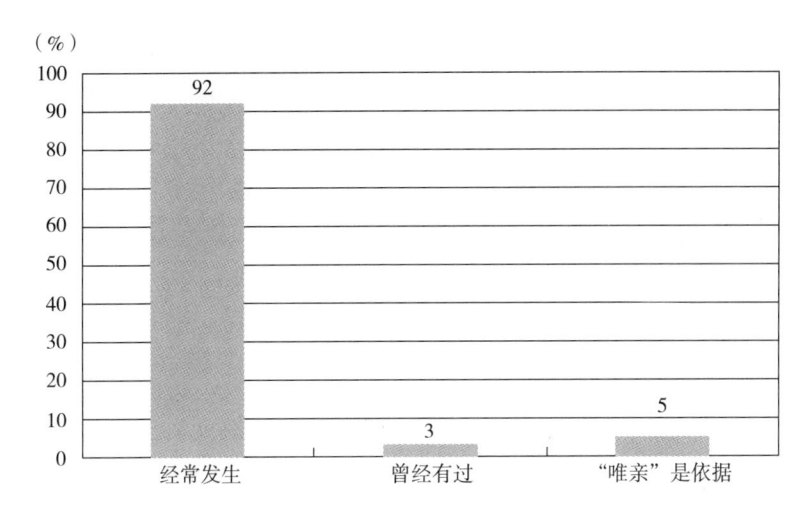

```
(%)
100  92
 90
 80
 70
 60
 50
 40
 30
 20
 10              3           5
  0  经常发生   曾经有过   "唯亲"是依据
```

图 3-1　任人唯亲的调查数据显示

从 M 公司的发展就能看出，在企业自身的成长过程中，对于任何一个企业而言，都不可能拥有数量如此庞大的"优秀可靠"的人才。

当然，在家族企业中，尽管家族成员的忠诚度极高，但是却缺乏管理企业的能力。从这个角度上来看，既忠诚而又具备才干的人才就不多了。

之所以说很多企业都匮乏人才，是因为很多企业领导者的人才观念落后，只相信自己的家族成员，我在很多企业中都碰到过这样的领导者，在给 K 企业写企业案例时，K 企业老板就跟我说，他在各省市都有分公司，但是分公司的负责人和财务总监必须是从总部派过去的。当我到 K 企业的分公司一看，结果这些分公司经理们都是 K 企业老板的亲戚。

反观 K 企业，家族企业创始人首先考虑的是自己的亲人，他们认为，亲人是不会背叛自己的。确实，很多家族企业创始人在用人问题上仍然走着任人唯亲的老路子，在如何正确使用人才，尤其在关键岗位上使用优秀人才等思想意识上仍然存在着非常大的误区，有的甚至宁愿"让肉烂在锅里"也不愿改变用人方面的落后思想，而这种思想顽疾带给一个企业的最大害处就是：管理混乱、效益低迷、人心涣散。

优秀家族企业领导者的四个用人原则

要想把企业做强、做大，家族企业领导者要善于用人，否则就算将规模做到一定程度,也不可能再将规模做大。

对此,我们建议,作为优秀的家族企业领导者一定要牢记四个用人原则,如表3-11所示。

表3-11 优秀家族企业领导者的四个用人原则

原则	具体表现
用人所长	作为家族企业领导者必须清楚,在企业经营中,特别是在提拔下属时,尽可能懂得用下属之长,避下属之短。就像骏马能日行千里,一旦用骏马来耕田时还不如一头老黄牛。但是如果能够用骏马和老黄牛的优点,规避其缺点,那么骏马和老黄牛都能发挥最大的岗位效率。正如鲁迅所说:"倘要完全的人,天下配活的人也就有限。"当然,作为家族企业领导者,在用人时,一定要反对那种论亲疏的错误做法,要从多渠道、多层次、多视角了解和考察下属,然后将他放到最适合他发挥作用的位置上去工作
不求全责备	作为家族企业领导者,在起用下属时,尽可能避免为求"完人",把事业心和责任心较强、工作技能较为全面,但有若干缺点的下属辞退,把那些家族企业领导者眼中"完美无疵"但事业心和责任心较差、工作技能较为一般的下属提拔到重要岗位上。家族企业领导者有这样做,不仅能避免组织蒙受损失,还能提升企业的竞争优势。作为家族企业领导者,在用人上,一定不要求全责备,宁用有缺点的能人,也不要用四平八稳的庸人
善于揽过	下属无论有多么聪明能干,都不可能不犯错误。当下属犯错误时,作为家族企业领导者尽可能地指出犯错误的原因,促使其改正。对于下属所犯的错误,家族企业领导者应主动承担责任,不能推卸责任。当然,给下属揽过绝对不是简单的、无原则的纵容,而是要分清下属犯的是什么样的错误,分清错误的大小。对事关大局的重大问题,就必须严惩不贷,绝不能姑息迁就。从这个角度上来看,善于揽过不仅是家族企业领导者的领导艺术,而且更是有效提升岗位效率的重要手段
明责授权	作为家族企业领导者在用人时,必须明责授权,同时还必须监控其职责。如果不能明责授权,那么就很难重用下属,就像古人所说的那样:"非得贤难,用之难,非用之难,信之难也。"这句话的意思是说,家族企业领导者在用人时,往往常犯想用而又不敢放手使用的毛病。因此,作为家族企业领导者在用人时,要敢于"用人要疑,疑人敢用"。所谓用人要疑,疑人敢用,就是既用之就要充分予以信任,放手让其大胆工作,明责授权,权责统一,但是又要时时对其在位监控,一旦出现问题,马上制定相关的应对策略

综上所述,对于家族企业创始人而言,知人善任不是一句时髦的口头禅,也不是显示领导者权威的代名词,而是一个实实在在的管理措施,如果家族企业创始人失去了这种战略管理,那么家族企业创始人也只是一个平庸的领导者。因此,这就要求家族企业创始人能够合理地搭配好人才,用其所长是促进组织发展的有利条件。

第五章

制度形同虚设

由于监督防范机制的缺乏,很多中小企业的管理制度几乎形同虚设。因此,这种制度只是起到了口号与形式的作用。如果某一制度条文已经成为空壳,执行起来毫无效率,则只会产生负面作用,损害制度的权威性和企业的公信力。

——《中国企业家》杂志总编辑　牛文文

制度形同虚设大都是由家族企业创始人造成的

在很多家族企业中,企业制度往往形同虚设。这主要是源于家族企业大多是从个体户和小规模企业开始做起的。尤其是在初创时期,家族企业的方向完全依赖家族企业创始人的经验和胆识,根本不需要任何精确的、可能性报告的数据论证,也不需要过多的民主决策。

当家族企业发展到一定规模之后,就必须逐步摈弃过去家长式的决策方式,而采用精确评估报告和系统财务核算等量化手段来进行投资决策。此刻,如果家族企业依然继续采用原有的个人感情决策方式,那么家族企业可能遭遇巨大的冒进危机。在这样的家族企业中,一个非常典型的特征是管理人治化。当然,这也是中国家族企业中的一个通病。在诸多家族企业中,由于家族企业创始人经常以亲情代替规则,以关系代替制度,从而使得家族企业制度是有法不依,有法不严。在这样的背景下,制度形同虚设也就非常容易理解了。但是,随着家族企业的扩大,家族企业创始人不得不进行社会化改造,把企业由改革开放初期的个体企业改造为目前的公司制企业。

尽管家族企业将家族企业进行了社会化改造,但是由于家族企业本身的亲缘文化就不可能充分授权,这就势必会导致要么是授权范围窄,要么是盲目授权。

一般地,家族成员员工可以凭借与创始人的血缘关系把持着家族企业的重要岗位,参与家族企业的重大决策,同时还享有优厚的薪水待遇。非家族成员员工往往得不到老板的提拔,甚至其努力工作也不能赢得老板的提拔和待遇的提升。

事实上，家族企业创始人往往不愿意重用和提拔非家族成员员工，有些家族企业创始人甚至还尽量压低非家族成员员工的薪水和福利待遇。此外，家族企业创始人对于家族成员员工也往往是"情大于法"，犯错误时不予追究。对于非家族成员员工则会严格按照规章制度处理。

在这里，我想起了电影《天下无贼》里那个贼王薄给保安说的几句话："你在这里干什么？当明星啊你，我们需要的不是敬礼，我们需要的是安全，责任感，懂吗，开好车你就不问，开好车就可以随便进入，开好车就一定是好人吗？你还笑，形同虚设。"

可以说，《天下无贼》里，这个场景真正触动了我的神经，而正是这个小小的细节，使我久久不能忘怀。

让我们回顾一下，刘德华扮演的贼王薄让女友施展"美人计"，敲诈了好色的大款刘总的一辆宝马车。两个贼开着宝马车从刘总那豪华、气派的别墅来到小区大门口，满脸威武、一身正气的小区保安忙毕恭毕敬地敬了一个礼，给贼放行。

在这个场景中，贼来告诫作为一个保安的职责，业主"需要的不是敬礼，而是安全，责任感"。

读者可能会问，这个故事跟家族企业制度形同虚设有什么关联吗？答案当然是——有的。尽管组织类型不一样，同样是在制度下，岗位职责都没有执行到位。

很多家族企业创始人不管是在公开场合，还是在私下，都强调企业要制度化、流程化、决策民主化，但是当家族企业某些岗位负责人在执行制度时，往往遭遇来自家族企业创始人的阻力而使得制度形同虚设。

家族企业人治化

在家族企业管理中，常见的制度形同虚设主要体现在家族企业创始人"管理人治化"方面。在对家族企业社会化改造过程中，家族企业创始人往往采取渐渐的方式，即首先聘任职业经理人来提升家族企业的管理水平。

随着职业经理人的加盟，职业经理人必然带来一些先进的管理思想，从而会促使家族企业变革，在这场管理变革中势必会触及某些家族成员的利益。

当家族成员的诸多利益被触及时，这部分家族成员必然誓死捍卫，就会想方设法去阻挠职业经理人的决策通过，甚至会怂恿别人一起来反对职业经理人的决策。

就算职业经理人的决策能通过，这部分家族成员对职业经理人的决策采取阳奉阴违的不配合态度或者根本不去执行职业经理人的决策。

职业经理人为了推行自己的管理变革，势必拿家族企业的某几个家族成员开刀。这就激化了家族成员与职业经理人的矛盾，甚至可能会触发家族企业本来已经累计很久的诸多矛盾。

当家族成员与职业经理人产生矛盾时，家族企业创始人一般会采取折中的方式来处理，而后往往不了了之。主要原因是，家族企业创始人绝对不能牺牲家族成员的利益来支持管理变革，否则家族企业创始人会遭受来自父母、亲戚等的唾骂。

对于家族成员来说，他们是家族企业的元老重臣，也是多年前的拜把兄弟。在很多决策方面，大多是积极支持家族企业创始人。

在这样的情况下，家族企业创始人会私下告诉职业经理人，让职业经理人不看僧面，也要看佛面。

在家族成员面前，家族企业创始人也会告诉他们，聘请职业经理人的目的是提升家族企业的竞争优势，让家族企业走向正规化、制度化、流程化，从而达到提升家族企业管理水平的目的。最终的结果就是，家族成员与职业经理人双方各自退一步。

读者可能会问，家族企业创始人本来想借助职业经理人的力量来提升制度管理水平的，为什么又往往是采用平事息人的态度来处理家族成员与职业经理人的矛盾呢？

家族企业创始人如果这样处理在家族企业创业阶段是可以理解的，甚至可以说是正确的，因为中国的信用体系不够完善，家族企业的后续发展，依然还要靠家族成员的大力支持和努力贡献。

当家族企业发展到一定阶段，甚至是一定规模时，还采取这种和稀泥的方式可能就会阻碍家族企业的发展。其弊端在日常的管理中也就可能会显现出来。

一般地，家族成员往往在管理方面会非常容易陷入"人治"陋习，以目前中国家族企业员工的素质来看，严格执行企业的规章制度是一件非常艰难的事情，这是一个非常难逾越的阶段。

研究发现，很多家族企业目前依然还停留在家族化管理阶段，家族企业的发展实质上还是靠家族企业家在拉动，而没能做到靠人才推动。至于能够走多远，只能取决于家族企业家个人的能力、管理经验、行业的状况和市场供求等诸多因素。

尽管人治化会阻碍家族企业的做强、做大，但是在一定规模下，人治化又会促进家族企业的生存和发展。很多第一代创业者创建的工厂、企业，一般都管理得非常好，效益也很不错，但是当换了创业者的儿子或孙子去管理这个工厂或者企业时，其结果就不一样了，其根本原因就是家族企业创始人采取"管理人治化"，而二代，或者三代接班人往往喜欢采用制度化来管理，结果招致诸多员工的不支持。

其实，这非常容易理解。当家庭企业规模较小时，一般都经不起商业大潮的冲击，然而，此刻，由于采取的是人治化管理，家族成员的工作积极性被激发起来，因为家族企业的未来就是他们的未来，如果家族企业倒闭了，那么他们的财富梦想也随之破灭。

但是，当家族企业达到一定规模后，家族企业的发展面临重大挑战。此刻，由于家庭、亲属之间成分复杂，又缺乏健全的制度来保证家族企业的顺利发展。甚至还可能引发家族成员为了争权夺利而钩心斗角，将家族企业的财产按照当初的股权分配，从而使得家族企业四分五裂。

研究发现，当家族企业达到一定规模，特别是家族企业取得一定业绩后，家族企业中的某些人就非常容易居功自傲，紧接着便会独断专行、排除异己，形成"一言堂、家族人治化管理"。这样，在家族企业内部没有任何制衡和监督的情况下，一旦决策失误，家族企业就会陷入绝境。这是由成百上千个案例证明了的。

管理人治化势必影响家族企业的持续发展和做大

事实证明，在中国众多的家族企业中，传统的家族管理色彩依然很浓，这势必影响家族企业的持续发展和做大。然而，家族企业创始人却不知道，管理人治化本身就决定了家族企业缺乏规范的制度管理，这可能加速了家族企业的"短命"风险。

然而，对家族企业进行社会化改造并不是一个一蹴而就的过程，而是必须建立在自身的基础之上，渐渐地社会化的过程。对于某些家族企业来说，目前完全摒弃人治化管理还为时尚早。因为由传统的家族制企业发展为现代家族控股企业，在实际操作中并不是一句话就能解决的。

这毕竟涉及家族企业的所有权转移问题，在产权多元化的过程中，家族企业创始人更应该保持审慎的态度，做到绝对控股，其控股达到 70%~90%，从而保证家族企业社会化改造后能够继续保持高速度发展，力争寻求到家族制与现代企业制度二者之间的契合点。从长期来看，家族企业成长的过程，也是一个不断用法律规范自己的过程。因此，在家族企业社会化改造的过程中，从"家族管理人治化"转型为"现代企业制度管理法治化"企业就更可能取得可持续发展；反之，如果这一层茧也破不了，就难言向现代意义上的现代化企业的转变了。因此，将家庭伦理道德原则和商业原则混为一谈的管理方法其实就是家庭企业管理中的"人治"的典型体现，也是家庭企业管理中的一个误区。

深圳 P 培训公司邀请我去讲"富过三代——家族企业如何迈过接班生死坎"。当我进驻 P 培训公司，就发现这样一个现象，P 培训公司制定了一整套严格规范的管理制度，规定如下：第一，上班迟到一次罚款 50 元，并扣发当日工资；第二，在公司上班期间，所有员工必须佩戴 P 培训公司工作牌，凡不佩戴者给予通报批评，并扣发当日工资；第三，一个月连续迟到三次者开除……

当制度颁布一周后，P 培训公司采购部经理上班迟到两分钟，同时又没有戴 P 培训公司的工作牌，行政部经理按制度规定对采购部经理进行了处罚。

采购部经理却拒绝缴纳罚款，并坦言说："我今天迟到两分钟，主要是因为昨晚为公司加班到凌晨两点，不应该被处罚；同时，工作牌没有戴是因为刚刚到办公室继续处理昨晚没有做完的采购方案，所以也不该处罚。"

于是行政部经理和采购部经理就争执了起来。行政部经理表示："P 培训公司中目前并未有'头天晚上加班第二天早上就可以迟到'的正式规定，况且，其他部门很多员工也经常夜晚加班，第二天早上并未迟到；再则，制度上没有规定如果早上由于工作太多而忘了戴工作牌可以免予处罚，因为公司每个部门早上的工作都很忙。"

采购部经理听完行政部经理的解释之后，陈述了对这种观点的不同意见，并表示要罢工一天，并当即与采购部另五位采购员离开 P 培训公司。

在 P 公司，采购部直属总经理分管，而当总经理出差回来后，行政部经理第一时间向总经理汇报采购部经理迟到和没有佩戴 P 培训公司工作牌的事情，并坚持让总经理对采购部经理按照制度规定进行处罚。

一刻钟后，采购部经理到总经理办公室向总经理汇报了其迟到和没有佩戴 P 培训公司工作牌的事情，并指出自己行为的合理性和公司制度的不合理性。

当天下午下班时，行政部经理再次来到总经理办公室询问采购部经理迟到和没有佩戴 P 培训公司工作牌的事情的处理意见时，而 P 公司总经理的意见如下：

第一，采购部经理为了公司发展加班到凌晨两点，主要是为了制订更加合理的采购方案。采购部经理正在与几个重要供应商谈判签约事宜，如果现在就按制度严格执行，万一把采购部经理惹急了、提出辞职就无人能够代替他的工作，必然会影响正常的采购业务。第二，采购部经理迟到和没有佩戴 P 培训公司工作牌的事情留待以后处理，以避免激化矛盾。第三，今晚 7 点，在粤港大酒楼宴请采购部经理与行政部经理，目的是化解采购部经理与行政部经理的误会。第四，由于采购部经理能力很强，但个性也很强，容易与人发生冲突、容易出现情绪化，因此必须照顾有个性的员工。第五，行政部经理在处理采购部经理迟到和没有佩戴 P 培训公司工作牌的事情上也过于简单，对于某些特殊人物不能够像对待普通员工那样……

几个月过去后，总经理压根也没有处罚采购部经理的意思。此事也就不了了之。

然而，行政部经理的工作可就不好办了，当再按制度规定对违规员工进行处罚时，行政部经理听到员工们说的最多的话——"你就只敢处罚我，你有本事去处罚采购部经理。"

员工的话让行政部经理非常尴尬，有时被问得哑口无言。从此以后，P 培训公司考勤制度的执行力度大为下降，上班迟到、不佩戴 P 培训公司工作牌的事情经常发生。结果就使得 P 培训公司管理混乱不堪。

在很多中国中小家族企业的日常管理中，作为家族企业创始人必须严格执行企业的各项规章制度，绝对不搞"下不为例"。

P 公司总经理的做法有一定的代表性，因为在中国诸多家族企业中，一切由老板说了算随处可见。

我在给一些企业做内训时经常看见家族企业领导者或者是老板根本就不按照制度执行。例如，在 W 公司，分别在生产计划会、营销计划会和采购计划会议上通过了相关生产、营销、采购的决策文件，W 公司老板也在这几份文件上签字了，文件也通过正常渠道下达给相关部门和人员执行。

然而，不到一周，W 公司老板就十万火急地分别把生产总监、营销总监、采购总监召回，让他们按照老板自己制定的新方案执行，老板制定的方法与会议方案完全相反。

研究发现，很多企业领导者都喜欢在公司战略决策之外另搞一套，而且又只有少数心腹知道，大部分部门经理都不清楚领导者的战略意图。

对于任何一个家族企业创始人而言，他们都深知不抓制度执行、制度就没有效果，不抓制度落实、就等于没有制度，提高各项规章制度的执行效率，还必须依靠家族企业创始人的以身作则和表率。

家族企业创始人以身作则地严格执行公司的规章和制度，才是家族企业创始人坚持严格执行制度的关键。对违反制度规定的，不管是采购部经理，还是一线销售员，家族企业创始人如果不进行及时处理，甚至姑息迁就，就会导致问题屡禁不止，小问题酿成大问题，可谓"千里之堤，溃于蚁穴"。这样做，实际上就会使得公司制度形同虚设，直接影响企业的发展与存亡。

事实证明，要想不折不扣地执行公司规章制度，家族企业创始人就必须在进行企业内部制度化、规范化建设过程中以身作则，给员工起到一个良好的表率。

这才是真正地根治制度形同虚设的良方妙药。否则，不可能真正地执行公司规章制度，就像 P 培训公司一样，由于管理混乱、无章可循。

在 P 培训公司总经理的亲自带领下，人事部终于制定了健全的规章制度，例如，当上班迟到一次罚款 50 元，并扣发当日工资。P 培训公司人事部经理期望用制度来规范员工的行为，然而，让人事部经理没有想到的是，当 P 培训公司规章制度刚制定出来，并开始真正执行时，就碰到采购部经理的不执行，更要命的是，P 培训公司总经理却没有坚持当初下令制定制度的初衷和要求，而是偏向采购部经理，最终导致了 P 培训公司规章制度没法执行。

家族企业制度化道路困难重重

客观地说，在传统的家族企业里建立现代企业制度，需要家族企业创始人的强行推广和家族企业员工的支持才能做到。然而，真正地在家族企业中进行制度化管理，可谓是困难重重，其阻力有以下几个方面：

第一，制度化、规范化的最大阻力却恰恰来自家族企业的高层。在家族企业中，尽管家族企业创始人在公开场合大力推行制度化、规范化，但是在真正地执行制度化、规范化的最大阻力却恰恰来自家族企业创始人这个最高决策者，即家族企业老板本人。在很多家族企业中，以下几种现象经常发生在老板身上，如表 3-12 所示。

表 3-12　家族企业老板经常违反制度的三个现象

现象一	企业规定早上 9 点上班，而家族企业老板往往迟到次数最多
现象二	企业规定上班时必须穿公司统一的工作制服，而家族企业老板大多数为了跟客户签合同，绝大多数都不穿工作制服，而且次数往往最多
现象三	企业财务制度规定，出差回来后务必在一星期内完成所有的报销手续，而家族企业老板往往因为事务繁忙而屡屡企业违反规定，而且次数最多

从表 3-12 可以看出，由于家族企业最高决策层对公司管理制度的不执行，从而也会阻碍家族企业制度化、规范化管理，甚至还会颠覆家族企业管理制度本身的严肃性和权威性。当一线员工违反企业规章制度时，家族企业的制度监督部门就会面临"某某迟到都没有处罚，凭什么只处罚我，你有本事就先去处罚某某后，再来处罚我"的尴尬境地，从而加大了制度执行的难度，甚至还可能导致企业制度根本就没有办法执行和贯彻。

第二，制度化、规范化建设过程中存在着摇摆性和诸多不确定性。研究发现，很多家族企业当达到了一定的规模，往往会强调制度化和规范化管理。然而，家族企业要真正地实现制度化和规范化管理有很大的难度。一些家族企业在企业制度化、规范化管理过程中，由于来自诸多因素的影响，就使得原本高歌猛进的制度化和规范化管理建设可能因为某些因素而停止，甚至还可能回到以前传统的家族企业管理模式上去。

其实，在很多家族企业中经常发生这种情况：由于管理混乱、无章可循，家族老板下令行政部经理制定健全的企业规章制度，用企业制度来规范家族企业员工的诸多行为。

然而，当行政部经理把制度制定出来以后，并真正地推广和开始执行该企业制度时，由于触及家族成员的某些利益，就使得家族企业传统习惯势力不配合，甚至是公开抵制，而家族企业老板往往又不能坚持当初下令制定企业制度的初衷，最终以牺牲企业的规章制度的方式来结束制度化和规范化管理。

第三，家族企业的"二律背反"阻碍制度化和规范化管理的进程。研究发现，在家族企业的制度化建设过程中，往往会遭遇家族企业的"二律背反"问题，而且很多家族企业都存在着一个非常强的"二律背反"现象，见表 3-13。

表 3-13　家族企业的"二律背反"现象

现象一	在很多家族企业中，尽管制定了诸多企业规章制度，但一个非常典型的问题是，有制度却不按照家族企业的制度去执行。家族企业因此管理而混乱
现象二	在家族企业中，另一个现象就是，家族企业的某些岗位经理如果严格按家族企业的制度去执行，那么就会触动家族企业长久以来形成的各种管理陋习和一些家族成员的既得利益，而家族企业规章制度的执行者往往会遭到来自各方面的反对，甚至可以说是群起而攻之。而当初要大力提倡制度化和规范化管理的家族企业老板此刻为了维持家族企业的稳定性，往往会充分考虑反对者的各种意见，甚至还站在反对制度执行者的一边

在很多家族企业中，"二律背反"就使得家族企业形成一个怪圈。这个怪圈就是，当家族企业达到一定的规模，老板会主动地进行社会化改造，从而会

引进高级管理人才来提升家族企业的管理水平。

这时老板会授权给高级管理人才来制定相对应的管理制度。可以说，制度制定的基础是建立在老板授意的情况下进行，正常情况下，制度是反映家族企业老板的意志。但是一旦制度真正地执行，传统势力和严格执行制度的行为就会发生严重的冲突。

家族老板不想让家族企业打破以往的平衡。家族企业老板既要安抚反对制度执行的人，又要使得制度在家族企业中缓慢推进，就会采取一个折中的办法，即不完全维护制度的严肃性，变相地支持制度反对者。

于是，制度和制度执行者就被当成一种祭品牺牲掉了。在中国家族企业中，这种现象每天都在发生。家族企业走不出"短命"规律，这种状况是一个很重要的原因。

第四，家族企业老板个人色彩太多，个人影响力太强，制度的作用又非常少，这就影响了家族企业制度化、规范化管理的进行。一旦家族企业更换了老板，整个家族企业的架构、管理模式及其战略方向都会发生改变。这就极大地阻碍了中国家族企业制度化、规范化管理的发展，甚至个别家族企业，一旦老板离开公司或者遭遇不测，那么家族企业就会瘫痪。

第五，制定的制度缺乏超越性和长远性，从而阻碍家族企业制度化、规范化管理的建设。

在一些家族企业中，很多家族企业老板一般文化水平不高，所以在制定规章制度时往往没有考虑超越性和长远性，只是建立在某个时段的管理需要，当家族企业的规模做大以后，曾经制定的企业制度却已经过时，此刻，家族企业又不得不重新制定。在这样的背景下，家族企业就永远需要一个魅力型人物来统辖，而且家族企业依然靠人治来发展。

2006年，我给江苏昆山一家安防企业A公司做内训时，其中一个学员C就告诉我，该企业的某些制度不合理。

原来是这样的，A公司没有制定一个适应公司发展的出差制度及销售人员手机费用报销制度。

按照A公司现有规定，在出差期间，销售人员一天的补助是200元，其中包括住宿、伙食补贴，而手机费按每月150元报销。

可现实情况是，销售人员出差在外的日平均住宿及伙食费都在300元以上，而销售人员的手机费每月最少都在400元以上。

C学员多次与A公司老板沟通，并针对此问题提出自己的看法，最终也没有改变此项规定。

销售人员为了增加报销出差的费用，不得不虚增出租车费用，尽可能多地增开出租车发票，即乘坐出租车时向司机超额索取车票，然后拿回A公司报销，以达到增加出差费用的目的。每当此时，A公司老板只好睁一只眼闭一只眼、一律签字批准。因为A公司老板知道，就算是他出差，如果按照制度报销差旅费，他也得这样做。

像A公司这样的制度，不仅形同虚设，甚至还阻碍了A公司的发展。长久下去，必然引发销售人员的不满，从而就会在工作中怠工，甚至是出差不干活的事情出现。

当然，在家族企业中，这种制度形同虚设的现象屡有发生，不管是中国大陆，还是中国台湾，但凡是华人家族企业，制度形同虚设的问题都会出现。

客观地讲，很多中国台资企业往往比较重视制度化管理，如在企业运作流程、组织架构、制度建设等方面都远远胜于内地家族企业。

在这样的印象下，一些企业家一旦谈到台资企业，就会想当然地认为，台资企业制度规范，其实也不尽然。不信，我们就来看看。

在很多台资企业中，往往把某些特殊情况的处理方法叫作"专案处理法"。所谓的"专案处理法"就是指假设某个部门经理在工作中遇到一些特殊情况时，该部门经理可以不按照所在企业的正规制度和运作流程来处理该事务。也就是说，鼓励部门经理可以不通过正常渠道，以最便捷的方式和最快的速度来办理该事务。

然而，在很多台资企业中，什么是"特殊情况"却没有一个统一的、较为明确的界定。作为部门经理，可以决定是否把某一件事情作为"特殊情况"来对待。

"专案处理法"就形成了一种惯例。在实际的管理中，很多部门经理往往就会把很多本来属于正常的例行工作也当作"特殊情况"来"专案处理"了。

2008年，我在给江苏昆山D公司的台资企业做内训时发现了这个问题。在D公司每周的例会中，来参加公司例会的部门经理中，几乎有30%的工作项目都是靠"专案处理"方式加以处理，D公司制定得较为完备的正规制度却形同虚设。

其实，在台资企业中，台资企业的老板受传统文化中轻视制度、偏重主观的影响，在很多时候使得制度形同虚设，而在欧美国家企业中则根本不存在"专案处理"现象。

遗憾的是，像"专案处理"这样的做法在家族企业中非常普遍。例如，在正式的生产计划会、营销计划会和采购计划会上形成了正式决议，老板也在正式决议文件上签了字，决议文件也通过正常渠道正式下达。但过了几天之后，老板又会悄悄叫来部门经理，让部门经理按照另一套做法行事，其做法与正式会议决议完全相反。新安排做出之后也不在正式会议上宣布，等到新的安排执行了一段时间之后，大部分员工才发现原先正式会议上形成的决议完全没有执行。

因此，决策的主观化、独裁化、黑箱化、非规则化和随意化构成了当代中国家族企业家的最主流行为方式，我对这一点有着相当深刻的亲身体验。

避免制度形同虚设的三大障碍

在中国家族企业中，无论是一线员工、中层经理，还是家族企业老板本人，都十分缺乏制度意识。

不论是在公开场合，还是在公司例会上，但凡谈起制度，无论是一线员工、中层经理，还是家族企业老板本人都振振有词地表示支持，但是一旦真正地将制度落到实处时，尤其是其本人成为制度处罚的对象时，则马上训斥制度执行者。因此，作为家族企业创始人，要想改变制度形同虚设的局面，就必须克服三大障碍，如表3-14所示。

表3-14 避免制度形同虚设的三大障碍

障碍	具体表现
中国传统文化中的人治倾向	由于中国传统文化中的人治倾向，特别是有些家族企业创始人受中国传统文化的影响较深，因而在实际的管理中往往会实行人治而非"法治"
把必要的制度全部取消	在很多企业中，有些家族企业创始人往往喜欢采用不适合自身企业的西化管理模式——盲目模仿西方某些企业的"人性化管理"和"以人为本"，从而把必要的企业规章制度全部取消
制度缺少可操作性	有些家族企业创始人在制定制度时，由于过于匆忙，没有充分考虑制度的可操作性，结果导致所制定的制度不具体、不全面、不可行

不可否认，家族企业制度形同虚设最主要原因是家族企业创始人对制度建设和执行不够重视。有时也不排除有些家族企业管理制度本身制定时只考虑当

时的管理，而没有考虑家族企业以后的发展和壮大。这样也造成了制度形同虚设。

当然，制度形同虚设的原因是多方面的，有的家族企业的制度完全照搬其他企业，根本不管是否适用于本企业的具体情况，很多制度颁布执行之前，未与相关人员进行深入讨论，未找出不完善之处加以改进，而是匆匆制定、匆匆颁布，最后又匆匆收场。这样的制度制定值得家族企业创始人深思。

第六章 公司政治化

没有哪个中国企业家会公开谈论公司内部的政治，更不会承认自己热衷运作"公司政治"。他们嘴上经常说的是那些科学管理、国际惯例、市场规律等东西，而事实上他们所思与所想完全是另一套"规则体系"。

——北京华夏圣文管理咨询公司资深培训师、浙商研究专家　金易

神秘的公司政治

在很多家族企业中，家族企业创始人是较为热衷公司政治的，在这些家族企业创始人的意识中，凡有人的地方就必定存在着政治，就算在"鲁滨逊漂流记"（*Robinson Crusoe*）中，鲁滨逊和星期五两个人在荒凉的小岛上，他们之间依然存在政治。

那么什么是政治呢？我们翻阅史料发现，"政治"一词来自古希腊《荷马史诗》一书中，而当初的含义是指城堡。

在古希腊时代，雅典人往往把卫城修建在山顶上，而称卫城为"阿克罗波里"，简称为"波里"。当城邦制形成后，"波里"就成为了具有政治意义的城邦代名词。因此，"政治"一词一开始就是指城邦中的公民参与统治、管理、参与、斗争等各种公共生活行为的总和。

然而，在中国，"政治"一词在先秦诸子的文集中就曾使用过。比如在《尚书·毕命》中谈道："道洽政治，泽润生民"；在《周礼·地官·遂人》中谈道："掌其政治禁令"。但在更多的情况下是将"政"与"治"分开使用。"政"主要指国家的权力、制度、秩序和法令（见表3-15）；"治"则主要指管理人民和教化人民，也指实现安定的状态等（见表3-16）。

表 3-15 "政"在中国古代的含义

含义一	"政"一般式指朝代的制度和秩序,如"大乱宋国之政"
含义二	"政"又是包含统治和施政手段的含义,如"礼乐刑政,其极一也"
含义三	在中国古代,符合礼仪的道德和修养也通常称之为"政",如"政者正也,子帅以政,孰敢不正"
含义四	"政"又指朝廷中君主和大臣们的政务活动,如"其在政府,与韩琦同心辅政"

表 3-16 "治"在中国古代的含义

含义一	安定祥和的社会状态,如"天下交相爱则治"
含义二	统治、治国等治理活动,如"修身、齐家、治国、平天下"

由此可见,在中国古代,"政治"的含义与西方和古希腊"政治"的含义是完全不同的,中国政治在很大程度上强调的只是一种君主和大臣维护统治、治理国家的活动。

这种政治被宣扬为上承天命,因而施行善政才能上合天意,而恶政则违背天道,会受到惩罚。因此,这就造成了今天中国家族企业创始人热衷于公司政治的原因。对于任何一个家族企业创始人而言,如果过于迷恋公司政治,不仅阻碍家族企业的长远发展,甚至还可能成为一名投机分子。

谈到这里,那么什么是公司政治?所谓公司政治是指在公司经营过程中为达到特定的利益目的而处理公司内外组织(包括企业与社会、政府及各相关利益者)之间关系的系列活动的总和,即为公司政治。

公司政治产生的根源

在很多企业家论坛上,一些企业家强调:"作为一名优秀的公司领导者,不仅要营造开明的文化氛围,在企业文化上尽量开放,公司高层可以采纳不同意见,允许不同声音,接受不同策略——但是公司的制度与规范却要严格执行并一丝不苟,毫无例外。"

然而,遗憾的是,真正做到这样的企业家却不多。在很多家族企业中,由于家族企业创始人热衷于公司政治,使家族企业内部中高层经理纷争不断,公司斗争甚至天天都在发生,不仅妨碍了家族企业自身的正常成长,同时也损害

第六章 公司政治化

了家族企业员工的积极性。

像中国家族企业的这种公司政治现象，不仅极富中国特色，甚至极为令人鄙夷和愤慨。这种现象正以令人绝望的深度和广度泛滥成灾。这就必须引起家族企业创始人的高度重视。

研究发现，中国家族企业的公司政治现象源于中国古代官场上的尔虞我诈、钩心斗角、拉帮结派、打击报复等手段，产生公司政治的根源有以下几个，如表3-17所示。

表3-17 公司政治产生的根源

根源一	公司政治传承了中国上千年的民族文化糟粕
根源二	部分家族企业创始人热衷公司政治惯性，从中获得绝对的权威
根源三	有些家族企业创始人为了面子，从而以绝对的权威来提升影响力
根源四	有些家族企业创始人超强"自卫意识"的作祟

从表3-17可以看出，中国家族企业的公司政治是某些隐性文化的人际化反应，它所折射的是公司的文化精神，这种企业文化精神直接决定着公司政治的走向。

如果家族企业创始人塑造了一个积极、健康向上的文化氛围，那么公司政治所造成的内耗现象会得到有效的抑制；相反，在一种人人自危、互相猜疑的文化环境中，公司政治就很有可能被畸形地放大，当互相倾轧、钩心斗角代替了对外的团结一致时，那么，挖自家墙脚、离心作用加速的现象就会发生，家族企业大厦的倾倒只是一个时间问题了。

对于家族企业而言，最终决定其未来命运的因素到底是什么？答案就是在社会化改造中，将家族企业的竞争优势融入现代企业制度之中。

说起来很简单，其实非常复杂。当我们看过太多家族企业非常浓重的开幕式与黯然神伤的落下帷幕时；当我们听过太多家族企业家关于公司经营战略的展望回顾与悲情倾诉时；当我们在主流的媒体上刊发了一些成功创业的典范和失败案例时，在所有这些公开说辞的背后，我们也听到了更为错综复杂的描述——主宰这一切的是几乎从来不在公开场合被提及的"公司政治"。

可以说，公司政治可能最终毁掉家族企业的未来，是在中国家族企业中绝对不能被忽略的、更为隐秘也更有杀伤性的力量之一。

在很多家族企业中，公司政治改变了不少家族企业和创始人的命运与前程。家族企业中经常存在的管理层人事动荡、企业战略摇摆不定、内部帮派钩心斗角等因素在很大程度上制约了家族企业的发展。

遏制公司政治蔓延和扩大的四个方法

在任何一个家族企业中，特别是那些有一定规模的家族企业中，家族企业创始人都不会在公开场合谈论公司内部的政治，也没有任何一个家族企业创始人会承认自己热衷运作"公司政治"。然而，家族企业创始人不承认并不等于公司政治就不存在；相反，公司政治渗透在中国一部分企业的每一个角落。

这样的现实也就决定了在今天的商业环境中根治公司政治恐怕是不可能的。但是作为家族企业创始人，特别是一名有志于将企业做强、做大的家族企业创始人，绝不可能允许公司政治蔓延，更不能为了达到自己的某些目的就主动地、刻意地给公司政治提供适合生长的土壤。这就要求家族企业创始人以较高的思想高度来认识公司政治的破坏性，从而有效地遏制公司政治的蔓延和扩大。

家族企业创始人有效遏制公司政治蔓延和扩大的方法有以下几个，如表3-18所示。

表3-18 有效遏制公司政治蔓延和扩大的四个方法

方法	具体做法
树立正确的价值观	作为家族企业创始人，要想有效地遏制公司政治蔓延和扩大，首先必须有正确的价值观并向员工输入正确的企业价值观
树立正确的人才观	家族企业创始人在企业用人时，必须量化标准，特别是强调员工的"德"与"才"。家族企业创始人对用人问题的重视程度，影响着家族企业内部政治的蔓延和扩大
制定合理的企业制度	制定合理的企业制度来保障所有企业成员的利益，从而有效地缓解家族企业内部政治的蔓延和扩大
建立扁平化层级组织	缩短管理链条，压缩组织层级，是抑制家族企业内部政治斗争的有效手段。特别是在员工较少的小公司，如非特别需要，就不能人为地增加层级

第七章

管理粗放

我们要用可以买下前面一大片房子的钱来投入雪豹信息化，要用超过10%的净资产来投入信息化。唯一的目的是要让雪豹脱胎换骨，从传统的江阴民企脱胎换骨成国际一流的现代企业。

——江苏雪豹集团董事长 孙秉忠

粗放管理的五个特征

在家族企业的发展过程中，要想突破家族企业的成长"瓶颈"，必须解决家族企业管理粗放这个大问题。在很多中国家族企业中，管理粗放仍然是做强、做大的拦路虎。

从家族企业的发展历程上看，中国相当一部分家族企业是在短缺经济条件下依靠卖方市场，以小商小贩、小作坊的方式积累发展起来的，很少经过现代经营管理的熏陶和市场竞争的洗礼，在当前逐步规范的市场经济条件下，粗放落伍的特征越来越明显，而且这些中小家族企业技术含量极低，管理也是家族式粗放管理，在市场竞争中处于严重的劣势。另外，由于管理层次低，管理者多是"七大姑八大姨"，技术人才多数不愿在此供职，认为没有前途。

客观地说，在家族企业的创业初期，大多数都是家族企业创始人一人打拼天下，家族成员辅佐。家族企业创始人一人说了算，直线指挥、决策快、机制活、执行力强、团队合作好。尽管有一些简单的制度，但制度服从人治。但随着市场竞争的加剧，家族企业规模的扩大，管理粗放的传统家族企业的弊病也越来越明显。

既然谈到管理粗放，那么什么是管理粗放呢？所谓粗放管理是指家族企业创始人为了实现某一阶段的战略目标而采取了不计成本与效率（效益）的粗疏、不细致的管理方式。即在经济投入、成本控制、人员管理、质量监管等生产环节中没有一套合理有效的运行体制，管理中只是为了完成某一既定目标，没有一个科学有效的过程。

家族企业创始人在管理中采用粗放管理的形式，注定了家族企业的生产效率、产品质量和服务都不可能达到预期的提升。

对于实施粗放管理的家族企业而言，也不过是家族企业创业初期不得已而采取的一种短暂的管理模式。因为实施粗放管理大都是缺乏足够的长期规划，甚至在这些家族企业中，其决策往往是朝令夕改，不稳定性极大。这类家族企业的抗风险能力就非常低下，同时不利于家族企业的长期和可持续发展。研究发现，粗放管理的特征有以下几个，如表3-19所示。

表3-19 粗放管理的特征

特征一	家族企业在初创阶段，企业创始人往往会追求企业高增长，特别是在改革开放初期，中国遍地都是机会，市场需求过大，很多家族企业创始人凭借其敢想敢干的强势风格而迅速将家族企业发展壮大，有的家族企业销售收入在短短几年内就达到上亿元。但是随着市场竞争的日趋激烈，这些家族企业由于缺乏长期规划而无法突破其成长的瓶颈
特征二	有些家族企业创始人往往热衷于用某些典籍哲学来管理和经营家族企业，比如，很多家族企业创始人就乐意从《孙子兵法》《隆中对》《易经》等古代文学巨著中获取管理企业的思路。这就使得某些家族企业创始人往往将精力和时间都集中在空泛、高深的经营层面上。对于家族企业行之有效、可操作性强的管理和经营思路却很少涉及
特征三	在家族企业的高速发展中，有些家族企业为了达到某些目标，在对家族企业的管理过程中，形式主义就非常严重。比如，在很多家族企业中，在工厂宣传栏上明明写着"质量重于泰山"等口号，在实际的工作中，员工根本就不实行，而将质量管理当作一个时髦的口头禅。然而，产品质量管理是任何一个企业，当然也包括家族企业，非常重要的方面，但是在很多家族企业中就成为形式主义，没有太多的实际意义
特征四	在很多家族企业中，管理浮于表面化问题非常严重。在硬件方面可以与一些跨国公司相比，但是中国家族企业的产品和服务质量却差跨国公司一大截。这种管理表面化现象大多存在一些不规范的企业管理中
特征五	在一些家族企业中，其管理非常不规范，跟管理"差不多"类似，这种"差不多"的管理在措辞中往往带有差不多、大概等字样。比如说，企业在进行质量管理时，往往都是能过就过

过于粗放的管理理念和风格

从表3-18可以看出，家族企业由于粗放管理，导致在家族企业中家族矛盾、排斥人才、战略模糊，从而严重制约了家族企业的发展。

提起周作亮，那可是当年湖北响当当、叱咤风云的人物。周作亮曾被评为或授予全国最佳农民企业家、全国劳动模范、全国自强模范、全国优秀乡镇企业家、全国农村十大新闻人物、第八届全国人民代表大会代表，兼任中国乡镇企业协会副会长、湖北省厂长（经理）会常务理事、湖北省企业家协会常备理事、湖北省残疾人联合会副主席。

从这一长串的评价可以看出，周作亮曾经有过辉煌的过去。这些辉煌的开始得从1979年夏天开始谈起。

1979年夏天，湖北省武汉市闷热无比，39岁的农民周作亮用扁担——一根竹竿挑着简单的行李憧憬地站在湖北省武汉红旗服装厂大门外。

此刻，周作亮的人生目标就是要成为武汉红旗服装厂的一名服装工人，周作亮坚韧的性格终于感动了红旗厂总技术师林逸民，破例收下了这个特殊的学徒。

3个月后，周作亮在幸福村的一间小库房里挂起了"幸福服装厂"的牌子。

第一年，7个人7台缝纫机创下了2万元的产值，盈利5000元。

此后10余年间，周作亮凭着他对服装的天赋和对服装市场的感悟，能力得到了淋漓尽致的发挥。

例如，周作亮敢于举债从美国和日本引进当时中国较为先进的14条服装生产线，其衬衫、西服两大主导产品开始打入国际市场。

1989年，国际市场环境极度恶化，衬衫、西服等产品订单大幅度减少，在这样不利的形势下，周作亮凭借对服装市场的了解，先后在深圳、中国香港成立了永福制衣有限公司和永福贸易公司，仅在1989年就拿到了8000万元的外贸订单。

由于周作亮的处变不惊和把握时机，幸福服装厂也在高速成长中。对此，1991年，周作亮将幸福村和幸福服装厂村企合二为一，成立了幸福集团公司。周作亮出任幸福集团董事长兼总经理。

1992~1993年，在周作亮的领导下，幸福集团公司又较早地开始了股份制改造。当然，公司股份制改造激活了幸福集团。

如果周作亮一直走服装的路子，他手中的那把"金剪刀"也许含金量会越来越高。但村企合一后，周作亮首先提出建设一座"现代化的中国幸福村"的目标，先后投资3000万元，建成了一片"渠成格、田成方、路成线、树成行"极宜观光的农田开发区和200栋村民别墅。一个现代化的中国幸福村在江汉平原就此诞生了。不可否认，这些奇迹的创造，既得益于改革开放的机遇，也是周作亮勇气、胆识和能力的证明。

1993年,周作亮的各种荣誉如雪花般纷飞而至,此刻的周作亮偶然获悉铝材走俏,经营铝材可以获取丰厚的利润。于是,周作亮当即决定兴建铝材厂,并且仅用8个月的时间就投资1.1亿元建成了日产10吨的铝材加工厂。

当日产10吨的铝材加工厂建成后,周作亮不得不从外面采购所需的铝锭、铝棒。为了更好地与铝材加工厂配套,周作亮决定再建一个电解铝厂。但是,再建一个电解铝厂面临的最大难题是幸福村电力供应不足。

为了能解决电解铝厂的用电问题,周作亮不顾电力部门的强烈反对,在小火电已经列为限制发展项目的情况下,仍然坚持修建了3台5万千瓦的小机组,年发电能力达到15亿千瓦时的火电站。

然而,却让周作亮犯愁的是,电解铝厂自用电仅为6亿千瓦时。如果仅仅是电解铝厂,那么3台小机组中有两台就必然闲置。

毋庸置疑,修建了电厂,当然还得修建变电站与之匹配。于是修建变电站就成了必然的"周氏选择"。这样做不仅可以解决电解铝厂的用电问题,而且还可以解决剩余电力的对外输出和联网问题。

然而,当发电厂修建后,要发电就需要大量的煤炭,而幸福村的交通极不便利,既不通船又不通火车。

周作亮为了解决火电厂发电的用煤问题,为此还专门成立了一个运煤的庞大车队。然而,让周作亮没有想到的是,像幸福村这样简易的乡村公路根本无法通过载重60吨的重型卡车。

为了解决载重60吨的重型卡车的通行问题,周作亮决定修一条长40千米耗资7000万元的二级公路。

当发电产生灰粉无法处理时,周作亮计划兴办一个水泥厂……周作亮甚至提出要让汉江改道,把铁路修到张金村。

就这样,一度作为周作亮最津津乐道的、不顾多方反对,执意兴建电厂、铝厂、变电站等总投资15亿元的"三大工程"于1997年中陆续建成投产,但由于电厂、铝厂、变电站投资巨大且回报期长,而此时,幸福集团的年产值仅有五六亿元。

周作亮为了弥补资金周转不足问题,不得不考虑其他的融资渠道。周作亮从幸福信用社(1992年由幸福集团控股组建的湖北潜江市幸福城市信用社)除在潜江市本地高息揽储外,还购买了位于武汉市汉正街市场约1000平方米的房产,并以此作为据点,由担任周作亮决策顾问的周训和经营的大江城市信用社牵线搭桥,在武汉吸收一年期存款达9.4亿元,涉及储户7万多人,其承诺的最高年利率为20%。

第七章 管理粗放

然而，由于修建电厂、铝厂、变电站投资巨大，而幸福城市信用社一直处于严重的流动性危机中，并最终酿成巨大的公众存款支付风险。

这时，周作亮心中的企业战略就是"逢山开道、遇河搭桥"，就是走到哪儿算哪儿，遇到什么就干什么，这种没有战略的经营，盲目的发展把幸福集团一步步引向衰败的边缘，最终把幸福集团引入深渊也不可逆转地把周作亮引上"大而全，小而全，缺啥补啥"的封闭式发展的不归之路。

有报道说，在1999年9月，周作亮无奈地将自己一手创建的湖北幸福集团的大部分股份转让给湖北国投，湖北国投成为这家上市公司的第一大股东。

与此同时，从小服装厂创业开始到曾经拥有一家上市公司的周作亮，不得不黯然把自己的办公室搬到已经停建的四层办公大楼后面的一排简易的平房里。不久前，他还在有着长长的门廊、铺着鲜艳绿色地毯的套间内办公。

转眼之间，两鬓斑白的周作亮似乎一下退回到了1979年7个人7台缝纫机的创业年代。

从上述案例不难看出，铝材厂打开了周作亮心底的魔盒，而一系列的巨额投入最终导致幸福集团严重的"资金饥渴症"，并把旗下的幸福城市信用社逼进了死胡同。

这个案例是20年前的事情，但是在今天，周作亮的做法依然警示中国家族企业，谁拥有战略，谁就赢得未来。如果周作亮有完善的战略，而不是"逢山开道、遇河搭桥"，那么今天的周作亮就可能与柳传志、任正非他们相提并论了。

可以说，周作亮在扩张时毫无战略可言，其危机也在预料之中，这就必须引起中国家族企业创始人的高度重视。在这个竞争激烈的时代，哪个企业拥有科学正确的战略，这个企业就能拥有未来的市场。

北京华夏圣文管理咨询公司在中国企业界做过一次"关于企业家战略问题"的调查，结果显示，90%以上的中国企业家认为："制定战略规划是最为困难、最占时间、最为重要的一件事情。"

遗憾的是，尽管中国家族企业创始人都知道制定战略规划对于企业发展的重要性，但是很多中国家族企业创始人依然缺乏战略思维。对此，中国国有资产监督管理委员会经济研究中心主任王忠明在"首届中国企业发展论坛"上表示，他曾逐户走访过国资委监管189家中央企业中的140多家，进入企业调查后发现，在这140多家企业中，有真正意义上发展战略的企业微乎其微。

既然战略如此重要，那到底什么是战略呢？战略最早用于军事。在中国，战略一词历史久远，具体是指战争的"谋略"。如今，战略含义演变为泛指统领性的、全局性的、左右胜败的谋略、方案和对策。

在企业经营中，企业战略具体表现为企业根据环境的变化、本身的资源和实力选择适合的经营领域和产品，形成自己的核心竞争力，并通过差异化在竞争中取胜，随着世界经济全球化和一体化进程的加快和随之而来的国际竞争的加剧，对企业战略的要求愈来愈高。对此，王忠明认为，"成熟的企业发展战略要经过企业的成败沉浮和相当长时间的调整发展后才能形成，是在市场经济条件下发自内心的，甚至处于对未来的恐惧中产生的战略冲动"。因此，对于任何一个中国家族企业创始人而言，他应该不仅是一个领导者，更是一个战略家。

解决粗放管理问题不是一个简单的口号

改革开放以来，家族企业迅速发展壮大，从当初中国经济有益的补充，到如今中国经济重要力量。作为中国家族企业老板，有的称为中国家族企业家这个群体来讲，或多或少地、不可避免地被打上20世纪60~80年代所处时代甚至是先前历史的印痕。

以土地作为立身之本的中国家族企业老板，有的称为中国家族企业家的这个群体依然还保存着对土地的丝丝眷念，以及对与土地的本质特征相近的固定资产等有形资产的痴情追求。

从周作亮"逢山修路，遇河搭桥"的做法中不难看出，这些都是源于中国"农业文明"的管理思维。其实，周作亮的战略不是唯一的，在中国还有千千万万个类似的企业家。在很多时候，一些企业家从来不问产品生命周期，而是跑马圈地、盖石房、买机器，结果使固定资产投入过多，最终导致流动资金难以维持家族企业的正常生产。

全国工商联在国内21个城市进行的一次抽样调查显示，有70%左右的家族企业家竟然不懂财务报表，90%以上的家族企业主不懂英语和计算机，大多数企业主甚至不看书、不看报，更别提钻研管理理论和进行知识更新了。

结果是，中国家族企业和家族企业家"你方唱罢我登场，各领风骚三五年"。这些年来激烈的市场竞争的残酷事实给我们的教训是：企业管理是一项系统工程，整个流程的实施必须细化。要在竞争中取胜，一流的、细腻的管理风格是不可或缺的一种要素。

其实，粗放式管理形成于家族企业初创时期，靠家族企业老板和家族成员的个人能力和无私奉献推动着家族企业的发展。但随着家族企业规模的不断扩大，粗放式管理越来越不能适应家族企业的发展，甚至由于内乱，家族企业衰败。

当家族企业达到一定规模后，作为家族企业创始人就必须着手从粗放式管理向精细式管理过渡。

当家族企业粗放型管理已经不再适应激烈的市场竞争之时，要想做强、做大家族企业，就必须要求家族企业从粗放式管理向精细化管理转型。特别是中国加入世界贸易组织之后，中国家族企业与跨国公司的竞争也更加激烈，不仅要面对中国企业巨头的直面竞争，还要与跨国公司进行白刃战。

当然，要打败跨国公司是很难的，主要是跨国公司不仅有着规范的管理制度，而且实力非常雄厚，甚至可以说是财大气粗。因此，中国家族企业要想在竞争中占据主动，就必须将粗放式管理向精细化管理过渡。对此，江苏雪豹集团董事长孙秉忠在2004年8月当着全厂2500名员工的面，指着工厂前面的别墅说："我们要用可以买下前面一大片房子的钱来投入雪豹信息化，要用超过10%的净资产来投入信息化。唯一的目的是要让雪豹脱胎换骨，从传统的江阴民企脱胎换骨成国际一流的现代企业。"

可见，解决粗放管理问题不是一个简单的口号，还需要大力的投入和高层领导的大力推进。

第八章 张力错位

竞争优势不仅能够显著地为客户带来收益或节约成本，同时与竞争对手相比，它具有难以模仿的独特性。从这个意义上说，能否正确认识企业的核心竞争力是制定出目标清晰、具备可操作性的发展战略的第一步。

——百度创始人 李彦宏

家族企业常见的两个张力错位

在家族企业发展的过程中，家族企业创始人往往会偏爱两个方向：

1. 尽快地将企业上市

在很多时候，我们经常能看见"×××企业成功上市""×××企业是纳斯达克最有潜力的上市公司"等宣传语。该企业是上市公司，这些家族企业的创始人就莫名地冲动，似乎进入了世界前十名梯队的行列。

客观地讲，在家族企业的成长过程中，除了人力资源外，获得资本资源对一个企业的成长也是至关重要的。因为家族企业在初创时期的确是很难获得外部资本的，特别是银行贷款、创业投资、私募股权融资等。

在中央电视台经济频道《赢在中国》栏目中，很多创业选手的企业尽管是家族企业，但他们的项目是非常有发展潜力的，任凭创业选手怎么介绍，那些风险投资者就是不看好，他们根本就不会把钱投给创业选手，甚至还可能否定创业选手的项目。

此刻，作为创业选手该怎么办呢？我想很多读者也很关心这个问题。作为创业者，首先必须做好自己的创业项目，坚定自己的信心；其次就是依靠自己的力量，整合可能整合的资源把创业项目做强、做大。当把创业项目做到一定规模后，风险投资者就会看到项目巨大的商业潜力了。

此时，创业者要想办法获得更多的社会资源也就容易多了。在2004年，一个搞连锁企业的老板说，银行天天找他贷款，他都快烦死了。因为他有充裕的资金，根本不需要贷款。

当然，要想做到这个企业的老板这样，我相信，企业获得所需资源就容易得多了。因此，企业能否得到外部资源，特别是资本，首先就要看企业自身的张力。

一些家族企业在创业初期由于贷不到款，同时也融不到资，于是就想方设法地把企业搞上市。这样就出现了许多民营企业在一味地追风上市的情况。

在很多场合下，特别是在"富过三代——家族企业如何迈过接班生死坎"培训课上，我曾告诫过很多家族企业老板，千万不要盲目上市。

在上市之前，家族企业老板必须明白，企业为什么要上市，否则，在上市获得外部资本的同时，创业者就有可能失去对企业的控制权，甚至被资本家赶出自己辛苦创建的公司。

（1）在资本市场上，创业企业一旦获得风险投资，就可能以股权为代价，而风险投资者的目的是在短期内资本效率最大化，不可能容忍创业企业坚持自己的梦想。风险投资者可能会强行要求创业者按照他们的目标制定战略，而这样的战略是创业者反对的。创业者一旦拒绝，就会被赶出公司。例如，当外部资本进入苹果公司时，作为创业者的史蒂夫·乔布斯就失去了控制权，甚至成为职业经理人，此时，苹果公司的某些战略方向就不得不为之改变。然而，史蒂夫·乔布斯拒绝了资本方，最终史蒂夫·乔布斯因为与资本方的企业战略分歧而被赶出苹果公司。

（2）上市的成本是非常高昂的。对很多家族企业创始人来说，把企业弄上市已经成为他们的重要战略目标。但是，同一切经营活动一样，企业上市是需要成本的，而且成本非常高昂。

例如，2010年6月，一个叫皮宝制药（现名太安堂）的企业在中小板上市，公开披露的材料显示，该公司在上市期间投入的信息披露费用高达1000万元。按照规定，公司上市必须严格进行信息披露，其主要形式就是在证监会指定的专业证券报上刊登有关的招股、上市文件，但是谁能想到，仅为完成这项任务，就需要支付上千万元。

其实，为完成信息披露所支付的费用，在企业上市成本的构成中只是一个小数目，更高额的支出是支付给证券机构的承销费用。

据《经济观察报》的一篇报道说，一些上市公司的发行成本已经构成新股定价中一个重要的组成部分，华平股份72元的发行价中，每股的发行费用高达6.66元；双箭股份32元的发行价中，每股的发行费用也高达4.62元。

其实，一个公司要走完上市的过程，付出的费用远远不止可以公开的材料中列出的那些数据。

读者可能会问，企业上市到底有哪些费用呢？我们来具体了解一下就知道了。

1）企业在中国内地上市的成本。在中国内地发行上市的证券承销费一般不超过融资金额的3%，整个上市成本一般不会超过融资金额的5%，如表3-20所示。

表3-20 企业在中国内地上市的成本

项目	费用名称	收费标准
改制设立	改制费用	参照行业标准由双方协商确定
上市辅导	辅导费用	参照行业标准由双方协商确定
发行	承销费用	承销金额1.5%~3%，约1000万元
发行	会计师费用	参照行业标准由双方协商确定，约130万元
发行	律师费用	参照行业标准由双方协商确定，约75万元
发行	评估费用	参照行业标准由双方协商确定
发行	审核费用	20万元
发行	上网发行费用	发行金额的0.35%
上市及其他	上市初费	3万元
上市及其他	股票登记费	流通部分为股本的0.3%，不可流通部分为股本的0.1%
上市及其他	信息披露费	视实际情况而定

2）中国香港上市费用。中国香港联交所发行上市的费用。企业在中国香港联交所发行上市的费用如表3-21所示。

表3-21 中国香港联交所发行上市费用

序号	费用名称	收费标准
1	保荐人（主理行）顾问费	150万~200万港元
2	公司律师费用	80万~150万港元
3	保荐人（主理行）律师	80万~150万港元
4	中国律师	40万~80万元人民币
5	会计师	180万~220万港元
6	评估师	10万港元
7	公关宣传费	40万港元

续表

序号	费用名称	收费标准
8	其他（上市、印刷）	110万港元
9	承销费用	融资金额的2.5%~4%
合计	不含承销费的固定费用大概为人民币800万~1000万元。含承销费总费用可能达到筹资金额的20%左右 注意事项： 中介机构一般按40%~50%收取上市所需的前期费用，余额待企业成功挂牌上市后收取	

中国香港创业板发行上市费用。企业在中国香港创业板发行上市的费用如表3-22所示。

表3-22 中国香港创业板发行上市费用

序号	费用名称	收费标准
1	保荐人顾问费	100万~200万港元
2	上市顾问费	120万~150万港元
3	公司法律顾问费	130万~150万港元
4	保荐人法律顾问费	80万~100万港元
5	会计师及核数师费用（视账目复杂程度）	70万~150万港元等
6	承销费与分销费	融资金额的2%~4%
合计	包括承销费在内总费用需要1500万港元左右，一般为融资金额的10%~15%。另外，企业上市之后每年的维持费用，小公司要100多万港元，大公司需要两三百万港元。	

3）美国纳斯达克（NASDAQ）市场上市费用。以企业分别发行募集2500万美元和5000万美元为例，在美国纳斯达克市场的发行上市成本约占总融资成本的10%，各项预估费用如表3-23所示。

表3-23 美国纳斯达克企业上市费用

发行额	2500万美元	5000万美元
发行股票数	588万股（预计费用）	588万股（预计费用）

续表

费用名称	发行额	2500 万美元	5000 万美元
	承销折扣和佣金	175 万美元	350 万美元
	SEC 收费	9914 美元	19828 美元
	NASD 收费	3375 美元	6250 美元
	印刷费用	10 万美元	10 万美元
	会计师费用	16 万元	16 万元
	律师费用	20 万元	20 万元
	蓝天法费用	1.5 万美元	1.5 万美元
	杂项支出	3.42 万美元	3.42 万美元
	NASDAQ 上市费用	63725 美元	63725 美元
	登记费用	0.5 万美元	0.5 万美元
	总计	约 234 万美元	约 410 万美元

注：①均值，可以议价。
②发行总额（不包括超额发行部分）的1%的1/29。
③发行额（不包括超额发行）的1‰再加500美元，但总额不超过30500美元。
④包括一次性收取5000美元和按588万股计算的年费。

由于篇幅有限，只简单介绍前面几个上市的费用。

（3）严格的信息披露制度。在欧美西方国家的家族企业中，很多家族企业不愿意上市，他们的理由就是不愿意接受上市公司严格的信息披露制度。例如上市要求披露财务数据，在上市之前，除了税务部门，没有任何机构要求披露公司财务信息，但公司上市以后就必须要做到财务透明，甚至连一些商业秘密也会公开，当股东知道企业商业秘密时，家族企业的竞争者也根据季报、半年报、年报知道了其商业机密，从而给家族企业带来诸多不利因素，这是对上市公司竞争力的巨大挑战。同时，证券市场的监管力度越来越大，宏观政策由原来保护所有的上市公司转为监管违规企业。如此之重是家族企业时下所不可能承受的。

2. 尽可能多地获得政府的支持

当然，在这里，我们必须提醒家族企业创始人，善于利用各种资源，也包括政府资源，这对任何一个企业的成长都十分重要。但是实际上，政府提供的资源是有限的，对于家族企业创始人来说，关键要提升企业的竞争优势，而决不能把希望全都寄托在政府的帮扶上，不要把太多的时间搭在同政府的关系上，否则将非常危险。罗志德的悲剧就能警示每一个家族企业创始人。

对此,百度创始人李彦宏曾多次强调,"竞争优势不仅能够显著地为客户带来收益或节约成本,同时与竞争对手相比,它具有难以模仿的独特性。从这个意义上说,能否正确认识企业的核心竞争力是制定出目标清晰、具备可操作性的发展战略的第一步"。

当然,企业竞争优势必须是独特的,否则它就不可能有更大或更强的竞争力。一个典型的例子是湖北幸福集团的周作亮,为了满足政府的偏好把企业做大,但这个企业真正倒的时候,政府不会为它承担责任。

2004年秋季,当媒体再次采访云南民营经济史上少有的风云人物、昔日的云南"钛王"——罗志德时,让媒体记者吃惊的是,这位昔日有"云南企业之父"美誉之称的罗志德如今坐在空荡荡的办公间的一张旧沙发上,手握一根拐杖——这个正值壮年的企业家已经行动不便了。

当年颇具规模的血制品车间如今却显得凋敝不堪,就算是在路达低谷期为饲养蜗牛挂上去的大招牌——"蜗牛庄园"四个字也已经锈迹昭然。

当初的罗志德意气风发,辞去公职后于1985年创办了"云南路达科技开发总公司",十几年的时间,路达靠着几个高难度的飞跃一路窜至巅峰。

客观地说,罗志德还是一位具有社会责任的企业家。当创业成功之后,罗志德在云南教育学院成立了一个路达企业家学院,为云南培养了不少企业家。

锈迹昭然的"蜗牛庄园",及其凋敝不堪颇具规模的血制品车间与闻名云南的"路达集团"不可同日而语。然而,正是这些光环,将"路达公司"引入悲剧的边缘。

1992年,创业成功之后的罗志德提出了一个在云南省会昆明盖一座56层的大厦的想法。之所以定为56层,罗志德在接受媒体采访时谈道,主要是中国有56个民族,而大厦的一层就代表一个民族,彰显中华民族的大团结。

20世纪90年代,罗志德并没有真想建这个56层的大厦,仅仅是自己的一个想法而已。然而,罗志德建56层大厦想法的事情却让有关地方领导知道了。

地方领导为了促进地方的发展,于是将这个56层的大厦赋予了非同寻常的意义。

在地方领导的授权下,"特批"一块位于昆明市中心面积达100亩的土地给路达公司建56层代表56个民族的大厦,而且有关部门还在昆明市郊给了罗志德200亩土地。

此刻的罗志德没了退路,只好按照有关地方领导的意图去执行。不过,按照当时路达公司的实际情况,根本没有能力建这座56层代表56个民族的大厦,而路达公司又没有足够的抵押物向银行贷款。

于是，罗志德只好以发行股票筹资的办法来修建代表56个民族的大厦。仅发行股票的头3天就筹集了2000万元。

罗志德原本以为这样的方法可以解决资金短缺的问题，然而，罗志德发行股票筹资的事情却被一个记者知道了。于是该记者写了一份路达公司乱发股票、扰乱金融市场秩序的内参。路达公司被勒令立即停止股票发行。

没有了资金来源，代表56个民族的大厦自然也就没有盖起来，有关地方领导也对罗志德有了看法。

从此，路达公司的麻烦就像溪流的河水一样源源不断地涌来，曾经平安无事的矿山开采也开始遭到有关部门三番五次的检查，原来安分守己的村民也开始不断地来矿上滋事。以前这样的事情，罗志德只需要向有关领导汇报一下，所有问题便都迎刃而解。

让罗志德想不通的是，因为没有能力修建代表56个民族的大厦，相关领导便不再庇护他了。最要命的是，路达的钛矿采选厂和其他非法矿厂一起被有关部门勒令关停。钛矿采选厂是路达的生命线，也是罗志德赖以起家的本钱。采选厂完了，也就意味着路达完了，罗志德完了。

不可否认的是，获得资本资源对一个企业的成长是至关重要的。很多企业在初创时，往往很难获得外部资本、渠道产品研发等的支持。尽管许多创业企业具有较大的发展能力，但是合作者、银行、风投等是不会把钱借或者投给这些创业企业的。此时，只能靠创业者自己白手起家和善于利用各种资源。

上述案例中的罗志德，创业成功之后，合作者、银行等知道他的经营能力，但他忽略了一个问题，那就是想办法获得自己确实需要的社会资源。当然，创业企业能否获得所需资源就看企业自身的张力了，这取决于家族企业创始人的战略意图。

核心竞争力的六个具体方面

在哈佛大学，海尔集团董事局主席兼首席执行官张瑞敏做了一个主题是"如何在中国做生意"的演讲。内容节选如下：

女生们，先生们，MBA的同学们，在中国做生意，第1个关键是关系；在中国做生意，第2个关键是关系；在中国做生意，第3个关键是关系。

从张瑞敏的演讲可以看出，要想将企业做大，关系还是非常重要的。当然，

第八章 张力错位

张瑞敏这里讲到的关系其实就是善于利用各种资源。

可能有读者会认为，关系是中国特色的东西，在欧美这样的国家，关系就不可能得到重视。如果读者持有这样的想法，那就大错特错了。

在人类历史的发展长河中，是关系维系了人类的生存。在蛮荒的远古时代，人类只有群居才能战胜那些大型食肉动物和自然环境。由于人是群居动物，人的成功只能来自于他所处的人群及所在的社会，只有在这个社会中游刃有余、八面玲珑，才可为事业的成功开拓宽广的道路，没有非凡的交际能力，免不了处处碰壁。因此，要想将创业企业做强、做大，就必须善于利用各种资源。

在这里，我要告诫家族企业创始人的是，绝对不能把利用各种资源作为企业的核心战略来做，在利用各种资源的同时，必须研发自己的产品，提升产品的质量和外观设计，甚至还要提升企业的竞争优势。如果仅仅把企业的盈利押在某个地方政府官员身上，这样的做法是相当危险的。

在中国企业发展史上，家族企业因为某个地方政府官员的好大喜功而败落的案例实在太多；还有一些企业家投机取巧，一心想沾"政治"的光，上赶着给某个地方政府官员送"政绩"，最后把自己弄得身败名裂。企业就是企业，企业家的天命就是盈利，而不是搞"政治"。"前事不忘，后事之师"。

当年赫赫有名的步鑫生就吃过这样的苦。步鑫生本来是做衬衫的专业户，他也只擅长做衬衫。后来"有关领导"说："大家都在上西装，你也上一套西装生产线吧。"步鑫生买"有关领导"的面子，决定"小搞搞"。这件事被一个更大的领导知道了，领导说："步鑫生，你是全国模范，干什么都应该争模范，不要缩手缩脚。"于是"小搞搞"变成了"大搞搞"。海盐衬衫厂也就这样被搞完了。步鑫生在厂子里立足不住，被迫出走，到上海、到黑龙江，去给人打工谋生。

张力错位是中国家族企业的一个重要死因，主要是一些家族企业的企业家缺乏对未来可行性的判断，使得一些地方领导者抓住机会，把企业变成政绩的一颗"棋子"，最终将家族企业推向死亡的深渊。

可能读者会问，作为家族企业创始人，如何才能避免竞争优势张力错位呢？要想正确提升企业核心竞争力，就必须搞清楚企业核心竞争力的具体表现（见表3-24）。

表3-24 企业核心竞争力的具体表现

企业核心竞争力	具体内容
产品竞争力	产品竞争力主要是指产品符合市场要求的程度,这种要求具体体现在消费者对产品各种竞争力要素的考虑和要求上
流程竞争力	流程就是企业组织各个机构和岗位角色个人做事方式的总和。它直接制约着企业组织运行的效率和效益。企业组织各个机构和岗位角色个人做事方式没有效率和效益,企业组织的运行也就不会有效率和效益,这直接是企业没有执行力
市场营销竞争力	市场营销竞争力是指企业根据市场营销环境和自身资源条件,通过系统化的营销努力在市场竞争中获得比较优势,创造顾客价值,达成互利交换,实现企业及相关利益方目标的能力。市场营销竞争力在企业竞争力理论中占有非常重要的地位
渠道竞争力	企业要赚钱、盈利、发展,就必须有充足的客户接受它的产品和服务。如果没有宽阔有效的渠道来沟通企业与客户之间的关系,企业与客户就会隔离,企业必然会惨败无疑。因此,渠道直接是一种资源,渠道竞争力也就直接构成企业支持力的一个内容
价格竞争力	在质量和品牌影响力同等的情况下,价格优势就是竞争力。没有价格优势,最终会被消费者淘汰。因此,这一竞争力也是直接构成企业支持力的一个内容

第九章

盲目多元化

不论公司的集中程度有多么理想，公司也要有一定的多元化，否则公司将变得过于专业化。但是，不论公司的多元化有多么理想——或者是无可避免，公司也要有一定程度的集中，否则公司将变得过于分散。公司既需要简单化，也需要复杂化。两者会向两个不同的方向引导企业，但是不能允许出现冲突。二者必须要结合在一起。

——现代管理学之父　彼得·德鲁克

多元化企业的不同命运

在很多企业家论坛上，一些企业家都在谈论如何学习通用电气的多元化，甚至很多家族企业创始人的办公室都有一本关于通用电气前CEO杰克·韦尔奇的自传。从这些企业家借鉴通用电气的多元化来看，足以证明中国家族企业创始人对多元化的迷恋。

然而，遗憾的是，在很多中国家族企业多元化经营中面临一个非常棘手的问题——当家族企业达到一定规模后，创始人就会迫不及待、信心十足地进入一个全新的行业中，最后往往不仅新的行业没有达到预期的经济效益，而且原来的主业也因不停被"抽血"而奄奄一息，甚至因此破产倒闭。可以说，半数以上的中国家族企业死亡跟创始人盲目多元化有关。

2008年，金融危机席卷全球，作为出口大国的中国也未能幸免。这场金融危机作为一个导火索引燃了中国诸多家族企业的倒闭潮。

当企业家谈金融危机色变的时候，一个叫包存林的老板因为资金链断裂而自杀了。这条消息犹如一个重磅炸弹在兴化乃至泰州的街头巷尾炸开了，很多兴化乃至泰州人都在谈论着这件事情，因为包存林是不锈钢城的大佬级人物，在生产不锈钢的1000多家企业中，几乎都知道包存林。

而后,在媒体的采访中得知,包存林是江苏兴利来特钢有限公司的总经理,兴化不锈钢业领军人物之一,其经营的江苏兴利来特钢有限公司年产值达到6亿~10亿元、利税1亿多元,这样的规模在整个戴南企业中排进前三名。

读者可能会问,该公司业绩如此辉煌,兴化不锈钢业领军人物之一,这个亿万富翁,在事先没有任何疾病征兆的情况下,为何突然自杀呢?

对于包存林的死亡,据知情人介绍,恰恰是因为包存林铺的摊子太大了。这个观点得到了戴南镇同样做不锈钢生产的一位企业主的印证。该企业主在接受媒体采访时指出,"包存林的负债主要是2008年兴利来的超速扩张。兴利来是大企业,从原料、生产、销售等各个环节都有涉足"。

据兴利来的一位不愿意透露姓名的员工透露,除了高速扩张以外,"库存过高是资金紧张的又一个原因"。

据介绍,为了融资,包存林先后向各大银行借贷数亿元,还贷成了其沉重的包袱,特别是在金融风暴,不锈钢行情总体不景气的情况下。兰格钢铁的分析师介绍,不锈钢生产中涉及重要的原料镍板。业内人士介绍,2008年以来,不锈钢行业遇到了前所未有的"寒流",目前当地已有半数不锈钢经营者处于停产或半停产的状态,同比2007年当月,产值至少缩水了六成。拿不锈钢主材料之一——镍板来说,2007年其价格每吨还在42万元左右,而2008年已经跌到7万元,不锈钢成品的市场需求和价格同时出现了大幅度的下滑。包存林2007年在高价位时曾购买了大量的镍板,在2008年不锈钢成品销售价格低、销售量小的情况下,势必亏损严重,资金不能及时回笼。

包存林经营的江苏兴利来特钢有限公司产值曾达6亿~8亿元,是江苏不锈钢行业的龙头之一。据称,包存林曾服安眠药被救,后又在身上绑了重物投湖自尽。是什么原因导致包存林两次自杀呢?

反观本案例,兴利来特钢公司2004年实现产值2.2亿元,利税4000多万元。2005年,为了做大做强兴利来特钢,包存林新征328亩土地扩建,新上的680热连轧生产线等,投产后公司年销售可达5亿~10亿元。新项目上马竣工后,年产值将达到6亿~10亿元,利税1亿多元。正是这个新项目导致了包存林感觉"无路可走了";但也有人认为,按包存林现在的资产还不一定就资不抵债,是他自己心理压力太大,接受不了一些事实,过不了一些坎。就像知情人介绍的情况,恰恰是因为包存林铺的摊子太大了。

包存林的案例警示家族企业创业者,当创业企业发展到一定规模后,家族企业创业者应该采取谨慎型财务预算,从而保证创业企业的稳健发展。

当然,在家族企业创业过程中,摊子铺得过大导致创业失败的这个问题,中国许多家族企业创业者深有体会。

确实,对于家族企业创业者摊子铺得过大导致创业失败的这个问题,吴炳新曾对史玉柱说:"天底下黄金铺地,哪个人能够全得?"然而,吴炳新自己却栽在摊子铺得过大的问题上。对此,吴炳新在接受媒体采访时总结自己的教训谈到,摊子铺得过大可以说是创业者的一个通病,许多创业者在取得一点成绩之后就沾沾自喜,于是就开始过度扩张地铺摊子。

当然,"摊子"铺得过大并不是创业者的专利,在军阀混战的时代,诸侯同样也是喜欢盲目扩张的。反观历史,在中国历史上,有一个非常出名的战役,那就是赤壁之战,曹操几十万大军居然大败,从此一蹶不振。曹操赤壁之战的失败就在于其扩张战略上的失败。曹操平定北方之后,开始南下,轻松得到了刘表的荆州。曹操对自己战术层面的能力过于自信,在荆州立足未稳时就盲目扩张,南下攻吴,致使其统一天下的整体战略彻底失败。实际上,荆州是东吴的要害,所谓敌之要地即我之要地。曹操和谋士们都有所疏忽,没有认识到巩固荆州大后方的重要性。

当我们回过头来分析中国家族企业的死亡过程就不难理解,中国非常多的家族企业犯了和曹操一样的毛病:根基不稳就盲目扩张。刚在某一行业打下一点基础,有了一定的知名度,还没有完全站稳脚跟,就要"多元化"扩张,向自己不熟悉的行业挺进,却没有相应的人才、资金、管理作为扩张的坚强后盾,结果搞得身败名裂,全军覆没。

对此,我在"富过三代——家族企业如何迈过接班生死坎"培训课上多次强调,对于任何一个创业者来说,要想让创业企业成为百年老店,就必须坚决摈弃好大喜功,即喜好把"摊子"铺得过大的扩张思维。反之,如果一个创业者乐于冒进,那么这个创业企业的末路也就不远了。因此,作为创业者要懂得风险控制,尤其是财务上的风险控制,这应该是一个创业者的基本功。

反观中国那些明星企业因为创业者孤注一掷地冒进,以至于把摊子铺得过大而"死",往往都"死"在企业最为辉煌的时候,所以尤其令人惋惜。研究发现,20世纪90年代,中国家族企业在企业扩展的过程中,主要有以下三个共同特征(见表3-25)。

表3-25 中国家族企业扩展过程中的三个典型特征

特征一	疯狂的速度
特征二	不是先做"强"再做"大",而是在不"强"的时候就想做"大"
特征三	不合时宜的集权制

从表 3-25 可以看出，很多家族企业创始人为了扩大规模而极度扩张，有的家族企业完全不顾企业自身的财力、人力、物力及综合承受能力，有的家族企业甚至在内部尚未建立起科学健全的管理体制、尚未形成稳定成熟的内部机制的前提下就拼命向外扩展，甚至是一种非理性、非科学、非常理的疯狂扩张。结果，摊子越铺越大，漏洞及腐败越来越多，整个公司变成了一具庞大的僵尸。

有的家族企业在扩张的时候，采用了中央集权制的管理办法，即将各地商场和分公司的产权、物权、人权、经营权全部掌握在总公司手中，颇有些像秦始皇一样，一切权力归中央。这种做法与现代企业扩张时的分权制和独立经营权方式截然相反，完全是一种封建帝王大一统的封闭型做法。

多元化发展成少败多的原因

在很多家族企业中，当家族企业达到了一定的规模，几乎每个家族企业创始人都会想方设法地向多元化方向发展，特别是某些民营企业，在经历了最近十几年的发展后，管理、规模、资金等方面都有了一定的积累，这些企业老板对多元化的冲动就更为积极。

然而，众多的家族企业已经实施了多元化战略，但是相当一部分家族企业的多元化战略并未向家族企业老板预期的方向靠近，绝大多数的家族企业宣告失败。由此，多元化的是非一直争论不休。

事实上，"多元化扩张，还是专业化突破"，这是很多中国企业做强做大之后面临的一个最为头痛、最具争议的问题。从这个争议中不难看出，多元化的成功概率本身就比较低，相关数据显示，通过对 412 家企业样本进行分析，从回报率来说，专业化经营的方式远优于多元化的经营方式。并不是所有的企业都可以复制 GE 的多元化辉煌。

在中国企业的多元化道路上，倒下了太多的企业巨头。从联想 FM365 的倒闭，到海尔生物制药的无功而返、实达沦为 ST 股、奥克斯汽车停产、德隆系的垮台，甚至有学者断言："包括海尔在内，中国现在还没有一家企业搞多元化是成功的。"

对此，史玉柱告诫诸多中小企业经营者："只有专注化才能减少失败概率。因为失败的企业都有一个共同特点，就是没能抵挡住诱惑，战线拉得过长，以致最后出了问题。"

研究发现，家族企业多元化发展成少败多的原因有以下几个，如表 3-26 所示。

表3-26 家族企业多元化发展成少败多的原因

原因一	当家族企业实施多元化经营战略时，家族企业创始人就不可避免地要面对产品竞争和市场竞争。特别是新产品在研发、生产工艺、营销方法等与以前不尽相同，家族企业的管理、技术、营销、生产人员必须重新熟悉新的工作领域和熟悉新的业务知识，这就导致新产品在进入市场时会遭遇开发、开拓、渗透、进入等诸多方面的难题，加大了家族企业失败的概率
原因二	研究发现，中国诸多家族企业实施多元化战略成功很少、失败较多的一个主要原因是，家族企业创始人在专业知识方面和管理经验上严重不足。一个人的知识结构是非常有限的，对于家族企业创始人也是如此。作为家族企业家来说，也不可能在任何一个行业都游刃有余。众所周知，每一个行业都有其规律性，有些行业看似进入门槛低，实则险象环生。因此，家族企业在进入新行业时，必须深知其盈利之道和回避风险的办法，否则，看到的其实只是一些表面现象而已，这样的企业肯定是做不大的
原因三	家族企业实施多元化战略，无形中就增加了家族企业的管理机构，而新管理机构的增加必然打破家族企业原有的管理体系，即打破家族企业原有的分工、协作、职责、利益平衡机制，这会大大增加家族企业在管理、协调方面的难度，在资源重新配置方面也会遭遇诸多问题，甚至很难保证家族企业原有的竞争优势。家族企业创始人如果进入新领域，一旦决策失误，其失败风险是非常大的，不仅造成新的经营项目的失败，还会影响整个家族企业的整体经营
原因四	家族企业在发展过程中，资源都是非常有限的，如果实施多元化战略，家族企业不得不将有限的资源投入到新行业中去，这就非常容易失去原有主导产品、主营业务的竞争优势，最终会导致企业家族在原有主导产品或主营业务的竞争中失去市场和优势。每上一个项目，都需要一定的资金，而企业的现状却是根本无力去"四面开花"，于是各个项目都被拖住。一个好端端的企业，就这样被拖垮了

特殊历史环境造就多元化之路

不可否认，在家族企业的多元化战略中，离不开中国特殊的历史环境。20世纪80年代，中国由于从计划经济向市场经济转变，再加上改革开放刚刚开始起步，中国庞大的市场需求使那些敢想敢干的创业者无论生产什么产品都不愁销路，这就为家族企业创始人实施多元化战略打下了基础。

反观家族企业的发展历程，可以发现，20世纪80年代的中国具有以下三个重要特点（见表3-27）。

表 3-27　20 世纪 80 年代的中国具有的三个特点

特点一	在 20 世纪 80 年代，尽管中国开始了改革开放，但是中国仍处于短缺经济时代，市场上可供购买的商品不多，几乎物资匮乏。在庞大的购买力下，生产什么商品都能销售，而且都能获得丰厚的利润
特点二	在 20 世纪 80 年代，中国大多数行业的技术水平和服务水平普遍较低，商品购买者的要求也不高，很多时候只要求能够买到商品就行，因而进入一个新行业比较容易
特点三	在 20 世纪 80 年代，中国的经济基本上是封闭式的，境外实力雄厚的跨国企业生产的产品和先进的技术不能进入中国，从而使中国诸多创业企业非常容易取得成功

从表 3-27 可以看到，那些敢想敢干的家族企业创始人正是利用了上述中国特殊的历史环境条件，从而实施了多元化战略。

事实证明，这一批家族企业创始人抓住了市场的机会，使家族企业迅速达到了一定的规模。在当时市场庞大的需求下，创业者不是考虑自己熟悉什么行业或者擅长什么就做什么，而是市场上什么最缺、什么利润最大，就生产和经营什么。

通过这种淘金似的创业，大多数家族企业在 20 世纪 80 年代末完成了资本原始积累。进入 20 世纪 90 年代，中国经济的大环境发生了很大的变化——中国经济由短缺经济时代进入过剩经济时代，从暴利时代进入平均利润时代，国际品牌纷纷抢滩中国，市场上的空白点消失了，行业竞争日益激烈，大量产品同质化，企业增长速度减缓。在这种新的形势下，这些企业发生了分化，见表 3-28。

表 3-28　20 世纪 90 年代中国家族企业的两种战略

两种战略	具体内容
减法	一部分企业从当时所从事的多种行业中做减法，即将那些竞争对手较强而自己又不具有明显优势的产品和经营项目放弃掉，使产业逐步收缩，最终集中在一两项市场前景较好、在同行中又最具优势的产业上，以此作为支柱产业或唯一产业，从专业化退到专业化
加法	另一部分企业则从当时所从事的多种行业中进一步做加法，他们或者放弃一种行业而加入另一种行业，或者原有行业一样都没放弃，却加进了更多的新行业

读者可能会问，为什么有的企业仍然要继续多元化呢？造成这些企业进一

步走多元化之路的原因有以下几个，如表 3-29 所示。

表 3-29　造成企业进一步走多元化之路的原因

原因一	在 20 世纪 80 年代那种特殊情况下，经营某几种产品同时获得成功，就误以为多元化是企业的成功之道，因此沿着这条路继续往下走
原因二	看到别的行业赚钱就见异思迁，恨不得这个世界上的钱都由自己一个人来赚，于是同时进入多个行业
原因三	在某种特殊历史背景下，甚至因为某种很偶然的机遇，取得一点成就，就过分地夸大自己的能量，以为自己无所不能、无往不胜，进入哪个行业都可以获得成功

然而，在经历又一次多元化的企业大多已经陷入了多元化的困境中。相反，那些做减法的企业反而获得高速成长。在成熟的市场经济条件下，多元化由于资源配置不当，结果不仅没有达到预期的目的，相反还会给企业带来诸多问题。既然如此，那为什么有一些企业家仍然热衷多元化战略呢？

在这里，我们来看看管理大师彼得·德鲁克是如何看待企业多元化这个问题的。彼得·德鲁克认为："不管纯粹的集中经营多么合适，所有企业都必须彻底思索是否必须采纳多元化经营。"

在被称为管理学"圣经"的巨著《管理：任务、责任、实践》中，彼得·德鲁克用了整整一个单元专门论述企业的多元化。彼得·德鲁克说："多元化本身并不是应该谴责或者推荐的。多元化是高层管理者的一项主要任务，是对企业应该采取什么样的以及采取多少多元化所进行的决策，以使企业能够发挥它的优势，从它的资源中取得最佳结果。"

从德鲁克的观点中不难看出，家族企业创始人实施多元化战略，其目的就是更好地发挥家族企业的优势。然而，一旦家族企业的优势得不到充分发挥，或者家族企业创始人实施多元化战略并不能给家族企业带来更好的业绩时，家族企业将遭遇巨大危机。

正如彼得·德鲁克所说的："不论公司的集中程度有多么理想，公司也要有一定的多元化，否则公司将变得过于专业化。但是，不论公司的多元化有多么理想——或者是无可避免，公司也要有一定程度的集中，否则公司将变得过于分散。公司既需要简单化，也需要复杂化。两者会向两个不同的方向引导企业，但是不能允许出现冲突。二者必须要结合在一起。通过把多元化融入一个共同的结合核心中来管理多元化，是高层管理者的任务，不论是小型、中型还是大型企业。正确的多元化，使企业绩效与高度集中、单一市场或者单一技术的企业的最佳绩效相媲美；错误的多元化，则使企业产生的绩效就如同单一市场或者单一技术在错误的行业中高度集中所产生的绩效那样糟糕。两者的区别就在于，成功实施多元化的企业，其各项业务之间都有一个共同的结合核心。"

从德鲁克的观点中不难看出，家族企业要进行多元化经营，关键是企业在运用多元化战略时，一定要与其自身的核心竞争力结合起来制定战略，才能使企业立于不败之地。

然而，有许多家族企业的企业家认为，企业的发展应该走多元化发展的道路，房地产、金融证券、生物保健品、酿酒业、IT行业，什么都想来一把。但最后他们发现，由于自己专业知识的匮乏以及其他方面的一些原因，结局大都是"各线告急"，弄得一塌糊涂。中国的家族企业的企业家之所以有这样的思想，其主要原因就是："这山望着那山高"，企业的经营完全变成了"游击战"，打一枪换一个地方，东挖一个坑、西挖一个坑，最后，"四面出击"的结果就是"四面楚歌"，企业也就在这种游击战中渐渐地消灭了自己。

第十章 武断冒进

不该挣的钱别去挣，天底下黄金铺地，不可能通吃。这个世界诱惑太多了，但能克制欲望的人却不多。

——三株创始人　吴炳新

武断冒进葬送企业前程

综观中国的家族企业谱，不难发现，许多中小家族企业迅速死亡的一个致命因素，就是由于家族企业创始人的盲目冒进，结果使得稳健的中小家族企业摊子铺得过大。

事实上，一些中小家族企业在创业和发展初期，由于制定的战略相对较为稳健，所以，中小家族企业的发展速度较高，也较稳。但是，有些家族企业一旦达到了一定的规模，家族企业创始人往往就会自以为是、盲目冒进，不听取家族成员或者职业经理人的谏言，最终亲手把自己辛辛苦苦打拼起来的家族企业埋葬掉。

对此问题，北京华夏圣文管理咨询公司还特地为中小企业做过一个调查，得出一个结论，非常让人惊诧，那就是有93.25%的创业者在取得第一桶金之后，会快速启动几个不关联的5~10个比以前更大的项目，以此来推动中小企业的发展，最终资金链断裂，使中小企业面临全面崩溃，从而成为媒体遗憾的对象。

然而，只要创业者能够抵挡住冒进的诱惑，坚持稳健的企业战略，家族企业遭遇失败的概率就小很多。因此，在"富过三代——家族企业如何迈过接班生死坎"的培训课上，我多次告诫许多家族企业创始人，要想将家族企业打造成百年老店，就必须克服浮躁和急功近利的心态，否则即便取得一时利润，家族企业的发展之路也不可能走得太远。

很多中小家族企业创始人之所以稍微上规模就摇摇欲坠，筹资越多犯错越多,最根本的原因就是缺乏科学的发展战略,当取得一点业绩,就认为经营太容易,极易做出快速扩张的决策。

然而,家族企业在快速扩张时,家族企业创始人又不注意基础管理,盲目冒进。这种盲目冒进的悲剧数不胜数。例如,郑州亚细亚的王遂舟为了贪图一时的快速发展,盲目向银行贷款,通常采取以现有的企业资产抵押来贷款,再用贷款去兼并别的企业,以此循环进行,达到迅速扩张的目的,可惜企业经营不善,后果当然就是致命的。

据说吴炳新曾对史玉柱说:"天底下黄金铺地,哪个人能够全得?一个人要学会控制自己的贪念。"

客观地将,有些企业家的冒进,可能并非全部出于贪念。但是他们对风险的控制不够,尤其是财务上的风险控制。可以说,风险控制是一个合格企业家领导力的具体体现。在很多媒体的报端,我们经常看到,一些企业因为创始人的冒进而倒闭,而且企业往往都倒闭在最为辉煌之时,尤其令人可惜。

2006年4月,重庆黑格集团董事长赵玖学被重庆市公安机关刑拘,黑格集团因涉嫌非法集资土崩瓦解。

"投1万进去,每个月就有98元的利息,一年就有1000多元!"当年,"黑格金界"承诺高额返租的广告,很多重庆市民记忆犹新。尽管已过去很久,至今也有许多人仍然还不明白,可以说是一个如日中天、日渐强大的黑格集团,为什么在一夜之间瞬间倒下,而连续两届当选重庆市政协委员、重庆市工商联总商会副会长的赵玖学这颗希望之星为什么沦落到今天这步田地。黑格集团到底是怎么了?

经过我们的梳理发现,跟众多的家族企业一样,黑格集团同样死亡于家族企业创始人的武断冒进。在大江广场一期工程之后,赵玖学一发不可收拾,在外到处投资。这样的观点得到了时任重庆市一位政府官员的证实:"如果赵玖学不是到处上项目,四处投资,而是投资一个项目就把它做好,黑格集团就会发展得很健康。"

从这位官员的话中不难得知,在黑格集团通往倒闭的道路上,赵玖学也染上了家族企业的通病——当黑格集团取得一系列的成功之后,赵玖学的头脑开始发热,利用头上笼罩了众多的荣誉光环而开始盲目冒进,这就为黑格集团的倒闭埋下了伏笔。

根据公开的报道得知,在2002年,黑格集团向外宣传说,黑格集团投资1.5亿元开发建筑面积7万平方米的大江广场南城新街项目,该项目集商贸、娱乐、餐饮、高档社区为一体。

第十章 武断冒进

在大江广场南城新街项目取得成功的赵玖学于2003年挥师万州，拿下地处万州高笋塘商业中心广场的一个地块。赵玖学对外宣称，黑格集团投资4.5亿元将3.5万平方米的万高国际项目打造成万州的城市名片。

万高国际项目出师非常顺利，这就加快了赵玖学冒进的步伐。2004年，重庆渝中区人防工程招标租赁，赵玖学一举中标，并取得重庆渝中区人防工程20年租赁权。赵玖学对外宣布，黑格集团投资1.2亿元，将总建筑面积2.5万平方米的重庆渝中区人防工程建成艺术商业大街。赵玖学没有满足在重庆圈地的欲望，于是把视野延伸至南京甚至全国各地，同时还在南京等地拓展业务，在南京开发了明月港湾。

对于此刻的赵玖学而言，已不再满足于房地产的扩张运动。赵玖学又把目光转移到农业领域。2004年，黑格集团控股重庆远大生态农业有限责任公司（以下简称远大公司），拉开了大规模进军农业领域的序幕。当控股远大公司后，黑格集团将依托在南川建立的美国曼地亚红豆杉种植基地，拟在数年内斥资近1亿元建立红豆杉快繁基地和药物生产基地，开发当今世界上方兴未艾的天然抗癌良药——紫杉醇。

然而，在一系列的冒进中，黑格集团毕竟资源有限，不可能支撑起大规模的扩张费用。尽管如此，赵玖学并没有打算停止其冒进的做法。

2005年8月，黑格集团又收购了重庆三达德票务有限公司。最终，盲目冒进让赵玖学尝到了苦果。据一位不愿意透露姓名的黑格集团中层经理在接受媒体采访时谈道："黑格集团的衰亡与赵玖学个人有关，主要是他在作出决策时过于自信。"

重庆市总商会一位人士称，"赵玖学实际上玩的拆东墙补西墙的把戏——首先投资一个项目，在取得预售资格后，就以高额回报为诱饵，吸收公众资金。而后，又拿着这个钱，到其他地方再投资另外一个项目，再去吸纳公众资金。如此周而复始。而这套把戏，实际上是接连几次针对房地产行业的宏观调控，让房地产企业贷款变得日益艰难，赵玖学不得已走的下策"。

然而，拆东墙补西墙实际上为黑格集团埋下了失败的种子。重庆一位房地产企业的负责人称，黑格集团错在盲目冒进，并且旗下所有项目全是需要充足资金流的商业地产项目。

招商不尽如人意，项目销售周期不畅，导致黑格集团资金不能正常运转，资金链越扯越紧。据称，赵玖学曾经期望从银行贷款救急，建设万高国际，却未能成功，最终资金链断裂。

在万高国际，一位谭姓业主接受媒体采访时宣称，在黑格集团夸大其词的宣传攻势中，谭姓业主于2004年4月斥资20万元购买了一个8平方米的商铺。

2005年7月，谭姓业主与黑格集团签订了返租五年的返租协议，黑格集团承诺每年给其8%的回报。在这样高额返租的诱惑下，1000多个商户购买了黑格集团打造的万高国际商铺门面，总计金额约上亿元。

不光如此，黑格集团还将万高国际4~7层的大商场分割成许许多多小商铺，同样以高额返租为诱饵，对外出售开间的收益权。

当然，只要按照合同约定的时间交付使用，那么业主也不会大批地找黑格集团的。业主在购买商铺前，黑格集团在合同上承诺万高国际将于2005年5月30日竣工，然而让业主想不明白的是，万高国际却迟迟不能投付使用。

于是，一些业主主动去找黑格集团交涉，而黑格集团通常会采取拖延战术。刚开始，黑格集团的高层人士答复业主，万高国际于2005年7月竣工，后又推说要到2005年9月竣工，最后称，在2005年12月24日一定可以全面投付使用。

然而，遗憾的是，到2005年12月24日，万高国际只有地下一层装修好，1~3层装修了一半，4~7层根本就没有装修。业主们于是坐不住了，不停地向黑格集团发难。最终，黑格集团因为资金链断裂而崩溃。

在企业经营中，必须遵循产业经济发展的基本规律，哪怕是中国目前最热的房地产业也不例外。在本案例中，赵玖学的失败源于其取得一点成功之后就开始盲目冒进，最终使黑格集团轰然倒下。

上新项目时的潜在风险

事实上，对于家族企业创始人来说，当家族企业发展到一定的规模后，就应该摒弃急功近利的投资行为。但遗憾的是，很多家族企业创始人在取得一点成绩之后就开始"大干起来"，其失败也是情理之中的事情。

这就要求家族企业创始人在投资新项目时要全面考察，尽可能做到稳中求胜。当然，家族企业创始人必须明白，家族企业上新项目容易，但是上新项目后"避险"就非常艰难了，特别是很多新项目并非坦途一片，在上新项目决策制定、实施以及上新项目后的管理过程中，稍有不慎，便可能埋下种种风险，致使企业陷入进退两难的泥潭。因此，家族企业创始人必须高度警惕可能存在的风险，加强防范，有效规避，确保达到扩张的预期目的。

当然，对于家族企业创始人来说，当企业达到一定的规模，并不是说一定不能上新项目，只是告诫家族企业创始人在上新项目时更需要理性，切不可贪多求快、盲目扩张，需统筹规划，防患于未然。对此，资深管理专家告诫家族企业创始人，企业上新项目时通常会有以下几个潜在的风险，如表3-30所示。

表 3-30　上新项目时的潜在风险

潜在风险	具体内容
盲目上马新项目，忽视供求规律	有的家族企业创始人盲目跟风模仿，见到什么产品比较热销，不做市场分析，不对自身企业做研究，就盲目增投资、上项目。当产品上市时，可能该产品由畅销转向积压，价格由上涨变为下跌。因此，家族企业创始人忽视市场供求规律，盲目扩张求大，最终将会难逃赔本甚至破产的惨局
调研不充分，信息不对称	在很多投资过程中，家族企业创始人都深受信息不对称的困扰。特别是上马新项目，由于前期调研不够，加上对新项目的投资回报估计不足而引起的风险等。信息不对称，就像一把悬梁之剑，随时可能为上马新项目带来致命的伤害
财务安排，隐患重重	再好的新项目，若没有充足的资金支持，也只能是无源之水、无本之木。上马新项目会同时对资金规模和资金结构产生新的需求。企业自有资金常常不能完全满足上马新项目的需要，高负债运营、短贷长投现象时有发生，一旦资金链断裂，创业企业便将陷入严重的经营危机
有进无退，志在必得	上马新项目热情来得快、降温难，赌性强、理性弱。一旦决策，便全然不顾外界的风吹草动，即便遇到很大的风险和障碍，也"志在必得"，决不回头。在上马新项目的过程中，一些突发性因素的出现常常使上马新项目的征途变得扑朔迷离。这样的投资决策势必导致上马新项目的经济性降低、不确定性加大，乃至影响企业的正常运营
管理能力虚脱，上马新项目预期流产	有的家族企业创始人忽视自身的资源基础，盲目高估自身的管理能力，在一个领域取得了成功，便认为可以无所不能，狂热地铺摊子、上项目，结果企业是扩张了，但管理失控了，整个企业也被拖垮了。企业扩张须量力而行，注意控制发展阶段、发展规模、发展速度与管理能力的协调与匹配

第十一章
视游戏规则为儿戏

不以规矩，不能成方圆。

——《孟子·离娄上》

不守游戏规则的行为必然付出惨重的代价

每当看到沃尔玛、家乐福、福特、宝马等国外的家族企业能够成为世界500强时，特别是《财富》《福布斯》《家族企业》等杂志发布的世界500强企业中中国大陆地区无一上榜时，我都非常难过。

在小学课本上，我们不仅学到了中国历史悠久，资源丰富、人口众多，还学到了中国四大发明引领世界科技。而今，中国家族企业在经历过改革开放40年后依然无一上榜，这无疑是对中国家族企业的莫大刺激。

开始总觉得国外的家族企业在创业的过程中与中国家族企业的创业过程没有什么不同。不过，当我们认真比较之后，发现了一个非常普遍的现象，那就是一些中国家族企业创始人视游戏规则为儿戏，从不把规则当成一回事情，等到无法挽回的时候才追悔莫及。

在很多企业家论坛上，一些企业家强调，办企业要诚实做人，诚信经商。这不仅说出了一些企业家成功的秘诀，同时也道出了企业经营的本质。

在这里，诚信经商可谓是在遵守规则。古语云："没有规矩，不成方圆。"这句话很多家族企业创始人尽管非常熟悉，但是没有真正做到。

这句话出自《孟子·离娄上》，原意是说如果没有规和矩，就无法制作出方形和圆形的物品，后来引申为行为举止的标准和规则。这句话旨在告诫中国家族创始人，经商要遵纪守法，做商人更要讲究规矩，仅仅凭小聪明可以耍弄于一时，但却难以长远。

众所周知，在全球经济一体化发展的今天，市场经济说白了是信用经济，大家都要遵守游戏规则，在游戏规则内做事。中国的市场经济还只是发展中的

第十一章 视游戏规则为儿戏

市场经济，在这样一个转型时期，讲信用、遵守游戏规则就显得尤为重要。一些家族企业家将游戏规则视为儿戏，自己想怎么做就怎么做，只图自己一时的私利，把法律法规全都抛在脑后，最终招致规则的惩罚。

1986年，陈大川在北京某重点大学毕业以后，顺利地进入商务部工作。20世纪90年代初期，陈大川也加入了国家干部下海的大潮中，成为一位公司老板。

刚下海的陈大川，有着自己的人脉，于是搞起了餐饮。而后，由于中国改革开放的深入，他又经营起广告公司。

当商品批发和广告业务进行得如火如荼的时候，陈大川决定转向，进入商贸业务。1994年3月，陈大川、李志敏和林敏君三人成立北京威达商贸有限公司，主要业务是食品、饮料、酒类产品的代理。

20世纪90年代，威达商贸先后拿下了国内Y啤酒和国际H啤酒北京地区的总经销业务，正是代理Y啤酒和H啤酒让威达商贸公司赢得了不错的口碑。

过了两年，北京威达商贸又拿下了××酒北京地区的总代理资格。该酒在北京地区的销售价格每瓶可达七八十元至上百元，而威达商贸却以17.5元/瓶的优惠，以1/3的现款，拉走了100%的现货。仅仅一年多的时间，北京地区该酒的市场销售额就达到了3000万元。正当北京地区销量大增的时候却发生了一件事，使他们的努力毁于一旦。

××酒在中国主要有两个销售成熟地区：一是成都；二是济南。而北京地区只是××酒的一个新兴销售区。因为威达商贸所采购的××酒的价格比成都、济南的总经销要低一半，因此，济南地区总经销向陈大川提出从威达商贸采购××酒。

按照行规，窜货本是业内大忌。但是陈大川他们认为，该酒厂远在西南的大山坳里，距离济南非常遥远，而威达商贸总经销的地区在京城，该酒厂应该不会发现他们的窜货行为。

陈大川没有经受住每瓶16元的利润和济南总经销方面以现金结账的诱惑，尤其是以现金结算的诱惑，这样一方面威达商贸可以从该酒厂采购更多的货源；另一方面威达商贸公司由于一年来的市场投入，现金流已面临断裂，此刻急需一笔较大数额的现金流，以维持公司的正常周转。于是，陈大川等很爽快地答应了济南总经销窜货的要求。

然而，陈大川等不知道，精明的酒厂早就提防着他们的窜货行为。就在窜货行为发生后没几天，该酒厂提出三点：①协商免去威达商贸××酒北京某地区总经销资格；②将给威达商贸的××酒由每瓶17.5元提高到每瓶33.5元，与济南地区、成都地区代理商一样；③取消威达商贸预付1/3款资格，从此以后从该酒厂进货必须全款。

让陈大川等没有想到的是，这三点都打在威达商贸的七寸上：第一点将使威达商贸一年多累积的××酒北京地区市场灰飞烟灭；第二点直接降低威达商贸的盈利点；第三点一下子使威达商贸面临断裂的现金流彻底断裂了。

威达商贸的危机加剧了威达商贸三位股东之间的矛盾，而且急剧恶化。而后又发生了几起事件使原本摇摇欲坠的威达商贸在一片挽歌声中彻底解体。

其实，威达商贸的死，是死于陈大川等的不守游戏规则。在他们从事的产品销售行业里，窜货本是业内大忌，他们却明知而为。

可能读者不清楚窜货行为的危害，事实上，窜货不仅会打乱该酒厂对中国市场的部署和市场策略，而且会给该酒厂造成非常严重的后果。可以说，窜货行为历来为厂家所不容。这就是当该酒厂发现威达商贸的窜货行为后，采取了非常严厉的惩罚措施的原因。

当然，威达商贸的分崩离析，就是陈大川等为自己不守游戏规则的行为所付出的代价。

威达商贸的倒闭警示家族企业创始人，在全球一体化经济发展的今天，市场经济的实质就是信用经济，参与市场经营的每个人都应遵守游戏规则，在游戏规则的框架内诚信经营。

可能有人会说，20世纪90年代的中国，经济高速发展，不讲诚信也可以做大。这样的意识本身就是错误的。不管何时，经营就必须讲信用，遵守市场规则，在很多老字号企业里，第一条就是诚信经营。

然而，遗憾的是，一些中小家族企业创始人忽视诚信的作用，将游戏规则视为儿戏，有的中小企业老板急功近利，如当前的某些企业老板炒楼、炒农产品等行为，甚至有的家族企业创始人只图自己一时的私利，做假账、造假等，把道德准则和法律全然抛在脑后。当然，他们也最终会遭到规则的惩罚，自食其果。

遵守规则的四个方法

在实际的企业经营中，家族企业创始人必须遵守市场规则。俗话说"无规矩不成方圆"，而作为家族企业创始人，更要讲究规矩。家族企业要想做强做大，不能只凭自己的小聪明，在很多时候，凭借自己的小聪明赢得了一些市场，但却是难以长远的。

对此,《科学投资》杂志发表评论文章谈道:"一个人的人品和他的事业是呈正相关的,品性高尚的人不一定能将事业做大,但品行不端的商人,事业一定做不大。"

读者可能会问,作为家族企业创始人,如何才能遵守规则呢?方法有以下几个,如表 3-31 所示。

表 3-31　遵守规则的四个方法

方法	具体内容
做好表率	家族企业创始人必须时刻遵守规则,在公司内也必须做好表率,这样不仅可以正确地引导公司员工遵守企业制度,同时也是在培养遵守规则的意识
奖惩分明	在实际的管理中,家族企业创始人必须严格按照相应的奖惩规则,处罚那些不遵守规则的员工,哪怕这个员工是自己的父亲,同时奖励那些遵守规则的员工
少用不成文的规则	在企业管理中,家族企业创始人必须减少使用,或者不使用不成文的规则,由于不成文的规则容易引起不同人理解上的差异,再加上不成文规则的诸多不确定性。这可能会养成不遵守规则的习惯
重视诚信	作为家族企业创始人,必须时刻注重诚信。为了遵守规则,也必须提升自我修炼,真正做到诚信经营

第十二章

固守技术，缺乏远见

很多时候往往我们并不是跌倒在自己的缺陷上，而是跌倒在自己的优势上。

——蒙牛创始人　牛根生

固守优势而忽略市场变化的表现

很多家族企业的倒闭，多数是跌倒在自己的固守优势上，而不是跌倒在自己的缺陷上或者不足之上。这个发现让我们重新梳理了家族企业倒闭的原因。

其实，这个道理非常简单易懂，在很多时候，越是缺陷或者不足往往更能提醒家族企业创始人要时刻警醒，如履破冰，这样的形势更加有利于家族企业创始人的开拓。

与之相反的是，优势往往使家族企业创始人忘乎所以，甚至可以说是盲目自信，有"老子天下第一，我还怕谁"的意思。

然而，对于经营者来说，任何企业的优势都不是绝对的。当某项技术或者某个产品不再垄断市场时，家族企业原先的某些优势也可能会转变成劣势，企业的某些劣势也可转化成优势。

事实证明，在许多家族企业经营过程中，正是因为家族企业创始人过分依赖自己的优势，在固守优势时忽略市场的变化，从而没有看到企业优势的时效性，导致了家族企业经营的诸多问题（见表3-32）。

表3-32　固守优势而忽略市场变化的表现

表现一	对于任何一个企业而言，企业优势都是有时间和地域限制的。某个产品和技术可能在某个时段或者在某个地域是优势，但随着技术的发展，当企业优势不具备所需的条件时，企业的优势就不再是优势，甚至还可能阻碍家族企业的发展

续表

表现二	家族企业创始人一旦在经营中过于看重自身企业的某些优势，而且固守造就家族企业昨天或者今天的辉煌的优势，就会静态地看待过去或今天的企业优势，势必会让家族企业遭遇诸多问题
表现三	古语云："祸兮福所倚，福兮祸所伏。"意思是祸与福互相依存，可以互相转化，比喻坏事可以引出好的结果，好事也可以引出坏的结果。在这里，这句话同样适用于家族企业的优势与劣势，因为家族企业的优势和劣势是相辅相成的，同时也是可以相互转化的。很多家族企业倒闭，多是源于家族企业创始人固守企业优势，从而错过了发展的大好时机，这样的例子举不胜举

由表3-32可知，家族企业的失败，大多败在所谓的企业优势上。相反，如果企业优势不多，那么这些家族企业创始人就会从劣势中寻找优势。

浙商是在恶劣的环境下被动走出来的

在"富过三代——家族企业如何迈过接班生死坎"的培训课上，有学员认为，浙江人聪明，天生就会做生意。其实，这样的观点是不全面的。

不可否认，浙江有着浓厚的重商精神，但是这样的重商精神是在恶劣的环境下被动走出来的，这种观点得到了吉林省浙江商会会长缪明伟的认同。

缪明伟在接受《长春晚报》采访时坦言，浙商之所以能被中国的任何一个城市所熟悉，之所以能遍布全国乃至世界各地，不是浙江人有做生意的天赋，对财富的嗅觉十分灵敏，而是"穷则思变"。

缪明伟说出这样的观点是有道理的，并不是天马行空的想法。缪明伟回忆说："很久以前，从温州到杭州，要坐10多个小时的车。有一次他过年外出，在公路上遇到大雪堵车，一堵就是3天4夜，就是因为那时温州经济不发达，路况不好。温州的耕地很少，如果单靠种地，一家人都吃不饱饭，在这种情况下，为了生存，温州人只能走出去，到其他城市发展。"

在浙江，素有"七山两水一分田"之说。就算在经济发达的台州，农业人口人均拥有的土地面积仅为0.41亩。

可能有读者不明白0.41亩地是什么概念，也就是说，靠种植农作物是养不活全家人的。那么如何才能解决温饱问题呢？必须靠经商来贴补家用，维持整个家庭的开销。

台州是一个位于浙江省沿海中部的人多地少的城市，其实，整个浙江省都是这样。可能有读者认为，既然条件那么恶劣，浙商又是如何取得成功的呢？正如缪明伟所说的"穷则思变"。"七山一水二分田"的贫瘠土地和资源激发了浙江农民求生存而创业的冲动，也催生了他们的经商意识。对此，缪明伟把商人的成功归结为三个必备因素，"一个是遗传因素，一个是环境因素，还有一个就是教育，而温州以及浙江商人的成功，主要就是受环境因素的影响，可以不客气地说，浙江人经商是被'逼'出来的"。

在"浙商两会"节目中，主持人问全国人大代表正泰集团董事长南存辉："我觉得还有一个传统的问题，我来自江西，那边的农民刚刚包产到户，大家把所有的精力都放在田地里面了，就没有浙江的传统。"

南存辉认为："也不是传统。当时也是被环境所逼。江西可能土地资源丰富一点，富饶一点，也辽阔一点。那时的温州人口很多，很小的一块土地上面，人都是扎堆的。那时比较偏远，交通不便，没有公路、铁路，也没有飞机，一条马路破破烂烂的，信息比较闭塞。在这样的环境下去生存，吃苦耐劳的、能创业的习惯就被逼出来了。一旦遇到了改革开放这么好的时代，就激发了大家的创造力。应该说一个企业的成功，一个地方的发展，跟天时、地利、人和都有关系。"

可以说，由于浙江省资源匮乏，生存环境较为恶劣，因此在改革开放的号角中，大批的浙江商人被唤醒。不管是缪明伟，还是南存辉，他们都客观地评价了"穷则思变"对于浙商的影响。其实，在浙江，像他们的商人还非常多。这里的"穷则思变"其实就是在劣势中寻找优势。在改革开放后的几十年时间里，浙江商人取得了很大的竞争优势。

过于固守优势可能阻碍家族企业发展

同理，在家族企业的经营管理中，特别是那些初创企业，不仅规模较小，竞争优势也非常小，但却能高速发展。日本京瓷创始人稻盛和夫在接受媒体采访时谈道："为什么那些跨国集团重金打造的项目往往干不过创业型小公司？因为当资源足够多的时候，你往往最终形成一个低效的资源配置。各大部门相互掣肘，大公司项目负责人的年薪甚至超过了创业型公司一年的运营费用。相反，当你资源紧缺时，配置反而能够得到优化，因为你被逼得只能抓住最后几根稻草。"

从稻盛和夫的观点中不难看出，对于那些中小企业来说，在经营中没有优势固然艰难，但却因为过少的优势，甚至可以说资源紧缺，不得不把有限的资源效率最大化。

然而，当一些中小企业获得一定的优势后，其创始人往往会过分依赖优势，这就导致了中小企业众多的问题出现在企业优势上，使中小企业举步维艰。

分析很多家族企业失败的例子，我们也能够看到输在优势上的身影：擅长资本运作的企业输在资金链断裂上，有资源优势的企业输在成本管理上……

我们应该正确看待优势，不能骄傲自大，而应谦虚谨慎，发挥优势，千万不要让优势成为失败的隐患。所以，家族企业创始人要突破传统思想的束缚，不要以为有优势就能成功，更不要以为缺陷只会阻碍家族企业的茁壮成长，作为家族企业创始人，必须要清楚，尽管优势是促进家族企业发展的重要因素，但是过于固守这些优势，它们极有可能成为阻碍家族企业发展的障碍。

在计算机领域内有两个名噪一时的巨头，这两个巨头都曾经因不能割舍其企业优势而遭到重大挫折，一个是王安公司，另一个是将个人电脑业务出售给中国联想的 IBM。

在人类社会开始有规模使用计算机科技的早期，王安几乎可以说是计算机的代名词。1972 年，王安公司研制成功半导体的文字处理机。

1974 年后，王安公司又推出这种电脑的第二代。王安公司的计算机其实是文字处理器，因为产品做得极好，使办公室的效率大大提升，所以产品极畅销，成为当时美国办公室中必备的设备。

而后王安公司对科研工作大量投入，使公司产品日新月异，迅速占领了市场。这时的王安公司，在生产对数电脑、小型商用电脑、文字处理机以及其他办公自动化设备上，都走在时代的前列。

后来，有竞争者开始尝试要将计算机科技的运用更加多元化，增加许多文书处理以外的功能。

面对竞争者的加入，王安却错误地认为，没有消费者会购买一台额外功能过多的笨重电脑，消费者需要的只是一台在文书处理方面功能更强大的电脑产品。于是，王安公司更加紧研究开发，做出的新产品虽然越来越好，却也越来越无人问津，最后，王安计算机这一个曾经沧海的计算机巨头，终究难逃倾颓的下场。

IBM 的状况也如同王安的翻版一般，IBM 的专长是大型计算机，计算机做得越大，表示计算功能越强，表示生产者的技术层次越高，IBM 在此领域一向是不能让人专美于前的。后来，苹果计算机开始做个人电脑，IBM 对此嗤之以鼻，结果是苹果计算机的市场越做越大，IBM 的市场越做越小，甚至小到要裁员关厂才能经营下去。

王安和 IBM 这两个计算机巨擘都犯了一个同样的毛病,过于迷恋企业的竞争优势,没有把科技的快速变化考虑进去,甚至还自认为没有其他因素能阻碍企业的竞争优势,更不相信自己会败给刚进入的挑战者。

其实,企业竞争优势就像武侠小说里所描述的情节一样,一旦江湖上出现一套"打遍天下无敌手"的盖世武功时,武林中人立即就夜以继日,苦练破解这个盖世武功的办法。而韩信用兵总是不拘一格,往往能因敌变化,一举歼敌,做到百战不殆。

客观地说,在商场上的竞争如同军事作战复杂万端,过于固守企业的某个优势,想要在竞争中打败对手是根本不可能的。只有完全评估自己的劣势,才能保证家族企业的正常发展。其实,不管是王安,还是 IBM。这两家计算机公司都曾经犯了只相信自己的优秀产品,不相信优秀的产品没有市场,以为只要把产品做到极致,就自然会吸引消费者的错误。

当 IBM 等公司致力发展个人电脑之际,高层经理还建议王安电脑小型化,而王安却没有采纳高管们的建议,拒绝开发这类产品。然而,王安却忽略了在电脑这一高科技含量且高速发展的行业中,一旦新产品开发与市场需求相背离,将加速公司战略驶离正确的战略通道。

对此,微软创始人比尔·盖茨在接受媒体采访时就坦言说:"如果王安公司能完成他的第二次战略转折——实现电脑小型化,那么世界上可能没有今日的微软公司。"所以一名家族企业创始人,不仅要有能力对公司力挽狂澜,而且能够把传统的管理模式阶段化,把产品优势阶段化,做到与时俱进,具体问题具体分析。但是,有很多领导者不仅不能把传统的管理模式进行更深层次的运用,还经常把传统的经验大力发扬,"放之四海而皆准",从而导致失败。

避免陷入"成功陷阱"的三个方法

研究发现,很多家族企业跌倒在自己的优势上,因为优势常常使家族企业创始人忘乎所以,常常使家族企业创始人趾高气扬,常常使家族企业创始人骄傲自满,常常使家族企业创始人麻痹大意,常常使家族企业创始人不把别人放在眼里,也常常使家族企业创始人一败涂地。

而劣势却不同,劣势总会给家族企业创始人更多的提醒,它会不断地提醒家族企业创始人:小心、注意!注意、小心!现实经营中,如果家族企业创始人能以低姿态经营企业的话,又怎么能跌倒在自己的优势上呢?

当竞争者把劣势变为优势的时候,家族企业创始人原有的优势还是优势吗?

第十二章 固守技术，缺乏远见

家族企业创始人应以低姿态进出，别跌倒在自己的优势上。

当然，许多家族企业创始人总是受传统思想的控制，认为自己决不会跌倒在自己的优势上。其实，很多时候，家族企业创始人不是跌倒在自己的缺陷上，而是跌倒在自己的优势上，因为缺陷常常给家族企业创始人以提醒，而优势却常常使他们得意忘形，从而失去理智。几乎所有的人都听说过一个故事，那就是"龟兔赛跑"。与乌龟相较具有全面优势的兔子，输在哪里？兔子没有乌龟的坚韧与对目标的执着，没有乌龟的疯狂与单纯；兔子输在太过聪明和它巨大的优势上。家族企业创始人常常不是败在自己的劣势上，而是败在对自己的优势不自知上。每个家族企业创始人都希望自己有许多优势，这样就可以超越很多竞争对手了。但很少有家族企业创始人能想到，优势往往会迷失自己的眼睛，因粗心大意导致失败。

对于家族企业创始人而言，应对危机最好的方法就是防范，这个道理对于家族企业创始人陷入"成功陷阱"也同样如此。

在实际的经营中，中外很多企业之所以陷入"战术成功，战略失败"的重重危机之中，最主要的原因就在于公司高级管理层，尤其是最高管理者陷入"成功陷阱"而不能自拔。

当然，家族企业创始人要想避免自己陷入"成功陷阱"，就必须在转变管理观念、产品研发判断、提高领导技能等方面下功夫，方法有如下三个，如表3-33所示。

表3-33 避免陷入"成功陷阱"的三个方法

方法	具体内容
转变管理观念	①要有变革意识和创新意识，不能用过去一时的成功经验看待竞争对手或者潜在竞争对手，更不能只停留在功劳簿上 ②克服惰性和依赖心理，积极根据市场需求来研发产品，从而领导产品未来的研发，绝不能受惯性思维的局限
产品研发判断	①要想领导市场，开发新产品，最根本的途径是自行设计、自行研制。不仅有利于企业产品更新换代及形成企业的技术优势，而且有利于产品竞争 ②以现有产品为基础，采取改变性能、变换型式或扩大用途等措施来开发新产品。不仅可以充分有效地利用企业现有设备和技术力量，而且开发费用低 ③对于某些产品研发，可以采用技术引进的方式。不仅可以很快地掌握新产品制造技术，减少研制经费和投入的力量，从而赢得时间，而且能缩短与竞争企业之间的产品差距

续表

方法	具体内容
提高家族企业创始人的领导技能	①职位变化绝不表示你在某个方面多做些，在另外方面少做些，而是要求家族企业创始人必须实现领导技能的实质性变化 ②最初的成功者往往是聪明的贯彻型人才，而较高管理层最需要的是处理型人才 ③贯彻型领导技能只需要知道完成什么，而处理型领导技能则需要了解为什么要完成和怎样更好地完成

第十三章

漠视危机

无论你是多么知名的公司,都不可能不遇到危机。对公司而言,危机与破产、税收一样都是不可避免的。

——哈佛大学教授 杰克·里森

三株的失败源于危机公关不给力

"无论你是多么知名的公司,都不可能不遇到危机。对公司而言,危机与破产、税收一样都是不可避免的。"哈佛大学的杰克·里森教授认为,任何一个公司随时随地都有可能出现危机,所谓"突然"发生,是因为公司对危机缺乏必要的认识。如果危机处理不当,就会使公司多年辛苦建立起来的良好形象化为乌有,甚至会导致公司倒闭。

"危机管理"是专门的管理科学,它立足于应付公司突发的危机事件,抗拒突发的灾难事变,有备无患,化险为夷,将损害降至最低点。

写到这里,让我非常痛心的是中国企业,特别是家族企业从来不重视企业危机的处理,总是想遮掩过去,结局可想而知,三株、秦池、南京冠生园、红桃K等中国耀眼的企业因为不注重危机管理,终于使本可以基业长青的企业在消费者的视野里快速消失,这是谁的错?究其原因,就是中国家族企业的领导者漠视危机,说白了就是抱着"大事化小,小事化了"的侥幸心理,结果事态越来越严重,最终导致整个企业的全面崩盘。

在中国企业群雄榜上,三株也是一个绕不过去的名字,但是三株却因一次严重的"形象危机"葬送了前程。

在中国第一代企业家中,有一个企业家不得不提,就是三株药业集团董事长吴炳新。

在保健品行业,没有人可以否认吴炳新的大佬地位,甚至有媒体评论说吴炳新是一个不折不扣、名副其实的"教父级"人物。

这样的评价我觉得还是非常合适的。不仅因为吴炳新曾经带领三株在很短的时间内演绎了中国保健品行业最辉煌的"神话",更是因为吴炳新开创了一个全新的营销模式。

从关于三株的统计资料来看,到1996年底,农村市场的销售额已经占到了三株总销售额的60%,这是一个了不起的营销业绩。1992年三株以30万元起家,1995年销售收入便达到23.5亿元;1996年迅即走向巅峰,销售收入超过80亿元。

然而没人会想到,高速发展中的三株企业竟会因为这位家住湖南省常德汉寿县的退休老船工陈伯顺而戛然止步了。三株的月销售额从最高时的7亿元急速下滑至1000余万元,16万人的营销队伍当年就裁掉了15万人,从此进入了休眠期。

1996年6月3日,77岁的老人陈伯顺身患冠心病、肺部感染、心衰Ⅱ级、肥大脊柱炎、低钾血症等多种疾病(二审法院已查明),经医生推荐服用三株口服液。陈伯顺于是花428元的价格购买了10瓶三株口服液。

然而,正是这10瓶三株口服液引起了媒体的关注。据陈伯顺家人介绍,陈伯顺患有老年性尿频症,在服用了两瓶三株口服液后尿液减少,但饭量却增多了不少。一旦停用三株口服液,陈伯顺的旧病又复发。陈伯顺服用了3~4瓶三株口服液时,出现全身红肿、瘙痒的症状。当陈伯顺服用完第八瓶三株口服液时,全身溃烂,流脓流水。

陈伯顺在病情严重的情况下,于1996年6月23日被家人送到汉寿县医院求诊,而医院诊断为"三株药物高蛋白过敏症"。

其后,陈伯顺病情不断反复,于1996年9月3日死亡。陈伯顺死后,其妻子、儿女将三株口服液告到了常德中级人民法院。

1998年3月31日,常德中级人民法院做出一审判决,判决结果是支持陈伯顺的诉讼请求,要求三株口服液向死者陈伯顺家属赔偿损失29.8万元。

当三株口服液一审判决败诉后,数十家媒体在头版头条高密度地报道了三株口服液毒死陈伯顺的新闻,有的新闻标题甚至是"八瓶三株口服液喝死一条老汉"。就是这一爆炸性新闻,对于已经处在风雨飘摇中的三株公司无疑是毁灭性一击。

其实,三株口服液在"常德事件"之前,已经遭遇过"广东事件"与"成都事件",但吴炳新没太注意。本应引起足够重视的,吴炳新也没当回事。

尽管二审三株口服液胜诉,改判了一审的判决,但"常德事件"之后,三株的销售一落千丈。

第十三章 漠视危机

……

就这样,一家年销售额曾经高达 80 亿元——迄今中国尚无一家食品饮料或保健品企业超过这一纪录——累计上缴利税 18 亿元、拥有 15 万员工的庞大"帝国"轰然倒塌,渐渐地淡出历史舞台。

对于任何一个家族企业创始人而言,都必须危机管理,因为"危机管理"不仅是一门专门的管理科学,而且要求家族企业创始人在危机管理中立足于应对公司突发的危机事件,有针对性地应对危机事件中不利于公司发展的那部分,有效地应对突发的危机灾难事变,将危机灾难化险为夷,从而将危机灾难对公司的损害尽可能地降至最低点。

回看上述案例,面对危机事件,三株是如何应对的呢?现在,我们来分析一下三株的危机。1996 年 6 月,身患冠心病、肺部感染、心衰Ⅱ级、肥大脊柱炎、低钾血症等多种疾病(二审法院已查明)的 77 岁老人陈伯顺,经医生推荐服用三株口服液。后来陈伯顺皮肤出现病状,诊治无效于 1996 年 9 月死亡。1996 年 12 月,陈伯顺家人向常德中级人民法院起诉三株公司。1998 年 3 月,常德中级人民法院一审判决三株公司败诉,三株口服液向死者陈伯顺家属赔偿 29.8 万元,并没收三株 1000 万元的销售利润。

其后,三株公司不认可常德中级人民法院一审判决,于是向湖南省高级人民法院提出上诉。然而,三株公司不清楚,就算是上诉,也得需要时间,就在三株公司向湖南省高级人民法院上诉期间,数十家媒体长篇累牍地连续报道该事件,不仅三株的产品形象、企业形象、品牌形象遭到沉重打击,而且工厂停产、销售瘫痪。

1999 年,湖南省高级人民法院做出终审判决,由于陈伯顺患冠心病、肺部感染、心衰Ⅱ级、肥大脊柱炎、低钾血症等多种疾病,最终判定三株公司胜诉。相比年销售额曾经高达 80 亿元,此刻三株公司的胜诉已经意义不大了。可以说,数十亿元资产损失,十万人下岗,赢了官司,丢了市场。

其实,三株公司在事发当时,曾积极主动与死者家属协商过,但协商未果,从协商未果的结局来看,正是三株多次丧失了危机管理的时效性,使得月销售额从数亿元一下子跌到不足 1000 万元,这样的代价太大了。

当我们回过头来看,对危机事件还没有发酵的三株公司而言,在当时协商时,可以说,就算是赔偿 500 万元的代价也不会大于而后的结果。因此,在企业危机爆发的时候,一旦短时间内不能确定谁是谁非,倒不如暂时先退一步,以免矛盾激化。

日本企业集体败退中国的根本原因就是歧视消费者

事实证明，有效地应对危机事件，不仅需要家族企业领导者及其所有成员的共同参与，还必须能够创新地处理危机事件。一旦爆发企业危机事件，就要求家族企业领导者不仅能即时应对，而且最好的解决方法就是有针对性地采取危机公关，绝对不能机械地按照危机管理的办法应对危机，这样可能会加剧危机事件的升级。

据《第一财经日报》报道，在中国市场经济补偿召回车主的梦想仅仅只维持了2天就成为了泡影。

车主梦想破灭是因为一汽丰田汽车销售有限公司总经理松木秀明在接受媒体采访时表示，将针对中国市场丰田RAV4车主推出一个"三选一"的免费检测服务，除此之外，丰田公司不会对中国市场召回车辆车主（包括浙江地区）给予额外的经济赔偿。

这样的言论激起了中国消费者的强烈反对。特别是在2010年3月29日，浙江省工商局在接受媒体采访时表示，浙江工商局对一汽丰田提出五项要求——制定召回问题车辆时间表、上门召回、提供代步车、允许全额退还定金和补偿经济损失，一汽丰田此前均表示接受。

然而，当松木秀明就此番丰田问题事件向媒体表态时，无疑否认了2010年3月29日浙江省工商局发布的丰田汽车将经济补偿RAV4车车主的决定。

当然，中国汽车消费者大概不会忘记，2002年5月，日本丰田汽车公司决定召回200万辆存在点火器隐患的汽车，但令中国消费者沮丧的是，召回并不包括中国市场。

同样，让中国消费者愤慨的是，丰田汽车在中国市场的做法与在美国市场相比，仍然存在不小的差别。早在2010年2月26日，丰田汽车董事长丰田章男在美国国会听证会上就宣誓表示绝对不会说谎，假如说谎将不惜接受美国法律的惩罚，并承诺对召回汽车的车主提供额外的服务，包括以下几个方面：尽量缩短维修的时间；提供"上门召回"服务，由经销商代表取回和还回被召回车辆；提供车辆送车主到经销商处或者送其去上班；如车主不能或不愿驾驶自己的车，在合理期限内为车主租车或提供乘坐出租车的补偿。

上述案例中，丰田在召回问题汽车时，其做法在中国市场和美国市场完全不同。在美国，丰田汽车董事长丰田章男不仅接受美国国会的问询，而且主动召回，积极赔偿损失。然而，在中国市场，丰田只提供"三选一"的免费检测服务，拒绝额外赔偿，这样的做法明显歧视中国消费者的，这更加激化了中国消费者抵制日货。

不可否认，丰田的确忽视中国消费者，这样的危机公关当然是背离中国消费者的，丰田这样做必须为之付出代价。对此，全国人大代表、工业和信息化部副部长苗圩在公开场合谈及"丰田召回"事件时坦言，丰田汽车出现质量问题并不可怕，关键在于丰田汽车如何对待。苗圩强调："我们希望中国的消费者能够得到和美国消费者一样的待遇。"

丰田汽车危机事件警示中国家族企业领导者，不管是什么类型的企业，都必须尊重消费者，这样才能赢得消费者的认可。

在近几年的媒体报道中，有关日本企业兵败中国市场的新闻举不胜举。人们可能会认为，日本企业在中国市场兵败如山就是因为日本管理落后。其实，这样的观点是不正确的。

经过几年研究我发现，日本企业兵败中国的主要因素就是歧视中国消费者，从而更加激化中国企业抵制日货，使得日本企业步步败退。不管是十多年前的东芝笔记本事件，还是今日的丰田问题汽车，日本企业的做法就是在中国市场拒绝召回，拒绝额外赔偿。

就像苗圩所说，丰田汽车出现质量问题并不可怕，关键在于丰田汽车如何对待。作为政府官员，苗圩希望中国的消费者能够得到和美国消费者一样的待遇。这样的诉求当然会改变中国消费者的购买选择，至少改变了很多企业领导者的购买选择。

在"富过三代——家族企业如何迈过接班生死坎"培训课上，有很多学员表示，他们绝对不会购买日本产品，我问这些学员为什么不购买日本产品，他们大都谈到日本企业歧视中国消费者。一部分学员说："日本'鬼子'给美国消费者当孙子，却给中国消费者当爷爷。"

学员们的观点与我十多年的研究结论不谋而合。可能有读者会认为，一汽丰田汽车销售有限公司总经理松木秀明是按照日本丰田汽车的命令发布危机应对策略，才导致了松木秀明机械地处理丰田汽车召回门事件。如果真是这样，那么松木秀明就犯了一个领导者严重的错误，因为在不同的市场，其文化和消费依赖度是基于企业尊重消费者的，这就需要领导者站在较高的立场来审视危机事件的发生，领导者在处理危机事件时一定要根据不同的市场采取"非程序化"的危机应对，才能达到危机应对的目的，否则，危机事件不仅升级，还会激化消费者更大程度的抵制。

避免机械地应对危机事件

当然,避免机械化地处理危机管理,必须从一切信息资源中充分认识到突发危机事件的程度,再根据其程度制定出相对应的危机应对方法,从而有效地控制危机事件的蔓延。

可能有读者会问,作为家族企业领导者或者家族企业创始人,当危机事件爆发后,如何才能避免机械地应对危机事件呢?方法有以下三个(见表3-34)。

表 3-34　避免机械化地处理危机管理的三个方法

方法	具体内容
淡定从容	一旦危机事件爆发,家族企业领导者或者家族企业创始人必须淡定从容,临危而不惧、遇事而不乱。这是家族企业领导者或者家族企业创始人能够有效地应对突发危机事件的一个重要方法
果断处理突发事件	实践已经证明,一旦危机事件爆发,家族企业领导者或者家族企业创始人果断处理危机事件是有效化解危机的一个重要举措。事实上,很多企业突发危机事件的进一步升级和蔓延都与家族企业领导者或者家族企业创始人的漠视有关。因此,遇到突发危机事件,家族企业领导者或者家族企业创始人必须在理智、冷静的基础上,迅速查清危机事件的真相,从而有针对性地找出应对危机的最佳方法
采用超常规处理模式	有效地处理危机事件,不能只是机械地、盲目因循守旧地按照既定模式来处理危机事件,而必须根据不同突发危机事件采用不同的方法。在可能的情况下,家族企业领导者或者家族企业创始人可以考虑采用超常的处理模式处理突发事件,这就要求家族企业领导者或者家族企业创始人在处理突发危机事件时采取机动灵活、超乎常规的程序和办法来解决危机问题

危机就像死亡和纳税一样不可避免

可以肯定地说,对于任何一个企业而言,危机就像死亡和纳税一样不可避免。因此,这就要求家族企业创始人时时刻刻地为企业一旦爆发危机而做好计划,这样才能更好地应对危机事件的突发性。

第十三章 漠视危机

美国《财富》杂志记者在对世界 500 强企业的 CEO 进行调查后发现，92% 的 CEO 认为商业危机不可避免，不足 40% 的 CEO 说他们有应付各种危机的计划；然而，有 94.5% 的 CEO 确信，当危机来临时他们能应付自如。

从世界 500 强企业 CEO 对待危机的态度足以看出，他们应对危机的能力往往较强。这就要求中国家族企业创始人不仅要强化危机管理意识，而且必须重视危机的防范方法。在今天商场上的领军企业，也不敢保证明天还是领军企业。这就要求家族企业创始人必须保持 24 小时谨慎的危机感，就像比尔·盖茨紧迫的危机感——微软离破产永远只有 18 个月。

华为创始人任正非在十多年前就撰文《华为的冬天》，他清醒地意识到："华为的危机，以及萎缩、破产是一定会来到的。"

不管是比尔·盖茨，还是任正非，他们都能清醒地认识到危机的存在，正是这样的思维，微软和华为才能成为伟大的公司。因此，危机不可怕，可怕的是错误地估计危机形势，令危机事态进一步恶化。就像美国第 37 任总统理查德·米尔豪斯·尼克松（Richard Milhous Nixon）对"水门事件"极力掩盖引发的危机，要大于事件本身所造成的危机。尼克松"水门危机"警示中国家族企业创始人，不仅要尊重危机管理的规律，而且要具备居安思危的意识。

事实上，居安思危是领导者预防危机的一个关键因素，人们常说"逆水行舟，不进则退"，企业经营也是如此。特别是那些竞争力差，容易受市场和外部冲击的企业，稍有不慎，就有可能破产倒闭。

这就要求家族企业创始人能够居安思危，千万不可沉醉于自己的"十几个人七八条枪"的局面，时刻要警示自己：作为市场竞争中的一部分，随时都有被别的公司、企业蚕食鲸吞的可能。

对此，杰克·韦尔奇在他的《自传》中这样描述危机："今天的胜者，不一定是明天的赢家。聪明的经营者应该时刻警惕危机，居安思危，警觉到明天可能出现的不利因素。对于此刻就能充分准备以应付竞争的任何工作，都要立刻去做，不要犹豫，须知延搁片刻工夫，就可能造成莫大的遗憾。"

为此，面对如此残酷的竞争，任何一位家族企业创始人都应该有危机感，有忧患意识。管理大师彼得·德鲁克说："商场上可能有积极进取的常胜赢家，却没有故步自封、恃才傲物的常胜赢家。胸无忧患，掉以轻心，只能是栽跟头无疑。"

1918 年，广东商人冼冠生到上海经商，创办了上海冠生园食品公司。由于其出色的经营能力，在 1925 年前后，上海冠生园分别在天津、汉口、杭州、南京、重庆、昆明、贵阳、成都开设冠生园分店，而且还在武汉、重庆投资设厂。

中华人民共和国成立后，特别是 1956 年，社会主义私有化改造完成。政府与冠生园公司进行公私合营，冼氏控股的冠生园股份有限公司就解体了，各地使用"冠生园"字号的企业数以百计，各自为政，互不隶属。

20世纪80年代，中国政府实行改革开放，在与其他企业的市场竞争中，南京冠生园因大幅亏损而面临倒闭（现"南京冠生园"的前身是原上海冠生园公司南京分店）。

1993年，为了激活南京冠生园的市场竞争力引进台资。合资组建的南京冠生园有限责任公司——中国内地以名牌和原有实物资产占40%股权，而台商则实际出资700万元占60%的股权。中国台湾商人吴震中聘任总经理和其他要职，南京冠生园原核心管理人员均被"内退"。在这样的背景下，南京冠生园的经营活动完全被台商吴震中控制了。

合资后的第二年，南京冠生园转亏为盈，每年营业增长，连年获利。南京冠生园在吴震中的经营下发展为南京市政府核定的240家大中型企业之一。南京冠生园的高速发展从此走上了快车道，在近90个大中城市及全部直辖市都有销售网络，成为真正的全国性食品品牌。

从1993年开始，为了节约成本，南京冠生园就开始着手回收没有卖完的月饼来年再用。这自然引起了不少南京冠生园老职工的强烈反对，但在台商吴震中的高压式管理下，对不服从这项命令的员工以下岗处置。

在1993年南京冠生园合资以前，南京冠生园老厂共有466名职工，而在合资后，吴震中就以各种理由为名开除了90名员工，154名员工拒签新的劳动合同。

被吴震中威胁的南京冠生园员工尽管不同意其做法，但也只是暗下表达些不同意见。吴震中以为辞退员工就可以封锁此消息，然而，这条消息还是在2000年中秋节前传播了出去。一些被南京冠生园公司辞退的员工向南京某广播频道反映，南京冠生园回收上年的月饼来年再使用。南京某广播电台主持人前去南京冠生园公司采访，却遭到吴震中的指责和威胁。吴震中声称，可以随时让南京某广播电台主持人下岗。

然而，吴震中的威胁并没有奏效，之后又有多路记者进行了暗访。从2000年8月开始，多路记者断断续续用一年时间对南冠回收再加工的整个过程进行了拍摄：2000年10月24日，剥出的月饼馅翻炒入库；2001年7月2日，保存一年的馅料出库；2001年7月18日，旧馅加工的新月饼销往各地。

央视在2001年9月播出了"南京冠生园月饼"的相关报道。

2001年9月3日，南京知名食品企业冠生园被中央电视台揭露大量使用霉变及退回馅料生产月饼，该事件被曝光后，震惊了华夏大地。南京冠生园公司也因此接连受到多家媒体与消费者的批评。

面对即将掀起的产品危机，南京冠生园却做出了让人不可思议的反应。台

第十三章 漠视危机

商吴震中矢口否认近10年的做法:"我们从来没有用回收来的月饼馅再炒制作新馅,只是用过去年没用完的馅。"

2001年9月10日,南京冠生园发表致广大消费者的公开信,声称"不但歪曲而且完全失实"。

而后,吴震中还公开指责中央电视台的报道蓄意歪曲事实、别有用心,并在没有确切证据的情况下振振有词地宣称"使用陈馅做月饼是行业普遍的做法"。这种背离事实、推辞责任的言辞,激起一片哗然。

一时间,媒体公众的猛烈谴责、同行企业的严厉批评、消费者的投诉控告、经销商的退货浪潮……令事态开始严重恶化,也导致冠生园最终葬身商海。

一旦危机事件爆发,作为企业领导者在处理危机时,必须尽可能诚实地说出整个事件的真相。一旦媒体发现企业领导者在危机应对中撒谎,不仅让危机事件雪上加霜,还会激化危机事件的升级,使危机企业为领导者撒谎付出惨重的代价。

在南京冠生园这个危机案例中,当南京冠生园公司大量使用霉变及退回馅料生产月饼危机事件爆发后,台商吴震中缺乏应有的危机管理的办法。

在事实已经很清楚的情况下,吴震中既没有坦承错误、承认陈馅月饼的事实,也没有主动与媒体和公众进行善意沟通、赢得主动,把危机控制在萌芽阶段,而是坚决否认,甚至公开谴责威胁将其曝光的中央电视台。

回顾南京冠生园的危机事件,当"月饼馅"危机事件曝光后,南京冠生园领导者第一回应危机的办法,就是在相关媒体上发表公开声明——"南京冠生园公司绝没有使用发霉或退回馅料生产月饼……冠生园人坚信中国是法治国家,执法部门会依法对这一事件作出公正的结论。对蓄意歪曲事实、毁损我公司声誉的部门和个人,我公司将依法保留诉讼的权利。"

南京冠生园高层领导者在"月饼馅"危机公关中的表现,不仅违背了危机处理的原则,而且缺乏应对危机意识,结果南京冠生园公司产品遭到消费者的唾弃。

事实上,当南京冠生园"月饼馅"危机爆发后,高层领导者是完全可以避免危机态势的蔓延的,遗憾的是,南京冠生园公司却错过了,而是用中国企业常用的危机处理方法,在坚决否认其产品质量问题的同时,又自作聪明地企图将事件焦点转移到同行和消费者身上,最终惹来更大的麻烦。2000年8月,央视记者采访了南京冠生园公司总经理吴震中,内容如下:

吴震中:"在全国范围这是一种普遍现象。月饼是季节性很强的产品,每个厂家都想抢月饼市场。这个市场很难估量,没有一个厂家做几个卖几个,都用陈馅做新馅。"

记者:"您觉得合不合法,合不合情?"

吴震中:"我本身也不是做食品的,但这几年我对食品慢慢了解了。政府在卫生防疫法里没有一个明确的规定说这个可以做、那个不能做,但从消费者意识来讲,厂家不能公开这样讲。"

吴震中在接受央视记者采访时,竟然声称陈年馅月饼是行业的普遍现象。吴震中的这种解释不仅激起了月饼生产企业的强烈不满,而且更加激化了南京冠生园与消费者之间的矛盾。

任何时候都必须正确面对危机事件

从南京冠生园的危机中可以看出,当危机事件爆发后,家族企业创始人在任何时候都必须正确面对,及时向媒体披露相关事实真相信息。这样做不仅可以赢得消费者的理解和尊重,还尽可能地避免危机事件的蔓延,减少危机事件对企业的损害。因此,这就要求企业一旦出现危机事件,家族企业创始人必须及时地发布新闻发布会,一方面表达对消费者的歉意,另一方面公布危机事件解决方案,如采取停止产品销售、召回等措施。

很多时候,家族企业创始人必须明白,危机事件中不管对与否,都必须适时地公开真相,增加危机事件的透明度。在很多危机事件中,消费者一般很难认可遮遮掩掩和躲避事实的企业。

可能有读者会问,作为家族企业创始人,在企业遭遇危机事件时,如何正确地处理危机事件?方法有以下四个(见表3-35)。

表3-35 家族企业创始人危机处理的四个方法

方法一	危机事件爆发后,家族企业创始人要尽可能地避免危机事态的进一步扩大和蔓延,必须积极主动地采取停售、问题产品下架、召回等办法,避免危机事件的升级
方法二	危机事件爆发后,家族企业创始人必须组织一切人力、物力对危机事件进行调查,尽快查明危机事件问题的症结所在,从而有针对性地及时纠正错误,杜绝产品和服务出现新的差错,真正为消费者负责
方法三	危机事件爆发后,家族企业创始人必须尊重消费者的知情权。一旦危机事件确有差错,家族企业创始人必须开诚布公,承认产品或者服务存在问题,主动地承担责任
方法四	家族企业创始人适时地向社会和公众说明危机事件的真相,有针对性地宣传企业品牌,从而将危机事件对企业信任的伤害降到最低

毋庸置疑，对于任何一个家族企业而言，在发展道路上都不会一帆风顺。要想将家族企业打造成百年老店，就必须学会危机公关这堂必修课。

古语云："千里之堤，溃于蚁穴。"这句话最早出自先秦时代韩非的著作《韩非子·喻老》，文中曰："千丈之堤，以蝼蚁之穴溃；百尺之室，以突隙之烟焚。"这句话的原意是指，一个小小的蚂蚁洞，可以使千里长堤溃决。比喻小事不慎将酿成大祸。同样，对于家族企业而言，危机管理必须关注。

然而，在很多家族企业中，其创始人普遍缺乏忧患意识，更别谈一整套应对危机的管理体系和方法了。在家族企业初创时期，家族企业的高速发展往往会掩盖诸多问题的发生，家族企业创始人也不会花更多精力和时间去强化防范意识，更不会从战略上考虑危机防范，当然也不会去注重媒体的公关了。但是，一旦家族企业爆发危机，家族企业创始人往往临时抱佛脚，或者采用鸵鸟战略，把头埋在地下。

中外无数案例证明，企业最好的危机管理是危机防范——建立预警机制，将危机公关意识及危机防范提升到企业战略的高度，从而将危机消灭在萌芽状态。世界500强企业大都设有相关的公关部，有的还设有危机公关小组，常年监测危机的发生。

第十四章

企业家心理失衡

> 心态失衡是心理失衡的一种持续性表现。一般来说，很多人在某种特定情况下都有过程度不同的心态失衡经历。同时，由于人与人之间存在着诸多的个性差异，其心态失衡的具体状况也会迥然不同。
>
> ——学者　也予

心理失衡诱发企业乱局

在很多企业中，家族企业创始人由于心态不平衡，结果做出了一些令人们无法预想的事情。因此，家族企业创始人只要保持一个良好的正确心态，尤其是涉及利益格局和利益分配的时候，其作出错误决策的可能性就少许多。

事实上，有许多问题可能直接诱发了领导者的"心理失衡"，如薪酬、职位等相关利益。所以，家族企业创始人在面对涉及利益格局和利益分配的问题时，必须要正确对待。最好是通过不断的思想升华来提高对于财富的文明认识，进而学会享受财富、处理财富，这样才能真正地坦然面对。

在中国企业家群雄榜上，胡志标也是一个绕不过去的名字。对于吃亏，相信胡志标深有体会。有人说胡志标的失败和爱多的没落，是因为争夺标王。其实不对。胡志标的失败是一个典型的因为心态失衡而导致的行动错误，最后招致失败的案例；而爱多的死，同样是死于企业家的心态失衡。说白了就是没有"吃亏"的精神。

胡志标，这个具有争议的中国第一代企业家，曾一度被评为20世纪末中国商业历史永远不能被遗忘的商界奇才，中国家电业鼎盛时期当之无愧的风云人物。

可以说，胡志标是中国第一代企业家的佼佼者，不仅有着敏锐的市场眼光，还有着敢想敢干的勇气。

1995年，26岁的胡志标在一家小饭馆里吃饭时，听到有人谈论"数字压缩芯片"的技术。谈论者说,"数字压缩芯片"的技术可以播放影碟。

敏锐的胡志标嗅出了这里面的大商机。于是在1995年7月20日,胡志标正式成立广东爱多电器有限公司,并出任爱多企业集团董事长、总裁。

广东爱多电器有限公司的股东有3个,他们分别是:胡志标;胡志标儿时的玩伴,也是胡志标的好朋友陈天南;广东省中山市东升镇益隆村。胡志标和陈天南各占45%的股份,东升镇益隆村以土地入股获得10%的股份。

不可否认,胡志标的确是中国企业界的一个经营天才。在20世纪90年代,胡志标用广告策略传播了爱多VCD。

当广告策略拉动爱多VCD大卖以后,胡志标采取了更加大胆的策略,以8200万元获得了中央电视台广告招标电子类的第一名。这使一个1996年2亿产值的工厂,一年之后狂增至产值达16亿元的企业集团,爱多的名声在全国迅速打响。

随着爱多VCD的销量与日俱增,常在媒体的聚光灯下的胡志标心理开始有些失衡了。在胡志标的心里,陈天南尽管是大股东,却从来不过问爱多公司的事,只不过和自己一样出资2000元,每年却获得爱多45%的红利。

这样的想法促使胡志标做出有利于自己的举动,胡志标先是指使财务总管林莹封锁财务,不让陈天南查账,而后挪用广东爱多电器公司的资金在中山市成立了几家由自己担任大股东的公司。

其实,新成立的几家公司与广东爱多电器公司毫无关联。但是,胡志标却仍用"爱多"的品牌。

胡志标在中山市成立的几家公司的目的不言自明,就是利用关联交易转移资产。

当然,胡志标的这些举动也就引起了大股东陈天南的不满和强烈反对。

陈天南对此采取策略来维护大股东的权利,先是发"律师声明",后又与股东益隆村联合起来声讨胡志标。

在强大的压力下,胡志标不得不在1999年4月辞去广东爱多电器公司董事长和总裁职位。

然而,在胡志标辞去广东爱多电器公司董事长和总裁后,由于陈天南和益隆村都没有经营广东爱多电器公司的能力,同时迫于经销商的强大压力,仅仅过了20多天,他们又将胡志标扶上马。

让谁也没有想到的是,在股东内耗之后,广东爱多电器公司元气大伤。

其实,胡志标有许多的方法可以化解与股东之间的矛盾。胡志标可以收购陈天南手里的股份,陈天南后来曾经提出以5000万元向胡志标转让自己手里的股份,胡志标却没有答应;胡志标还可以与陈天南、益隆村摊牌,亲兄弟明算账,然后各走各的路;胡志标也可以将自己在爱多的股份转让给别人,然后自己再去开办另外的公司。

总之,办法很多,可惜这些办法胡志标一个都没有采纳。可能在胡志标心里就是不满陈天南什么都不干,却拿走那么多的钱,导致心理失衡,如今的爱多已经今非昔比了。

事实证明,胡志标并不是唯一的一个因心理失衡而失败的企业家,我们从陆强华在创维和高路华的职业经理人与老板的对抗中同样可以看到心理失衡带来的阴影,也可以看到心理失衡带来的恶果。

从诸多领导者的反思著作中,我们随处可以发现"心态失衡"的现象。尽管产生的缘由各种各样,但是"心理不平衡"都是极度嫉妒产生出来的。

对此,学者也予撰文坦言:"心态失衡是心理失衡的一种持续性表现。一般来说,很多人在某种特定情况下有过程度不同的心态失衡经历。同时,由于人与人之间存在着诸多的个性差异,其心态失衡的具体状况也会迥然不同。"

从也予的观点中不难看出,作为一名家族企业创始人,必须要保持一个良好的心态,因为只要心态失衡,什么事情都会先考虑自己的利益。

解决心态过于失衡问题的三个办法

失衡的心态无论是对家族企业创始人还是对他人,都是极端不利的。因此,对于任何一个家族企业创始人而言,对待任何事情都必须要有平常心,有时候过于强烈追求某些私欲必然会导致心态失衡,而心态失衡就会犯下致命的大错。

那么,对于家族企业创始人来说,如何才能使自己保持正常的心态呢?方法有以下三个(见表3-36)。

表3-36 解决心态过于失衡问题的三个办法

办法	具体内容
在制度上体现公平的原则	解决家族企业创始人心态失衡的首要问题就是在制度上体现公平原则,这才能从根本上化解家族企业创始人心态失衡的问题。其实,家族企业创始人心态失衡并不是孤立存在的,只有在制度设计上体现了公平,才能降低领导者失衡

续表

办法	具体内容
要使心理疏导手段更加现代化	随着企业规模的发展，一些家族企业创始人的心理压力变得非常大，在这样的背景下，必须运用现代技术手段对家族企业创始人进行心理疏导，有效缓解家族企业创始人心中过重的心理压力
切实增强领导者的自我心理调适能力	很多家族企业创始人缺乏心理健康常识，让这些家族企业创始人进行心理健康的自我调适与心态的自我平衡就成为无稽之谈。作为一名家族企业创始人，不仅要把心理健康作为家族企业创始人的必修课，更要学会自我心理调适，力求防患于未然

从表3-36来看，家族企业创始人心理上暂时失衡的情况，在没有出现之前也是完全可以避免的，这就需要领导者个人平时的努力。所以，家族企业创始人在实际的企业管理中，必须要懂得调整自己的心态，避免心态失衡问题的出现。

第十五章

盲目相信经验

在商业领域,由于迷信经验、固守传统而导致经营失败的领导者,绝不是少数。所以正确的做法应当是,既要重视经验,但也不能为经验所左右。

——海尔集团CEO 张瑞敏

经验往往成为阻碍家族企业发展的绊脚石

在家族企业的创业初期,创始人的个人经验在很大程度上是促进家族企业快速发展的重要因素。当家族企业达到一定规模后,如果家族企业创始人依然采用个人经验来经营企业,就会严重阻碍家族企业的发展,甚至还可能成为家族企业生存和发展的绊脚石。

其实,在家族企业的初创阶段,家族企业创始人可以说根本就没有什么经验可谈,都是采用摸着石头过河的方式来经营企业的,一切都凭靠摸索。

当家族企业发展到一定规模后,家族企业创始人就会相应地积累很多管理和经营经验,他们在给家族企业做决策时往往会依据这些经验,可能阻碍家族企业的生存和发展。如果长此以往,家族企业就会因第一代创始人的经验而衰亡。

不可否认,在家族企业的管理中,特别是初创时期,创始人的经验还是非常重要的,有些家族企业正是凭借着家族企业创始人的经验,才慢慢地发展到一定的规模。

从这个层面可以看出,家族企业创始人的经验就是一把双刃剑,如果利用得好,那么将会促进家族企业持续、快速、稳健发展;但是,家族企业创始人如果盲目崇拜经验,犯教条主义的错误,那经验也将成为阻碍家族企业发展的绊脚石。

研究发现,目前中国许多家族企业是在20世纪80年代末开始创办和发展起来的,这批家族企业家不仅创办了企业,还将家族企业发展到一定规模,其市场一线经验可谓是相当丰富。这个阶段正值中国从计划经济向市场经济转型,环境非常复杂。在这种复杂的环境中成长的中国家族企业创始人无疑要寻找相应的方法，从而练就经营家族企业的硬功夫。正因如此，许多家族企业创始人过于相信自己的经验和判断，甚至到盲目自信的程度。

随着中国加入世界贸易组织，世界跨国公司也纷纷抢占中国市场，这无疑加剧了中国市场环境的不断变化，其竞争程度也日益激烈。如果家族企业创始人依然采用经验来经营家族企业，就可能使家族企业遭遇"灭顶之灾"。

2005年6月，我们去A省给一个客户进行产品上市企划，该企业老板非常重视。当我们入驻该企业之后，还专门给我们引荐了一位保健品企业的老板。

据说，该老板营销能力很强，我们也就非常乐意倾听这个老板的高见。然而，这个保健品企业老板知道我们一行人是做咨询的之后，毫不客气地对我们的客户说："万总，你把做咨询的一半费用给我，老哥我帮你做市场推广，中国各地都有我的朋友，就算是在中国台湾，甭管是台北市，还是宜兰县的商场我都能帮你搞定。"

该老板的话，引起了我们随行的一个叫汪洋的好奇，于是他问："您的保健产品上市没有？"

该老板不屑地说："上市这还不简单，中国各省市县的二甲医院我都有熟人，货铺进去没问题。"

汪洋接着又问："那您的保健产品生产了吗？主要是干什么用的？"

该老板自信地说："我有工厂，只要命令一下，生产还不是分分钟的事情。我的保健产品绝对好，治疗失眠、健忘，补充精力。"

汪洋又接着问："既然您那么有信心，那您是如何打开这个市场的？"

该老板情绪激昂地说："中国各地的电视台里我都有熟人，一般都是货铺好后就开始打广告做宣传，我可以先打广告后给电视台广告费。"

而后，我们从客户那里了解到，该老板原来是A省的政府官员。20世纪80年代中期，由于官员下海经商的影响，该老板也下海了。

在当官和经商期间，他经常出差，其所谓的"朋友"也认识了很多，包括与我们合作的客户。

与我们合作的客户在当时赚了不少钱，急需找项目投资。据说与我们合作的客户就投资了500万元做保健品。

半年以后，客户的产品畅销市场，得到了很多经销商的认可。而后，汪洋打听到了那个保健品老板的产品销路情况，客户告诉汪洋："产品已经不生产了，几百万元的广告费扔进去，每个月回款不到5万元，已经不做了。"

听到此消息，我们感到十分的痛心。

上述案例中的那位保健品老板只是一个典型的案例，像他那样的老板在中国可以说是不计其数。事实证明，许多家族企业创始人由于过于相信自己积累的经验，认为其经验不仅可以复制，而且能放之四海而皆准。

就像上述保健品老板一样，过于把关系资源看得过重，甚至还幻想着重温"依靠广告的密集轰炸，订单就如雪片般飞来"的昨日旧梦。该保健品老板也不想想，在21世纪初，中国市场环境和营销环境都已经发生了变化，特别是跨国公司进入中国市场，可以说是此一时彼一时。中国的营销环境和消费者每天都在发生变化，而市场竞争也在加剧，中国很多产品早就进入了买方市场时代。

在这样的市场下，由于产品同质化越来越严重，很多实力雄厚的跨国企业进入中国市场参与竞争，而这些实力雄厚的跨国企业每天都在潜心研究中国市场，尽管中国消费者越来越成熟，但趋势都在跨国企业的意料之中。如果单单依靠广告来促进产品的销售，显然是不现实的。

研究发现，跨国企业每年都会拿出销售额的5%以上用来做广告费用，从前几年像宝洁这样的跨国企业屡屡拿下央视标王就可以看出，仅仅依靠广告这一单一的模式已经过时。作为家族企业创始人，要想利用"小米加步枪"打败这些"船坚炮利"的跨国企业，就不得不放弃传统的经验。这些都是当今中国家族企业不得不面对的问题。

试想，如果不研究今天的环境和市场，不依靠外脑的力量，不制定有针对性的营销策略，不培养敬业而专业的员工队伍，不接受别人的建议，作为家族企业创始人来说，仅靠个人的经验和感觉还能将家族企业打造成百年老店吗？

答案当然是不能的。其实，经验是一把双刃刀，关键是看家族企业创始人如何去利用它。

在D市，W公司是一家非常典型的家族企业，老板刘亮初中毕业，曾在深圳打工几年，而后回到老家开始创业。几年后，W公司发展成为一家中型规模的企业。

由于刘亮在创业之初，曾经做过一段时间的保健品，再加上看到电视中保健品广告非常多，于是就风风火火地生产保健食品了。

让刘亮没有想到的是，该保健食品上市后却一直找不到销路。尽管想尽了各种办法，但依然是销售不畅。

就这样苦苦支撑了一年多，一次刘亮出席D市的颁奖大会结识了G报社的产业记者王某。在刘亮的主导下，和产业记者王某共同策划了一篇很有特色的新闻采访稿，从多个角度长篇报道了W公司的保健食品。

让刘亮没有想到的是，当新闻稿刊发后，要求购买W公司保健食品的电话不断。W公司后来就在外地开办了几家分公司及办事处，同时在外地的媒体上做了同样的报道，效果也非常好。

意外取得如此的效果，刘亮十分高兴。于是刘亮要求分公司及办事处每隔3个月时间就刊发一篇同样类型的报道。

就这样，刘亮在很多地方都采用此种方法推广W公司的保健食品。当W公司的保健产品被消费者认知后，刘亮没有认真去分析市场，也不考虑怎样去维护品牌和建立市场基础链，而是主观地认为做市场就是隔几天一个报道。刘亮认为，以前就是这样做的，今后仍然可以这样做下去。

终于，销量开始下降，且呈不可遏止之势。刘亮不断地感叹市场难做，却始终没有认识到自己的失误所在。

在本案例中，刘亮就是一个凭经验经营企业的典型案例。其实，像刘亮这样的案例太多，我想每一个读者都能列举出几件来。在这里，我所说的经验并不是对市场经济的深刻理解，而是在给家族企业作决策时往往以自己以往取得的成功作为经验盲目照搬。

当然，盲目照搬经验是不可取的，甚至有的经验是在中国转型期特定的历史条件下有的，这样的经验取得的成功也不过是利用我国在迅速发展的过程中各方面的空隙偶然得到的。在这种状况下，凭着以往的经验刻舟求剑式地去理解和处理现实的市场问题，结果就显而易见了。而有的家族企业创始人曾经在某些大型企业做过几年市场推广工作，凭着其对某一产品某一阶段的经历，于是把这些行业经验套用在自己创建的家族企业身上，想当然地认为市场原本就是如此，这样的经验利用也是非常可怕的。

任何经验不能放之四海而皆准

研究发现，很多家族企业的倒闭和破产都与其创始人固守经验有着很大的关系，尽管有些商业经验曾经是指导企业求得发展的一个重要因素，但是，家族企业创始人绝对不能被这些商业经验所左右，一旦被商业经验所左右，企业将被引向破产的边缘。

其实，科达就是一家这样的企业。在20世纪70年代，数码技术早已被科达公司研发出来，但是科达领导者固守传统的胶卷业务，使得日本诸多企业垄断了数码影像市场，科达也就此衰落。

像科达那样的领导者比比皆是，有些老板甚至过分迷信经验的作用，整天套用书本上的说法，动辄便说"某某说过""根据某某理论"等。尤其是对西方的企业管理理论，有些企业领导者如获至宝，潜心研读，认为只要掌握了它们，就可高枕无忧、迈向成功了。

其实，这种想法是大错特错的。虽然经验是重要的，但实践比经验更加重要。在经营的过程中，家族企业创始人必须勇于开拓、勤于实践，灵活运用自己现有的经验，决定本企业的发展，这才是上策。

20世纪90年代，某省有一位踌躇满志的诗人，不仅出版了自己的诗集，还被许多商界人士所崇拜。

在很多场合，商界崇拜者都表示，只要该诗人需要帮助，一定赴汤蹈火。再加上政府公职人员创业成功案例的报道，该诗人也就决定创办一家公司。

该诗人认为创业可以成功的理由有以下三个：

第一，自己能逼真地描述人类复杂的心灵世界，经营一家小公司简直就是火箭弹打蚊子——大材小用。

第二，自己拥有较好的人脉——很多商界崇拜者，平时经常听这些商界崇拜者谈生意，耳濡目染，而且经常给商界崇拜者指明财路——由于见解高明、主意新颖，商界崇拜者照着自己提供的点子去做了，还真赚了不少钱。

第三，自己朋友多，崇拜者也多，要开家公司，有困难只要一句话，很多人都会毫不犹豫地帮忙。

在诗人以为稳操胜券的创业计划下，其创办的文化传播公司就开张了。

然而，公司还没有步入正轨，他便招聘了20个员工，且给每个员工配发一个大哥大手机。

该诗人这样做的目的是让这些拿着大哥大手机的员工气派地和合作者洽谈，引起媒体的重视，从而达到制造声势、扩大影响的目的。

该诗人有明确的目标，第一步先垄断本市的文化传播行业，第二步是垄断本省的文化传播行业，第三步是垄断中国的文化传播行业，第四步是垄断全世界的文化传播行业。于是为了实现目标，该诗人就开起沙龙和讲座，侃侃而谈如何做一个"高层次、有文化的商人"。

然而，让该诗人没有想到的是，不到3个月，从商界崇拜者那里筹集的100万元启动资金就已经花完了。

让该诗人更没有想到的是，昔日说需要帮助，一定赴汤蹈火的"朋友""崇拜者"，不仅没有帮助，相反还先后前来讨债。该诗人还打算向商界"崇拜者"再筹集一笔资金准备东山再起，然而却没有筹到钱。

该诗人感觉自己受到了极大的侮辱，处于极端愤怒而又失望之中，在以后

第十五章 盲目相信经验

十多年的时间里,该诗人也没有还清当初筹集的 100 万元,不仅如此,该诗人再发表或者出版诗集,都不敢用自己的真实名字或者曾经的笔名。他深有感触地说道:"看来干什么事,都像写诗,只能自己写,而不能学。"

毋庸置疑,参考和借鉴一些企业家的管理经验是完全可以的,但是绝对不能将企业家的管理经验生搬硬套地运用在自己的企业管理中。任何一家企业都有自己的具体情况。对于所有企业家的管理经验和办法,一定要抱着一种警惕的心态去接受它。

在上述案例中,该诗人能写诗,但是绝对不擅长经营企业,可以肯定地说,20 世纪 90 年代,100 万元启动创业资金已经不少了,这 100 万元放到今天也不是小数,然而,该诗人却在短短 3 个月内就挥霍一空,实在令人叹息。

该案例警示中国家族企业创始人,在管理企业的过程中,中国家族企业创始人应当重视参考和借鉴经验,因为经验是很多家族企业创始人对以往成败得失的总结,凝聚着他们的智慧和汗水,同时也积聚着对失败者的警告和提醒。所以,中国家族企业创始人必须正确地看待经验,这样才能避免像上述诗人那样的事情发生,大大提高企业管理的效率。

当然,作为中国家族企业创始人必须明白,很多中国家族企业创始人的经验也不是万灵丹,他们的经验不能放之四海而皆准,只是说明某种经营方法在该企业是行之有效的。中国家族企业创始人不能总是保持着老一套的做法,不加改变。

一般地,很多中国家族企业创始人的经验分为两种情况:一种情况是中国家族企业创始人根据自身企业的实际情况,从实践中总结出来的;另一种情况则是来源于书本知识。很多中国家族企业创始人在接受媒体采访时谈到了自己在商业领域的诸多看法,一些中国家族企业创始人由于迷信一些企业家的经验而导致经营失败的案例举不胜举。所以,中国家族企业创始人正确的做法应当是,既要重视经验,又不能为经验所左右。

向成功者学习,这是所有想干事业的人都要经历的过程。但必须明白一点,从别人的成功经验里学习一些东西是可以的,切忌将别人成功的做法生搬硬套地运用在自己的事业中。因为天下任何事情都有它自身的特点,别人的办法只适合别人的事业,公之于众的办法已经成了普遍规则,它就不是智慧的精华了,也就不实用了——况且很多人创业的秘密是绝对不会告诉别人的。也就是说,成功者创业最关键的"招数"永远不可能公之于众。因此,对于所有成功者的经验和办法,一定要抱着一种警惕的心态去接受它。

第十六章

不懂财务

在中小企业中，老板不是技术出身就是营销出身，但很少是财务出身。因此，如何让一些非财务出身的老板们看懂财务分析数据，更多地了解财务工作，就成为老板们面临的新课题。

——娃哈哈创始人　宗庆后

资金链断裂导致企业死亡

回顾中国明星企业失败的案例，很容易看出一个现象，就是盲目冒进、多元化、拆东墙补西墙……其实，深层次的原因就是这些企业的领导人不懂财务。巨人失败后，史玉柱总结自己的失败教训时强调，自己最大的失误，就在于不懂财务，失去了对风险的控制。

事实也证明了这个论点，那就是中国企业特别是中国家族企业的领导人很少有人懂财务，他们只知道战略，不知道具体的资金流向，从而使决策在快速扩张的道路中，由于资金链的断裂导致企业死亡。

20世纪90年代末至21世纪初，陈川东可是重庆餐饮界一个"教父级"的人物。当很多创业者带着悲喜交加的思绪再次提到陈川东首次完美将川粤两大菜系结合的创举，再次提到曾经让百事可乐都"心生妒忌"的陈川粤系列饮料，再次提到陈川东那一度风光无限的陈川粤大酒楼时，都会情不自禁地感慨万千。

而今，各地陈川粤大酒楼这艘"美食航母"已经坠入深海；早已销声匿迹的"火锅爽"系列饮料与中国火锅热形成非常鲜明的对比；而陈川东本人已不再是重庆餐饮商会会长、重庆市火锅协会副会长、渝中区餐饮协会会长……

可以说陈川东是中国改革开放后一个出色的企业家，尽管陈川东以失败的方式出现在本书的案例中，但是陈川东敢想敢干、勇于创新的企业家精神还是

第十六章 不懂财务

能激发中国家族企业诸多创始人的实干热情。

1992年春天，原为政府官员的陈川东在下海的大潮中创业了，由于没有启动资金，陈川东于是向亲戚朋友借了5000元钱，下海担任了广州"小洞天"川菜酒楼的经理。

让陈川东没有想到的是，"小洞天"川菜酒楼开门营业还不到一个月竟食客盈门，为下海开了一个好头。

当然，"小洞天"川菜酒楼要想在广州经营下去，面临的困难依然很大。在广州，粤菜菜品用料高档、做工考究。当食客有着这样的偏好时，无疑极大冲击了"小洞天"的经营。为摆脱困境，陈川东就大胆尝试在自己的川菜馆中配用粤菜的原料，这样不仅提高了"小洞天"川菜酒楼菜品的档次，更重要的是还融合了广东传统饮食的口味。

经过一段时间的摸索，陈川东将川菜、粤菜的优势结合在一起，在餐饮界形成了自己独特的风格，不仅赢得四川消费者和广东消费者的认可，同时还为中国餐饮业创造了一个川粤合璧的新派菜系。

陈川东办酒店的经验越来越成熟，名气越来越大。1993年，陈川东在广州创立了川粤大酒楼，推出一系列川料粤吃、粤料川做的新派川菜。1993年冬天，广州川粤大酒楼经众多美食家评选，荣获广东名店美食金奖。

1994年，陈川东受重庆市各级领导盛情邀请，落户重庆银河宾馆，创办重庆川粤大酒楼。重庆川粤大酒楼营业面积为1200多平方米，开业后一直火爆，被新闻媒体看成是"川粤现象"。

1996年，陈川东乘胜前进，又投资2000多万元，在位于北京市西二环阜成门附近的四川大厦开办北京陈川粤大酒楼。据说是当时北京著名的高档饮食场所之一，其生意异常火爆。

经过十余年商海征战，陈川东不仅拥有北京一家陈川粤大酒楼，而且在广东、四川、重庆等地也有陈川粤大酒楼，甚至还把陈川粤大酒楼开到万里之外的美国。首创"川粤合璧，金牌美食"的陈川东，以其敏锐的市场洞察力分析餐饮业的发展趋势。从此，川粤饮食集团改名叫陈川粤集团。

在陈川东的企业帝国中，不仅经营着像陈川粤大酒楼的餐饮，还经营饮料业。在当时，陈川粤经营的饮料畅销西南地区市场，连可乐饮料业巨头可口可乐和百事可乐都不敢小觑。

陈川粤大酒楼终于成为中国餐饮行业的一匹黑马，不仅受到消费者的青睐，更引起了众多投资者的关注并寻求合作。当然，这其中就包括重庆群鹰商场的管理者——重庆夫子池物业公司。

重庆夫子池物业公司寻求与陈川东的合作，主要是因为许多雄心勃勃的投资者在群鹰商场巨资经营保龄球馆、百货、酒楼、皮具等都以失败告终。其实，群鹰商场的地理位置位于重庆商业中心——解放碑步行街的西街口，可以说是一个寸土寸金的黄金位置。

为了改变过去屡战屡败的局面，夫子池物业公司想凭借与陈川东的合作，打造一个商业航母。在与陈川东的合作中，夫子池物业公司以1.59亿元的价钱将群鹰商场10年产权转让给陈川东。而此时的陈川东也希望借助群鹰商场这样一个大型美食大厦来成为陈氏餐饮帝国的旗舰店。于是，陈川东答应了夫子池物业公司提出的条件。在剔除合同中一些其他因素外，陈川东实际支付给夫子池物业公司的房租款为1.3亿元。

陈川东之所以答应夫子池物业公司的条件，是因为：

第一，在1999年，该大厦的评估市值为2.26亿元，如果把陈川粤美食大厦全部装修后，该大厦的评估值绝对不会少于2.5亿元。所以，陈川东认为，按最保守计算，大厦仅地产部分10年增值就至少可达1亿元以上。

第二，根据陈川东自己实战多年的商业经验，只要陈川粤美食大厦正常营业，最坏的结果就是每年陈川粤美食大厦亏损两三百万元，而陈川东自己在十年中仍然可以从该大厦中盈利数千万元。在陈川东的算盘中，承租群鹰大厦绝对是一个只赚不赔的项目。

第三，陈川东承租群鹰大厦的目的，就是凭借陈川粤美食大厦提高其在全国餐饮界中的地位，以重庆为中心，为陈川粤在全国各地拓展连锁店打下坚实的基础。

第四，从陈川粤的财务状况上看，十年支付给群鹰大厦的承租款1.59亿元的付款计划，每年只需要支付给群鹰大厦1000余万元就可以了，这样的发展战略相对还是较为稳健的。部分银行家工作人员听到陈川东购买群鹰大厦十年的产权后，表示可以先期贷给陈川东2000万元；租赁设备的合作者也表示，只要陈川粤美食大厦正常营业，愿意以500万元把设备租赁给陈川东。在这样的情况下，陈川东更是信心百倍。

然而，意想不到的情况还是发生了。

首先，当装修队刚进驻群鹰商场时，陈川东就已经着手对招聘的300余名员工进行岗位培训。按照陈川东的部署，陈川粤美食大厦一旦装修完毕，就可以立即开业。但是，让陈川东没有想到的是，陈川粤美食大厦不只是一个简单的装修问题，仅消防管网的改造就花费了400余万元，而这400余万元额外的支出完全是先前预算之外的。另外，一旦装修不能按时完成，无疑会影响陈川粤美食大厦的开业时间，仅每月员工工资就数十万元，而增加的员工工资同样也是先前预算之外的。

第十六章　不懂财务

其次，当陈川东正式接手群鹰大厦后，群鹰大厦隐藏的其他问题也显现出来了。原群鹰商场最后一位投资者在经营商场期间拖欠了供货商大量货款。陈川东承租了群鹰大厦商场后，供货商便找陈川东要货款。陈川东拒绝了供货商的要求后，有些供货商就向法院起诉群鹰商场，要求支付货款，而法院依法查封了群鹰商场。当法院启封群鹰商场时，已经又过了几个月，陈川东又不得不多花一笔额外的支出。

最后，先前承诺贷款2000万元给陈川东的银行工作人员也改口了，答应以500万元把设备租赁给陈川东的合作者表示自己已经转行，没法提供设备了。

此刻的陈川东已是进退两难，不得不大量挪用各地陈川粤大酒楼和陈川粤饮料厂的利润来填补陈川粤美食大厦的资金短缺，大量抽资就使得各地陈川粤酒楼和饮料厂的流动资金链几乎断裂，严重影响各地陈川粤酒楼和饮料厂的正常经营和生产。

陈川东这样拆东墙补西墙的做法使陈川粤集团陷入了一个非常可怕的恶性循环。这大大超出了陈川东当初的规划。按照陈川东当初的规划，把群鹰商场地下一层改为一个具有星级的大型停车场；第一层改为百货超市；第二层改为小吃城；第三层改为洋快餐厅；第四层改为大酒楼。

在非常艰难的情况下，陈川东费了九牛二虎之力才装修好群鹰商场的第一、第二层，百货超市、中华名小吃正式开业。

尽管群鹰商场百货超市已经开业，但是与群鹰商场一街之隔的重庆百货和新世纪把群鹰商场当作自己最大的竞争对手，于是警告供货商，谁要是向陈川粤供货，就将其从重庆百货和新世纪的商场清理出场。面对重庆百货和新世纪两个重庆商业巨头的警告，供货商只好服从。这就让陈川粤百货超市出现了无货可卖的境地。

在这样的情况下，陈川东不得不从重庆百货和新世纪采购。为了招揽顾客，陈川粤百货超市又采用比重庆百货和新世纪更低的价格促销。

重庆百货和新世纪也在陈川粤百货超市开业促销的时候降价促销，而且降幅比陈川粤百货超市更大。仅仅过了两个月，陈川粤百货超市就再也挺不住了，陈川东不得不将陈川粤百货超市出让给新世纪。尽管第二层的中华名小吃已经营业，但是第三层正在装修，噪声、灰尘整日不断，许多顾客往往是乘兴而来、败兴而归，第二层的中华名小吃开始生意惨淡了。

面对这样的局面，陈川东不得不加快第三、第四层的装修进度，这样就可以抽调更多的资金。

陈川东为了给即将开业的美食大厦制造更多的商业气氛，还在报纸、电视上做了大量的广告，光广告费就花了100多万元。

眼看着第三、第四层的装修进度顺利进行。让陈川东上火的是，本来只需200万元第三、第四层的装修就可以全部完工了，然而，就是这最后的200万元，却卡住了陈川东的脖子。陈川东四处融资，几次上当受骗，将陈川粤的最后一口气也弄断了。当美食大厦让陈川粤陷入困境时，曾经风光无限的饮料也因为受其影响悲壮地倒下了。

据媒体报道，2002年11月，陈川粤饮料厂首先倒闭，除了拖欠工人几十万元工资外，一根草也没给陈川东留下；接着，2003年3月，在众多供货商的愤怒声讨声中，法院查封了陈川粤美食大厦；此前此后，陈川东分布于全国各地的大酒楼也相继崩溃。除了一屁股债，什么都没有了的陈川东，最后连女儿的学费都付不起了。

陈川东本以为自己抓了一手好牌，结果这手好牌最后却变成了一堆板砖，将他砸得头破血流。有人指出，当初就是不出现这些问题，以群鹰商场长达十年、每年1000多万元的租赁费用（陈川东与夫子池物业签订的是以租代售的合同），陈川粤早晚也是个麻烦。百货超市遭到重庆百货、新世纪的打压自不必说，在风云变幻、一日三惊的餐饮业，陈川东是否能够保证陈川粤长盛不衰，在长达十余年的时间内持续盈利？这一点谁也没有把握，连陈川东自己都不敢打保票。

所以，陈川粤的倒闭看起来好像是在意料之外，细想却在情理之中。问题就在于陈川东在财务上的冒进，将真金白银置放于谁也没有把握的未来预期盈利，而且投入大大超过能力，最后不得不拆东墙补西墙，造成陈川粤疮痍满身、后继乏力，最后油尽灯枯、仆地而亡。

企业管控模式的三个分类

在"富过三代——家族企业如何迈过接班生死坎"的培训课中，有学员总是疑惑地问我说："周老师，陈川东的创业失败与不懂会计有什么关系吗？"

当然，这个关系是很大的，陈川东如果要采取稳健的财务战略，就必须懂得财务。陈川东在投资过程中，起码得预算出合理的投资预算，而陈川东凭借自身的经验，采取了激进的财务战略，结果使得陈川粤这艘航母搁浅。

对此，全国工商联对21个城市的抽样调查表明，有40%的企业主看不懂财务报表，45%的企业没有自己的科研开发人员，企业生产经营的信息主要靠买方和传媒提供。

第十六章 不懂财务

从全国工商联的数据中不难看出,目前在中国的很多企业中,普遍存在的情况是老总不懂财务,在投资过程中往往采取经验主义,这在无形中阻碍了中小企业的发展和壮大。

事实上,在中小企业中,老板不是技术出身就是营销出身,但很少是财务出身。因此,如何让一些非财务出身的老板看懂财务分析数据,更多地了解财务工作,就成为老板们面临的新课题。

毋庸置疑,只有看得懂财务分析报表,才能知道企业可支配的资金,特别是老板在制定财务激进战略时可以依据财务分析报表决策是否实施。因此,要规避那些不懂财务的家族企业创始人盲目采取财务激进战略,最好是能让他们知道企业资金的具体流向,这就必须建立一个内部管控制度,依据扁平化管理来执行。

当然,扁平化管理从内部管控层面上讲,就是管控模式选择和主要业务流程构建的过程。加强企业的内部控制是扁平化管理的题中应有之意。虽然有些企业采取了控股公司的组织架构,但缺乏驾驭大规模资产的能力,管控手段较为单一,自然也就无从谈起系统的内部管控。企业集团严重缺乏有效的内部控制,尤其是"事前控制",因此,伴随企业管理层次的扁平化,亟须建立一整套的内部管控制度,使扁平化管理有章可循,避免往日的"事后诸葛亮"现象。

综观国内外成功企业的管控模式,基本上可以分为三类:财务管控模式、战略管控模式与经营管控模式。不同的管控模式具有不同的管控特征和管控重点,如表 3-37 所示。

表 3-37 企业的管控模式的三个分类

企业管控模式	管控特征与重点
财务管控模式	采用财务管控模式的企业集团,其总部作为投资决策中心,以追求资本价值最大化为目标,管理方式以财务指标考核、控制为主,一般资本型企业集团采取这种管控模式,如美国的摩根财团、洛克菲勒财团
战略管控模式	对于采用战略管控模式的企业集团而言,其总部作为战略决策和投资决策中心,以追求集团公司总体战略控制和协同效应的培育为目标,通过战略规划和业务计划体系进行管理,一般多为混合型(产业型)企业集团所采用,如日本三菱东京金融集团和三菱商事
经营管控模式	采用该模式的企业集团,其总部作为经营决策中心和生产指标管理中心,以对企业资源的集中控制和管理、追求企业经营活动的统一和优化为目标,直接管理集团的生产经营活动(或具体业务),一般多为单一产品的企业集团所采用。

从表 3-37 可以看出,要想避免很多家族企业创始人盲目采取财务激进战

略，就必须建立一套内部管控制度，对于那些激进的财务预算也更应该谨慎。

避免盲目地实施激进财务战略的四个方法

可能有读者会问，作为家族企业创始人，如何才能避免盲目地实施激进的财务战略？方法有以下几个：

第一，规范企业的财务管理有利于避免家族企业创始人盲目实施激进的财务战略。要想避免家族企业创始人盲目实施激进的财务战略，家族企业创始人必须跨过一道难关——规范化的财务管理。其实，这对上市公司或者欧美国家的企业来说，已经不是什么问题了，但在中国特殊的国情下，混乱的财务管理制度依然存在，特别是中国家族企业较多的浙江、广东、江苏、福建等省，丈夫是董事长兼总经理，妻子是会计总监兼出纳，甚至很多职位都由一个人来担任。按照我国的法规，会计和出纳是不能由一个人来兼任的。因此，财务管理本身的作用并未发挥出来。要想避免家族企业创始人盲目实施激进的财务战略，规范的企业管理就势在必行，特别是规范企业的财务管理更应该及早完成。

第二，强化以现金流为核心的企业财务管理，从而提升家族企业抗风险的能力。对于家族企业来说，不管是采取积极的财务战略，还是稳健的财务战略，都必须保证家族企业的生存和发展，这才是家族企业创始人的首要任务。家族企业要生存和发展，就必须保证现金流足以维持生产经营所需。在满足家族企业正常经营的基础之上，家族企业如果还有更多充裕的现金流，就可以通过加大技术创新和品牌建设的投入，或者进行并购重组等手段，实现家族企业的战略转型和扩张。这要求家族企业创始人具备财务风险管理的意识和能力。事实证明，很多家族企业创始人受个人认识和能力所限，不可能自发地加强财务风险管理。这就造成了很多企业在盲目投资中因现金流不足以支撑扩张而倒闭。

第三，提升家族企业财务管理的能力，从而完善和健全家族企业财务制度管理。从中国家族企业的现状来看，仍然有相当大比例的家族企业存在财务管理粗放等诸多问题，特别是众多中小家族企业对外部条件引发的财务问题缺乏相应的分析和应对能力。

事实上，财务管理被诸多家族企业创始人误解，在他们的意识中，财务管理就是简单的记账做账。然而，企业财务管理涵盖的方面非常多，不仅仅包括资金筹集、资产营运、成本控制、收益分配、信息管理、财务监督等。可能有读者会问，作为家族企业创始人，如何提升家族企业财务管理的能力呢？提升家族企业创始人财务管理的能力可以从以下三个方面着手（见表3-38）。

表 3-38 提升家族企业创始人财务管理能力的方法

方法	具体内容
制定实施财务战略，及时调整发展方向	家族企业创始人应当分析目前市场中的产业状态，结合近年来经营发展和财务管理情况，理清经营思路，明确家族企业的发展方向，从而加强家族企业的财务战略管理
完善内部财务制度，健全财务运行机制	通过成文的制度，确保财务管理贯穿家族企业的各个业务，并健全财务决策、财务控制、财务激励与财务监督机制，有效控制家族企业的财务风险
培养财务管理人才，加强风险管理的人才保障	财务管理工作的专业性、政策性较强，优秀的财务管理人员既要掌握国家相关财政、财务、金融、税收、资产管理等政策法规，又要熟悉企业的业务流程，具备丰富的实践经验和敬业精神

第四，建立财政对家族企业财务的有效监管制度，积极推进财政对家族企业财务的有效监管制度，推进财政风险管理"关口"前移。一般地，财政对家族企业财务实施监管主要包括以下四个方面（见表3-39）。

表 3-39 财政对家族企业财务实施监管的四个方面

方面一	掌握家族企业财务风险的微观形成机制，以助于实施宏观财政政策时把好脉、开准药
方面二	及时控制家族企业财务风险及其引发的财政风险，实现可持续发展
方面三	从外部推动家族企业转变管理理念，提高家族企业的整体财务管理水平
方面四	确保家族企业按规定使用财政资金，提高财政资金使用的安全性和有效性

从表3-39可以看出，要避免家族企业创始人盲目制定积极的财务战略，就必须建立家族企业财务预警机制和财务管理评估制度来进行干预（见表3-40）。

表 3-40 家族企业财务预警机制和财务管理评估制度的作用

制度	作用
财务预警机制	财务预警机制是区分家族企业所处的不同行业、不同规模，通过财务风险指针体系对家族企业实际财务运行资料进行测算分析，及时向家族企业及有关方面发出风险预警，以便及时采取应对措施的机制
财务管理评估制度	财务管理评估制度是对家族企业财务管理的内部环境及流程、制度体系的健全性、制度执行的有效性等进行客观分析和评价，发现家族企业财务管理的薄弱环节，提出改进建议的制度

毋庸置疑，加强家族企业财务管理不仅能更好地提升家族企业的投资管理，还能实现家族企业的"财务管理升级"，从而更加有效地帮助家族企业应对全球金融危机，化解财务风险，最终实现可持续发展。

事实上，规范化的财务管理不仅能为家族企业科学的投资决策提供有力的数据支持，而且能为家族企业做出稳健的扩张决策提供有力的、科学的帮助，特别是对激进的企业扩张起到预警的作用。如果家族企业财务管理不规范，甚至可有可无，那么这个家族企业在扩张中将遇到难以避免的陷阱，最终因为现金流断裂而倒闭。

第十七章

媒体围剿

企业上市需要良好、规范的媒体舆论环境，媒体关系管理是企业发行上市面临的重要问题。山东证监局高度重视拟上市公司的媒体关系管理工作，将发布《接受辅导公告》作为拟上市公司辅导监管的必要程序予以规定，将诚信意识作为拟上市公司危机公关的基本准则予以指导和强化，将媒体质疑作为拟上市公司日常监管的重点予以关注。拟上市公司要学会积极正确地处理媒体关系，特别是要提高危机公关的应对能力。

——山东证监局副局长　陆泽峰

导致中国家族企业死亡的罪魁祸首

中国家族企业死亡原因众多，其中之一就是媒体的围剿。

在创业过程中，有的创业者在某些环境下可能被某些地方领导者用来树立典型，此时媒体的介入可能使创业企业在一夜之间被全国人民知晓，特别是创业者，在那一段时间内也会频繁地聚焦在镁光灯下，这时的创业者必须把主要精力用在经营上，不能因为部分媒体的介入和过分的渲染，就使自己迷失了方向，甚至导致企业在媒体的宣传中倒闭了。

事实上，对创业者来说，媒体是一把双刃剑，运用得好，可以提升创业的品牌知名度，同时也有利于创业企业的高速发展；相反，如果创业者对媒体运用得不好，不但对创业企业毫无帮助，反而会伤及自身。对此，我不禁要问，谁才是真正制造中国家族企业死亡的罪魁祸首？其实，并不是媒体，而是企业家自己的心态：一方面源于企业家利用媒体的宣传来造势；另一方面就是企业家的虚荣心。

在这里，我想起一个家族企业家在经历过成功之后就急速失败的案例，对中国家族企业来说有一定的警示意义。

在20世纪80年代初，中国改革开放后不久，一批敢想敢干的农民或者个体户抓住了改革开放的机遇，将企业办得红红火火，但也有一部分企业家因为自己身上有了一定的光环，就放弃了将精力用在企业经营上，结果将高速发展的企业驶入破产的深渊，只留下一丝遗憾。

本案例的主人公王恩学出生于山东沂蒙山区。改革开放后，身为农民的王恩学从养鸡开始尝试自己的创业之路。

在物资极为缺乏的年代，王恩学在养鸡致富中赚了不少钱。但是，由于当时的市场还十分疲软，不久王恩学将赚的钱全部赔光了。

然而，在20世纪80年代的中国，遍地都是黄金，只是看有没有发现金子的眼光。就在王恩学全部赔光的时候，一天，王恩学在报纸上看到一则改变他命运的消息，这个消息的内容是，湖北省新洲县有一个养鸡场正在招租。

看到这则消息，王恩学兴奋不已，因为他知道，这是一个前所未有的大好机会。于是在王恩学的倡导下，王恩学举家迁往湖北省新洲县。让王恩学没有想到的是，当王恩学一家人到达湖北省新洲县后，才发现报纸上招租的养鸡场已经全部拆除。

此刻，对于王恩学来说，虽然再次陷入绝境，但已经没有回头的路可以走了。敢想敢干的王恩学在湖北省新洲县发现，当时的新洲县本地农民还不知道大棚可以种蔬菜，当然也就不知道大棚种菜的操作方法。

于是，在湖北省新洲县，王恩学就开始搞起了大棚种植蔬菜。功夫不负有心人，由于王恩学勤奋吃苦，两年就赚了6万元，这为王恩学积累了创业的资金。

此时，信心满满的王恩学在湖北省新洲县再次操起老本行——办起了一个有一定规模的养鸡场。在当时，广告还没有引起商人重视，而王恩学就开始操作了。当王恩学的养鸡场办起来后，王恩学通过打广告出售种鸡。

广告播出后，养鸡场的生意出乎王恩学的预料。一个新疆客户看到王恩学出售种鸡的广告后，主动邀请王恩学到新疆筹办一个更大的养鸡场。

在湖北省新洲县干得风生水起的王恩学，总觉得湖北省新洲县的种鸡市场实在太小了。胆大的王恩学再次迁到新疆后，仍然将养鸡场办得有声有色。

客观地说，王恩学天生就是办企业的料子，因为王恩学非常善于抓住商机。有一次王恩学出差到广州，在大街上无意中看见一个路人提着一大包中华乌鸡精。王恩学又看到了其中的商机，回到新疆后，王恩学也开始养起乌鸡来，而且还养了不少。可以说，王恩学的广州之行启发了他开发乌鸡素的思路。他找到一家科研所，要求与其合作。没过多久，王恩学就搞出了他的第一个产品——神州乌鸡素，这款产品推向市场后，客户接受度非常高，市场销路非常好。

20世纪90年代初，有一定技术和资金积累的王恩学成立了自己的第一家公司——康乐制品有限公司，后来将康乐制品有限公司更名为恩学保健品公司。

1993年，更名为恩学保健品公司后，王恩学推出新一代乌鸡产品——雪莲乌鸡素口服液，推向市场后，市场销路也达到了王恩学的预期。

20世纪90年代，产品广告夸大的现象非常严重，雪莲乌鸡素口服液的广告也同样如此。在雪莲乌鸡素口服液广告宣传中，王恩学使用了许多夸大和不实的广告语，这无形中提前结束了王恩学的新疆创业之路。

广告中宣称雪莲乌鸡素可以治疗肝炎等病症，而后，雪莲乌鸡素口服液的广告就遭到新疆卫生厅的查禁，新疆卫生厅还下发了《关于立即停止对雪莲乌鸡素进行违法宣传的通知》。

在20世纪90年代，保健品都是按照"一分靠产品，九分靠宣传"的模式来运作，而新疆卫生厅下发了《关于立即停止对雪莲乌鸡素进行违法宣传的通知》的批文，也就等于把雪莲乌鸡素口服液踢出了市场。

没有了广告宣传的雪莲乌鸡素口服液产品很快就遭遇了滞销，在市场上无人问津。当然，这也把善于运作广告宣传的王恩学推到了窘境的边缘。

然而，正当王恩学不知所措时，却得到了媒体的同情和支持。新疆某报率先刊发了文章披露王恩学遭到新疆卫生厅的"刁难"。当这篇文章发表之后，其他一些新闻媒体也开始"追踪报道"此事。在当时，很多报纸、电台、电视台都发表文章评论了"雪莲乌鸡素口服液事件"。有的媒体还专门开设了一个专栏，对"王恩学现象"展开了一场较为激烈的大讨论。

在众多媒体频频曝光的情况下，新疆卫生厅原本一件正常的执法事件却被一部分媒体炒作了起来。王恩学当时并不知道，炒作该事件主要是媒体为了提高自己的收视率。但是，在媒体的炒作下，一次正常的执法行为被炒得变了味。王恩学也从中找到了借口，干脆扔下在新疆的公司和几十万元债务，回到了山东菏泽。

王恩学回到山东菏泽的事情被新疆的部分媒体再次炒作起来。有的媒体发表评论说：新疆与王恩学失之交臂；新疆失去了一次振兴经济的机会。

当然，媒体这样的评论的确是夸大了一些。在当时，王恩学只不过是一个拥有几十万元的公司老板，仅仅靠王恩学一个人的力量来振兴新疆经济，简直就是无稽之谈。

然而，媒体的放大，使远在首都北京的一些中央级大报也专门派出记者，赴山东对王恩学进行了相应采访。

就这样，随着媒体的过分夸大，不仅把王恩学和恩学保健公司推向神坛，还把王恩学这个只有几十万元的公司老板变成了一个大财阀。

在媒体的光环下，豪气冲天的王恩学买下了山东省菏泽市教育局属下的灵芝制药厂，继续生产雪莲乌鸡素口服液，而后又承包了张花园村卫生材料厂，说是半年后付款100万元。在山东菏泽，王恩学振臂高呼，而不知情的农户们纷纷慷慨解囊，将自己的血汗钱送到王恩学的手里，期望这位"大财神"带领自己脱贫致富。

就这样，在困境中得到媒体炒作实惠的王恩学开始思考得到更多的甜头。当然，王恩学这样做的结果就是迷失了企业的发展使命，此刻的王恩学已经没有心思去考虑生产和经营。

雪莲乌鸡素口服液的产品生产出来以后，王恩学却把它们扔在厂里，亲自跑到济南或者北京去找记者为自己搞个人宣传。

仅仅在1994年，王恩学为了搞个人宣传就花了1000多万元，而这1000万元大部分进入了媒体的腰包。

王恩学为了竞争1994年度的"中国十大改革风云人物"，曾一次性向某协会捐款200万元。王恩学大把花的钱，特别是用来自我宣传的上千万元钱，绝大部分是从农民那里"集资"来的。王恩学为了一己之名，使无数农民损失惨重。

利用广告手段起家的王恩学不知道，媒体炒作其实是一把双刃剑。当企业如日中天的时候，媒体的褒奖如流水般勇往直前，而一旦企业经营不善时，媒体的批评就犹如海水一样将企业经营者淹没。

王恩学的结局也一样。在经历炒作的高峰后，王恩学的正面形象也陷入谷底，特别是在王恩学领导下的制药厂垮掉之后，其承包的卫生材料厂也相应倒下了。拖欠的农民集资款被王恩学用于个人宣传了，几乎没有偿还的可能。

王恩学在菏泽的声誉一落千丈，从当初的英雄一下子成为人人得而诛之的"骗子"。于是王恩学被迫把阵地转移到了枣庄市。

王恩学到了枣庄后，依靠自己曾经"显赫"的名声，再一次轻而易举地"搞"到了4000多万元的贷款。

然而，就在这时，王恩学的生命戛然而止了。王恩学的死，至今是一个谜，有人说是自杀，有人说是他杀……

王恩学死后，有人从王恩学的办公室里找到了他精心保存的历年来新闻媒体对他的报道：1992年11篇；1993年67篇；1994年118篇……

上述案例中，王恩学在媒体的宣传中尝到了甜头，就开始为了一己之名，甚至不惜拿集资的钱做个人的宣传，全然忘记了作为领路人的角色。

在这里，我要告诫一些家族企业创始人，对于媒体的态度，我们必须客观、正确地对待，不管是王恩学还是其他家族企业创始人，适度利用媒体来提升企业的知名度无疑是对的，但是王恩学却忽略了一个致命的问题，那就是在提升知名度之后，必须提升企业的竞争优势，而不是在利用媒体的宣传中另有所图。

建立和完善良好的媒体关系的"四度法则"

事实上，如果家族企业创始人对待媒体的态度不正确，甚至过分地利用媒体的宣传来提升自己的知名度，不但吞噬家族企业创始人大量的现金流，使企业因为失去现金流而陷入困境，而且更为严重的是，它严重扰乱了家族企业创始人踏实经营的心态，甚至使家族企业创始人变得浮躁、急功近利，而家族企业创始人的心态一旦变得浮躁、急功近利，家族创业企业离"死"也就不远了。因此，在创业过程中，家族企业创始人必须正确对待媒体，才能增加家族企业创业成功的概率。

既然家族企业创始人正确处理媒体的关系如此重要，那么家族企业创始人该如何处理与媒体的关系呢？对此，山东证监局副局长陆泽峰指出，"企业上市需要良好、规范的媒体舆论环境，媒体关系管理是企业发行上市面临的重要问题。山东证监局高度重视拟上市公司的媒体关系管理工作，将发布《接受辅导公告》作为拟上市公司辅导监管的必要程序予以规定，将诚信意识作为拟上市公司危机公关的基本准则予以指导和强化，将媒体质疑作为拟上市公司日常监管的重点予以关注"。陆泽峰强调，"拟上市公司要学会积极正确地处理媒体关系，特别是要提高危机公关的应对能力"。

陆泽峰建议，"拟上市公司建立和完善良好的媒体关系要掌握'四度法则'"（见表3-41）。

表3-41 建立和完善良好的媒体关系的"四度法则"

法则一	把握"高度"，企业发行上市过程中要高度重视媒体关系
法则二	拓宽"广度"，全方位了解媒体资源信息
法则三	强化"深度"，熟悉媒体运作基本规律和具体规则
法则四	把握"灵活度"，善于运用媒体资源，通过正常渠道引导舆论方向

第十八章

欺骗消费者

近年来陷入美国公司丑闻的公司所受损失的价值超过了美国40家最大公司所创利润之和。

——《创建信誉资本》作者 凯文·杰克逊

信誉很难用货币去衡量

在很多时候,我们常常惊叹富豪家族白手起家的历史,很想探究清楚他们凭借什么创建起了自己的家族企业帝国。

其实,并不需要做出多少努力——这些人当初也并不都是一些超凡脱俗、威力无边的英雄之辈。他们没有雄厚的资本和其他种种条件却能创业成功,只因为他们懂得诚信经营,使他们以小博大,从无到有。

不难看出,诚实守信是家族企业发展致富的重要方面,也是不少家族自律的主要体现。对此,康奈集团总裁郑秀康在接受媒体采访时重点强调:"做人需要诚信,办企业同样需要诚信。一个人如果不守信用,就会失去伙伴;一个企业如果不讲诚信,唯利是图,就会失去市场。坚持诚信才能给企业带来长远效益,企业才能长盛不衰。"

从郑秀康的话中我们可以得知,康奈今天的业绩离不开诚信经营。众所周知,诚信已经成为任何一家公司的立足之本、发展之源泉。当市场经济体制走向规范,法制越来越完善,不诚信的行为就会受到应有的惩罚。

郑秀康在接受央视主持人沈冰的采访时说:"1987年8月8日,杭州武林门广场为什么会发生火烧温州鞋事件?究其原因,诚信是关键,失去了诚信,企业也就失去了生命……"可见诚信对于企业经营的重要作用。

事实证明,一个成功的公司必定是一个诚信的公司。诚信经营,说到底是一种实力的经营,科技渗透的经营,资金投入的经营,文化输入的经营。没有这些,诚信经营就是一句空话。

遗憾的是，有的企业创始人为了盲目追求利润，各种投机取巧的经营活动不断出现；有的经营者为谋取一时的小利，甚至不计后果，不惜铤而走险，违法经营，生产和销售假冒伪劣产品，如染色馒头、含有三聚氰胺的奶粉、黑心棉花、发霉米面、漂白蔬菜、夺命药物……但这些企业最终在政府的严打中受到致命打击，陷入万劫不复之地。

还有的企业生产的产品质量平平，却在广告词中吹嘘其产品功能无所不能。这种"速成"营销策略可以理解，但是芝麻究竟不是西瓜，当公众"上一当"之后，就一传十、十传百，产品基本也就完了。因此，欺骗消费者的企业和企业家不会得到民众的承认，最终被市场淘汰出局。

事实证明，良好的公司信誉不仅可以促进产品的销售、品牌的塑造，还可以保证公司持续经营。对于那些想要打造成百年老店的企业而言，信誉的重要意义无疑是不言而喻的。尽管信誉很难用货币去衡量、计算，但是信誉对公司的经营产生的影响最大，也最为深远。凯文·杰克逊在《创建信誉资本》一书中就坦言："信誉是公司最重要、最具有价值的资产之一。"

凯文·杰克逊还指出，"近年来陷入美国公司丑闻的公司所受损失的价值超过了美国 40 家最大公司所创利润之和"。

美国有专家做过研究，发现公司声誉每上升或下降 10%，公司市值将上升或下降 1%～5%。因此，不管是开办小公司，还是开办大公司，必须要注重"诚信"，一旦商家对消费者不诚信，结果肯定是被消费者所遗弃。

"傻子瓜子"付出的巨大代价

在中国，曾经有一段时间，提起"傻子瓜子"是无人不知，无人不晓。但现在，再向人打听"傻子瓜子"就没有多少人知道了。究竟是什么使这个名噪一时的公司悄无声息了呢？这要从公司自己说起。

在中国商业史上，被誉为"中国第一商贩"的年广久可算得上是响当当的人物，不仅是安徽"傻子瓜子"的创始人，还曾被邓小平同志三次点名表扬。

然而，究竟是什么原因使这个名噪一时的傻子瓜子公司悄无声息了呢？这要从傻子瓜子公司自己说起。

据媒体报道，出生于 1937 年的年广久，他十几岁就接过父亲的水果摊，并沿袭了父亲"傻子"的绰号。

20 世纪 70 年代末 80 年代初，年广久投师学艺开创出独具风味的一嗑三开的"傻子瓜子"而名扬江淮。

1982年，旗开得胜的年广久高调宣布"傻子瓜子"将大幅降价，其降价幅度居然达到了26%。年广久的这一奇招使得"傻子瓜子"一炮走红。

在销售策略单一的20世纪80年代，年广久再一次掀起了促销风暴。1985年，年广久策划了一个"傻子瓜子"有奖销售活动，顾客只要每购买1公斤"傻子瓜子"，就可以获得奖券一张，凭这张奖券就可以兑现"傻子瓜子"公司的促销奖品。

尽管这样的促销现在每个商家都在使用，但是在20世纪80年代初的中国，这样的产品促销方法还不为人知。"傻子瓜子"有奖销售活动一开展，顾客纷纷购买"傻子瓜子"以获取奖品。在有奖销售的第一天就售出了13100公斤，最多时竟然一天就销售225500公斤。

然而，面临经销商大批量的进货，"傻子瓜子"无法提供充足的货源。于是，年广久就采用了只能从其他公司大量购买非经自己制造和检验的熟瓜子，再贴上"傻子瓜子"的商标去有奖销售，而这些外购的瓜子中，有很多是陈货劣货和假冒伪劣产品。

很快，很多经销商纷纷要求退货。然而，让年广久没有想到的是，政府发布公告，禁止所有工商企业搞有奖销售的促销活动。政府的这一禁令使得"傻子瓜子"公司所售出的奖券一律不能兑现，各地经销商纷纷退货。瓜子大量积压，银行要求归还贷款，再加上公司又打了几场官司，一下亏损了150多万元，而且公司的信誉降到了最低点。最终年广久不得不吞下自己种下的苦果。

可以说，作为企业家，年广久是幸运的，他三次得到了邓小平同志的庇护，但却没有珍惜中央高层的关心，而是采用假冒伪劣产品以次充好，欺骗消费者。如果年广久在得到邓小平同志的"关照"后能够从抓质量、抓管理入手，进一步寻求发展，那么年广久的前途将是光明的。

企业信用的修复程序

在全球经济一体化纵深发展的今天，不管市场竞争的程度如何，家族企业领导者想要驾驶公司这艘大船扬帆远航，就必须具备很多优势，而信誉就是其中之一。

在实际的企业经营中，公司信誉事实上已经超越了资金、管理，成为公司优势中最有力的竞争法宝。在很多情况下，公司缺乏资金可以靠信用从银行和投资机构获得；如果公司产品要开拓新市场也可以利用信誉的力量打开。

从这个角度来看，信誉则是在竞争中取胜的最好法宝之一。信誉可以使企业得到客户的认同，得到合作伙伴的认可。因此，良好的信誉可以帮助企业不断地发展壮大，进而帮助企业克服种种经营中的困难，甚至可以使企业从危机中起死回生。所以，维护企业信誉是保障企业长期稳定发展的重中之重。

可能有读者会问，家族企业信誉遭到一定程度的破坏，作为家族企业领导者，如何修复企业的信用？企业信用的修复程序有如下几个（见表3-42）。

表3-42　企业信用的修复程序

1	及时纠正失信行为
2	积极与工商管理部门和企业中介服务机构进行有效沟通，解释失信行为发生的客观原因以及企业自身的整改措施，以取得这些机构的认同
3	维持良好的公共关系，坦诚地与信用关系人进行沟通交流，打通进一步获取信用的渠道
4	信用记录或者信用等级恢复以后，要适当地进行宣传，让社会各界认识到企业良好的信用形象，重新回到正常的信用等级形象上

在这里，我要提醒家族企业创始人的是，不论是经营企业，还是投资，必须要做到诚信。企业一旦对消费者采取不诚信的做法，危害是相当大的，不仅影响消费者的忠诚度，还危害企业的信誉度。

中国在改革开放初期，一些法律法规还没有出台，一些江湖骗术让一部分家族企业创始人赚到了第一桶金。然而，今天的中国，不仅法律完善，而且消费者的自我保护意识逐渐增强，如果某些家族企业老板还打算使用江湖骗术，那么这部分家族企业肯定被消费者所摈弃。

所以，经营企业必须以诚为本，切勿耍小聪明，真正把消费者当作上帝，否则，一旦生产和销售劣质产品，不仅遭到法律的严惩，还会葬送自己和公司的将来。

第十九章

逃税漏税

阿里巴巴为什么能成功,其中一个关键的因素就是按照法律规定的税负缴纳,在这里,我需要提醒创业者的是,照章纳税是企业的义务,必须不折不扣地缴税,这样你的企业才有可能发展,否则,只是一场虚幻的梦境。

——阿里巴巴创始人 马云

不逃税就倒闭本身就是一个伪命题

2012年5月19日,中央党校国际战略研究所副所长、北京科技大学博士生导师周天勇发表微博称:"今年全国一大批小微企业有可能被税务部门整死。"正是这条微博立即引起了轩然大波。

2012年5月25日,周天勇在接受《中国企业报》记者专访时回应称:"绝非危言耸听。减税、清费、发展社区小银行是关键步骤,这方面不动真格的,中小企业会越来越困难,会破产倒闭一大批。"

持这样观点的经营者也不在少数,一位经营者在接受媒体采访时坦言:"如果所有的税费我都严格按照规定缴纳,我的公司马上就会倒闭。如果过去我没有逃税,公司根本活不到今天。"

当然,对于中国家族企业而言,仅仅以这样的理由去逃税漏税显然是不成立的,因为作为家族企业创始人,既然选择了创业之路,无论企业规模大小,都不能逃税漏税。

然而,遗憾的是,在众多中小企业中,有九成企业有逃税行为,这足以引起中国家族企业创始人的反思。

这样的问题在2012年5月北京大学国家发展研究院联合阿里巴巴集团发布的调查报告中得到了印证,该调查报告显示,在调研所涉的1400多家中西部小微企业中,90%的企业存在逃税的现象。本次调研主要针对中西部1400多家小微企业,涉及四川、重庆、陕西、湖南、湖北等省份。其他调查的数据,也基本是这个比例，甚至更为激进。

研究发现，很多家族企业创始人在创业的过程中，为了增加利润，人为地逃税漏税，这已经成为一些家族企业创始人惯用的伎俩。

在《一个小企业的逃税式生存：不逃税就倒闭》一文的开篇就描述了企业逃税漏税的问题："邵林（化名）的公司非常尴尬：再小一点，就是'税务部门懒得管的小虾米'；再大一点，就会进入'查收的重点范围'，偷逃税费会变得很困难。规范吧，成本巨大；不规范吧，又很难融资和进一步壮大。报纸上'小微企业减税'的大标题印得醒目，但邵林却看都没看就翻了过去。拥有一家40多名员工、年营业收入1000多万元企业的他，本应该与这样的新闻息息相关，但他为何如此漠不关心？'再减我也不能交那么多。'他说。'你的公司逃税？'面对这个问题，邵林几乎不假思索地回答：'如果所有的税费我都严格按照规定缴纳，我的公司马上就会倒闭。如果过去我没有逃税，公司根本活不到今天。'"

当看了这个案例后，我非常震惊，因为作为企业经营者，就必须遵循某种规则，这个规则就是——合法经营、照章纳税。

近年来，中国的地税稽查部门在税务稽查中发现，很多企业法人，特别是家族企业法人指使财务人员做假账偷逃税款的事件多如牛毛。一些家族企业创始人也因此触犯法律被判刑的也不在少数，而其中以私营企业特别是家族企业尤其突出。

据地税部门介绍，私营企业特别是家族企业中涉税违法犯罪的共同特点就是，这些企业法人在利益的驱使下，尽可能地少缴或者不缴税，经常利用企业财务人员为保住自己"饭碗"的心态，授意、指使财务人员做假账偷逃税款。一般地，家族企业逃税漏税会采取以下三个手法，如表3-43所示。

表3-43　逃税漏税的三个手法

手法一	企业法人授意或指使财务人员设置两套账，实行账外经营，内账记录实际收支作为内部核算使用，外账则采取不列或少列收入的手段来"应付"税务、工商等部门的检查
手法二	企业法人故意向财务人员隐瞒真实经营情况，提供虚假的经营凭证给财务人员记账
手法三	企业法人要求财务人员按"指定"的利润额记账和申报税费

事实上，不管采用什么样的方式逃税漏税，税务稽查人员都能查出来。因此，家族企业创始人必须"合法经营，照章纳税"，特别是其中的"照章纳税"，这主要是强调企业对国家和社会应承担的责任。

普耀公司在逃税漏税中倒塌了

在这里，我要告诫家族企业创始人的是，照章纳税不仅是企业的义务，而且是企业经营者必须承担的社会责任。然而，有些家族企业创始人却挖空心思去逃税漏税，无视中华人民共和国的税法，就像上述案例中的邵林一样纳税意识淡薄，根本没有上缴税负的意思。

在这部分家族企业创始人的意识中，税收是上缴给国家的，能漏就漏、能逃就逃。其实，这样的想法是十分错误的。家族企业逃税漏税就是不诚信的表现，一旦被税务稽查查获，将为此付出惨重的代价，甚至会遭受牢狱之灾。不信，我们从一个真实的案例开始谈起。

2002年初，广州市普耀通讯器材有限公司（以下简称普耀公司）虚开增值税专用发票，涉嫌偷税案宣告侦破。而后，普耀公司负责人施争辉被捕。这起案件是当时最大的偷税案件，犯罪嫌疑人偷逃税金额近2亿元，震惊了全国。

据检方介绍，施争辉利用普耀名下的广州、北京、上海等地的数家公司，都采用账外经营、设立内外两套账、销售不开具发票或以收据代替发票等方式，大量偷逃税款。

据了解，在1996年初，香港商人施争辉出资在广东省省会广州市成立了普耀通讯器材有限公司，由江少丽任会计。

施争辉为了销售没有合法来源的手机，分别与位于深圳、汕头等地的不法厂商老板协商，由这些厂商为普耀公司提供和虚开增值税专用发票，施争辉则按照一定的比例给这些不法厂商老板支付相应的增值税专用发票手续费。

1996年4月至1997年11月，时任普耀公司会计的江少丽多次将增值税专用发票详细资料通过传真、电话等方式提供给位于深圳、汕头等地的不法厂商，让位于深圳、汕头等地的不法厂商为普耀公司虚开增值税专用发票，这些详细资料包括购货单位名称、货物名称、开票日期、单价、数量、价税额等。

据广东省公安机关查明的资料显示，在1996年4月至1997年11月，香港商人施争辉、会计江少丽等采取支付手续费、空转"货款"的方式，让位于深圳、汕头等地的不法厂商老板共为普耀公司虚开增值税专用发票248份，作为税款抵扣凭证，价税合计达1.9亿元，其中价款1.6亿元，共抵扣税款达2805多万元。经税务机关鉴定，其开具的发票多数为伪造的增值税专用发票。

办案民警在接受媒体采访时介绍说，其实，在1998年4月之前，公安机关没有介入施争辉偷税案,是因为广州市工商局在执法的过程中发现普耀公司销售了3万台无法提供合法来源证明的手机。于是,广州市工商局遂对普耀公司进行查处,并将普耀公司3万台没有合法来源的手机进行拍卖。

被查处的普耀公司不服从广州市工商局的处罚,尔后提起了行政复议。在此期间,普耀公司还利用非法渠道得到一批手机的销售发票,以此来证明被广州市工商局查处的3万台手机的合法来源。

然而,细心的广州市工商局经过认真查证后发现,普耀公司提供的手机销售发票上所注明的号码与手机机身号码并不一致。因为普耀公司无法提供3万台手机的合法来源,于是3万台手机被依法查扣。之后,普耀公司也停止了经营。

就这样,公安机关介入了施争辉偷税案。同时,广东省检察院根据群众举报,察觉到普耀公司的经营中存在涉嫌虚开增值税专用发票的问题,广东省检察院于是将普耀公司涉嫌虚开增值税专用发票的线索移交给广东省公安厅经侦总队,要求深入调查。

之后,广东省公安厅及佛山市经侦部门深入侦查施争辉操纵的佛山新领域、天赋通讯器材有限公司,很快发现施争辉利用这两家公司作为其在中国内地销售三星手机的进口发货商,以账外经营等方法进行偷税。

在广东省公安厅及佛山市经侦部门查处新领域、天赋两家公司时发现,这两家公司的销售网络遍及中国18个省、市、自治区,近百家企业与其有经济来往。办案人员查扣了大量账本、凭证资料,并邀请税务部门进行核查。

经办案人员查证,在1999年1月至2001年12月的这段时间里,施争辉操纵的佛山新领域、天赋两家公司共获得不含税销售收入近13亿元,偷逃应缴增值税、城建税、营业税、企业所得税等国税、地税近2亿元,占应纳税额的93%以上。普耀公司虚开增值税专用发票税款2805多万元。就这样,普耀公司在逃税漏税中倒塌了。

在本案例中,作为香港商人的施争辉,在中国内地经商,不仅得到国家的照顾,还能享受到一些税收减免政策的实惠。

当前,很多企业家对企业的社会责任已经达成共识,企业履行社会责任并不一定是要在电视上去当场作秀捐款,最基本的也是最重要的方面是要管理好自己的企业,而规规矩矩地向政府缴纳自己的税费、不偷税漏税是其中最重要的一条。其实,企业可以合理避税或节税,但前提是不能违反法律。

研究发现,逃税漏税是一些家族企业创始人增加利润惯用的伎俩,但是,很多家族企业创始人都像施争辉一样最终毁掉了自己,不但没能给自己苦心经营多年的家族企业带来一丝好处，反而葬送了多年苦心经营的企业。因此，家族企业创始人将照章纳税看作企业的义务和责任，不仅是一种远见卓识的决策，而且是一种诚信的具体表现。在顾客的意识中，照章纳税多是家族企业实力和经营业绩的体现，凡是纳税先进企业，就自然而然在消费者心目中树立诚实可信的良好形象。

事实证明，一个聪明的家族企业创始人，是绝不会在国家税收上打折扣的，而是用按时足额纳税来包装自己，塑造良好形象，使家族企业兴旺发达。因此，业内人士认为："我国税收环境正在发生质的变化，如果再用旧思维来看待税收，教训可能会很惨重，家族企业应该抛弃做假账的思想，尽量利用税收筹划，合法经营才是家族企业基业长青和永续经营的前提。"

第二十章

造假上市

对于家族企业创始人而言,上市与否,完全取决于自身的企业情况,如果财务不规范,那么就聘请一个会计专家,如果的确要上市,那么就聘请相关的专家,一步一步地、循序渐进地将企业规范地经营,从而达到上市公司的要求,绝对不能揠苗助长。

——新东方创始人 俞敏洪

欧美国家家族企业不愿意上市的四个原因

在美国、欧洲等成熟市场国家,许多家族企业大都不肯轻易去上市,在这些家族企业创始人意识中,是否上市是一个关乎家族企业生存和发展的、十分谨慎的决策。

然而,在中国崛起呼声中的诸多家族企业,几乎把家族企业上市作为一个伟大的目标来实现,甚至在很多家族企业战略中,明确把上市作为一件重要的事情来抓。

为什么美国、欧洲等成熟市场国家家族企业不肯轻易上市,而中国家族企业纷纷举起上市的大旗?原因就是这两类家族创始人的"上市观"差异非常显著,动机不同,前者是为了更好地把家族企业做强、做大,而后者也就是一些中国家族企业是为了上市圈钱,甚至有的家族企业为了上市圈钱不惜造假。这样的路径不同,其产生的后果也无疑迥然不同。

在"富过三代——家族企业如何迈过接班生死坎"培训课上,一个学员说:"周老师,我觉得美国、欧洲国家的家族企业创始人就知道傻乎乎地干,一点都不懂得利用资本经营的作用,不轻易上市就是太保守。"

其实,这个学员的想法很有代表性,他们只知道上市给家族企业带来作用,却不知道上市有时也会影响家族企业的发展。一般地,家族企业上市的作用有以下几个(见表3-44)。

表 3-44　家族企业上市的六个作用

作用	具体内容
上市有助于家族企业实现低成本、快速融资	融资是家族企业非常棘手的问题，而上市是家族企业在融资方面一个相对低成本的融资工具。事实证明，对于家族企业来说，上市仍然是较为快速融资的方式之一
减少家族企业对银行贷款的过度依赖	在家族企业的发展过程中，为了获得更好的发展，创始人往往会向银行寻求贷款，从而对银行产生一定的依赖性。然而，当家族企业上市后，家族企业从资本市场融到巨额的资本，家族企业的资产负债率大大地降低了，家族企业对银行贷款的依赖性也就相应地降低，家族企业在银行的信用评级也会相应得到提高
可融资和再融资	在家族企业的发展中，往往面临着可融资和再融资的问题。家族企业上市后，就可以进行可融资和再融资了。家族企业可融资和再融资带来资金的乘数效应，从而获得更多的发展机会。例如，万科当初是以倒卖猪饲料开始的，后来凭借上市再融资获得了很多发展机遇，如今的万科在资本市场获得了充裕的发展资金
低成本广告效应	不可否认的是，家族企业上市前后，众多媒体发表相关的分析文章，这对于提升家族企业品牌有一定的作用
实现跨越式发展	家族企业上市后，不仅募集了巨额的发展资本，还能利用募集的资本来完成家族企业产业链的整合
提升家族企业的管理水平	家族企业上市后，按照规定，必须引进科学的公司治理团队，建立一套规范的管理体制和财务体制。当然，这有助于提升家族企业的管理水平

可能读者会问，对于家族企业来说，既然上市的优势如此明显，那么在美国和欧洲国家的家族企业为什么不轻易上市呢？原因这些家族企业创始人知道，一旦家族企业"上市"，就意味着曾经一个人或几个人拥有的家族企业将变成由许许多多人（包括中小投资者）共同拥有。当然，这只是其中原因之一，更多的原因见表 3-45。

表 3-45　欧美国家家族企业不愿意上市的四个原因

原因一	当家族企业上市后，人们往往对上市公司尤其是那些高成长型上市企业有较高的成长预期
原因二	很多家族企业不愿意上市，其中一个理由就是不愿意接受上市公司严格的信息披露制度，因为家族企业一旦上市，就必须公开企业的信息，即使某些商业秘密也不例外，这是对上市公司的竞争力的巨大挑战

续表

原因三	一般地，当家族企业上市后，无疑就成为一家公众公司。而家族企业对社会的直接影响以及自身社会形象都具有"放大"效应，一旦遭遇危机，家族企业的股票市值就可能大幅度缩水
原因四	当家族企业上市之后，就意味着家族企业创始人的股权被稀释，家族企业的经营战略，或者是某些经营决策也可能被更多人控制或者做出相应的改变，甚至有的家族企业控股权都有可能遭到旁落他人的危险，尤其是过去家族企业创始人独享利润将被极大地"摊薄"

研究发现，欧美国家许多优秀的家族企业或私营企业，往往对上市十分保守、谨慎。反观中国家族企业，上市的热情在冲动中从未减弱过，我们通过逆向的角度来看中国家族企业偏爱上市的原因，那些财务越是糟糕的家族企业，上市的动机也就越强烈。当然，这类财务糟糕的家族企业造假上市的冲动也就相应更加强烈。

绿大地给部分盲目上市的家族企业敲响警钟

毋庸置疑，造假上市是中国家族企业死亡的又一个重要原因，绿大地生物科技股份公司创办者和董事长何学葵就是其中的一个典型案例。

1996年，绿大地生物科技股份公司创办者和董事长何学葵从云南小城河口一个小花店起步，短短五年时间，何学葵经营的小花店就发展成了总资产上亿元的大型民营企业。

此刻的何学葵大胆决定和科研部门合作，很快取得了较好的效果，没过多久就培育出了20多个新品种花卉，从而建成了云南省境内最大的种苗培养基地。何学葵培育的花卉产品得到中外经销商的认可，甚至还出口海外。

正当何学葵的事业蒸蒸日上的时候，何学葵又抓住了1999年昆明世博会这个巨大的商机，巧妙地签订了多项绿化工程项目的合同，这就为绿大地生物科技股份公司成为云南园艺和绿化行业的龙头企业打下了坚实的基础。

《圣经》说，大多数人都会选择走"宽门"，因为这是最好走的路，也是通向地狱的路；只有极少数人才会选择"窄门"，那里通向天堂。何学葵便是大多数人中的一个，何学葵如果脚踏实地地经营下去，绿大地必然有一个美好的未来。但是，何学葵却不满足于这样稳健的发展路径，他追求的是跨越式的发展,希望绿大地能够在短时间内迅速做大。正是这样,让何学葵产生了把绿大地包装上市,通过上市融资的方式来快速扩张的想法。

而在当时,何学葵正好接触到了几位资本运作的资深专家。资深专家给何学葵介绍了有关资本市场翻手为云、覆手为雨的种种传奇,促进了想快速做大绿大地的何学葵尽快上市的进程。当然,何学葵强烈的上市欲望和冲动也为日后造假上市埋下了伏笔。何学葵的战略就是绿大地有条件要上市,没有条件也必须创造条件上市。

当然,要想上市必须达到上市的标准。然而,按照绿大地当时的情况,肯定是达不到上市的标准的,绿大地上市只不过是何学葵的一个梦想而已。

让绿大地上市并不是何学葵的专长。要实现绿大地上市,何学葵就必须聘请相应的管理人才,而这个人才就是曾经就职于贵州财经学院和云南省审计厅的蒋凯西。

当何学葵制定了绿大地上市的目标后,何学葵为了让蒋凯西帮自己实现绿大地的上市梦,便拿出了一部分原始股权给蒋凯西,并在2000年前后聘请蒋凯西担任了绿大地的董事和财务总监。

蒋凯西的加盟,加快了绿大地上市的步伐。当然,蒋凯西为了更快让绿大地上市,向何学葵推荐了上市资深专家庞明星。

可以说,庞明星是一位名副其实的上市专家。庞明星在2003年加盟绿大地之前,已经帮助中国10多家企业做过上市了,对上市的流程了如指掌。

而后,为了让绿大地达到上市的标准,绿大地董事长何学葵、财务总监蒋凯西、财务顾问庞明星、出纳赵海丽负责在账本上虚增业绩,而采购中心主任赵海燕负责在客户上做文章。就这样,绿大地这辆造假的马车开始在上市的路途上狂奔,主要有以下三步(见表3-46)。

表3-46 绿大地造假上市的步骤

第一步:修改公司名称	把绿大地公司的名称加入生物科技的字样,以迎合市场和投资人的喜好
第二步:注册一批由绿大地实际控制的公司	注册了一批由绿大地实际控制的公司,利用其掌控的银行账户,操控资金流转
第三步:达到上市的条件	伪造合同、发票和工商登记资料,虚构交易业务,虚增资产,虚增收入以达到上市的条件

事后的稽查发现,经过这样的三步后,绿大地在上市前后虚增资产3.37亿元,虚增收入5.47亿元,个别资产竟然被虚增了18倍之多。不过,中间经历

了一些小小的波折，即在 2006 年 10 月，绿大地的第一次上市失败。对此，何学葵认为："发行股票没有审核通过，主要就是关于市场调研运行，以及市场前景的问题、大量募集资金投向与经营问题。"

但是，在何学葵"绿大地有条件要上市，没有条件也必须创造条件上市"的指导方向下，蒋凯西、庞明星等最终还真把绿大地给鼓捣上市了。在 2007 年 12 月 21 日，绿大地终于成功地登陆了中小企业板，募集资金 3.46 亿元。绿大地成为当时 A 股唯一一家绿化行业的上市公司，也成为云南省第一家民营上市公司。

绿大地在上市挂牌的第一天，股价一路高涨，市值上涨了 178%，最高时涨到了每股近 64 元，作为绿大地创办者和董事长的何学葵，一度拥有超过 27 亿元的资产。

2009 年，在资本市场上凯旋的何学葵跻身胡润富豪榜，成为媒体和地方政府关注的云南女首富。而那时，在资本市场上狂奔的绿大地已经踏上了一条没有归家的路。

为了达到上市公司的要求，何学葵等通过造假堆出虚假的繁荣。为了避免资金链断裂，绿大地在 2009 年 8 月提出了增发申请。

然而，让何学葵没有想到的是，正是 2009 年 8 月提出的增发申请，让监管部门发现了绿大地造假上市的问题整个骗局败露了。

2011 年 12 月，昆明市官渡区法院做出了判决：绿大地公司构成欺诈发行股票罪，判处罚金 400 万元；原董事长何学葵判处有期徒刑三年，缓刑四年；其他几位被告也分别被判处两到四年的缓刑。

判决之后，何学葵并没有上诉。但是昆明市检察院却提出了抗诉，认为判罚太轻，这才有了 2012 年 5 月 7 日昆明市中级人民法院的第二次审判。这一次，检方又对何学葵等被告提出了违规披露重要信息罪、伪造金融票证罪和故意销毁会计凭证罪三项指控。其中，伪造金融票证罪最高的刑罚是无期徒刑。为此，中国新时代的云南女首富就这样悄然地落幕了。

在本案例中，何学葵为了上市不惜造假，最终为自己的行为付出了代价。客观地说，何学葵是中国女企业家中一个非常耀眼的奇葩，这从何学葵的履历中我们就能看出，1990 年 7 月，何学葵毕业于云南财贸学院商业经济系，其后相继担任了云南省路达公司财务经理、云南省卫生厅升龙公司业务经理、昆明五华经贸公司总经理等职务；1996 年 6 月，何学葵联合其他股东组建了云南河口绿大地实业有限责任公司，任总经理，并于 2001 年 3 月公司整体变更为云南绿大地生物科技股份有限公司后担任董事长；2011 年 3 月 18 日，公司收到控股股东、董事长何学葵的辞职申请，因个人原因，何学葵申请辞去公司董事、董事长职务。

短短数年间，何学葵把一个仅有20万流动资金、5名员工的小花店发展成一个注册资本为4400多万元、总资产上亿元、拥有250多名员工的大型股份制企业。

这样的经营业绩说明何学葵是一位不可多得的精英人才，何况何学葵是一位女企业家。对此，中国证监会稽查大队稽查人员小刘在接受采访时谈道："公司就踏踏实实做工程、做苗木工程、做绿化，估计还可以，但是规模可能不会像现在虚假这么大。"

当何学葵造假上市的事件被媒体披露后，有媒体公然把绿大地称为"银广夏第二"。媒体把绿大地称为"银广夏第二"的原因是，绿大地和"银广夏第二"的方法非常雷同，两家公司都是农业股，都是虚增利润，业绩造假。

何学葵"绿大地有条件要上市，没有条件也必须创造条件上市"的做法警示中国家族企业，尽管上市圈钱融资对于任何一个家族企业来说都具有非常大的诱惑力，但是家族企业创始人一旦不计成本、盲目跟风甚至造假上市，一定会为此付出惨重的代价。就像上述案例中绿大地的创始人何学葵一样，不仅失去了实现自我价值的机会，而且连自己的前途也没有了，实在令人惋惜。

对于家族企业创始人而言，上市与否，完全取决于企业的情况，如果财务不规范，那么就聘请一个会计专家，如果的确要上市，那么就聘请相关的专家，一步一步地、循序渐进地将企业规范地经营，从而达到上市公司的要求，绝对不能揠苗助长。

可能有读者会问，既然上市要根据自身条件，还要坚持循序渐进，那么何学葵为什么还要造假上市呢？其实就是部分中国家族企业创始人不懂法律，总是抱着侥幸的心理，铤而走险，结果就是搬起石头砸自己的脚，从而将自己多年经营的事业葬送。

第二十一章

隐形规则主导企业管理

一个家族企业创始人,特别是那些董事长和总经理,就算是当今世界盖世英才、诸葛亮转世,但只要他的公司没有明确的游戏规则,一切事情都要由他一个人来决定,那么,人们在这个企业中看到的仍然是封建王朝式的臣子争宠、嫔妃争斗的种种丑态,最后,企业的命运还是会像封建王朝一样走向灭亡。

——新希望集团董事长 刘永好

隐形规则面临重大危机

在企业的管理中,如果家族企业创始人仅仅是为了脸面、为了权威、为了一己私利、为了自己的心理平衡,那么这样的管理模式是不会把家族企业做强、做大的。

然而,在中国转型时期,很多民营企业老板和高级职业经理人缺乏领导能力,常常"指鹿为马",而且该公司所有员工都必须听从家族企业老板的调遣,该公司的一切运作都要按照企业老板的主观意志进行,成熟企业的管理制度和规则在此时都不存在,就连本公司已经明确制定出的制度规章也被家族企业老板们所否定。

这样就会使公司内的全体员工对凡是不直接关系到自己切身利益的事情,无论谁是谁非、谁对谁错,一律不去过问,以免惹祸上身。因此,新希望集团董事长刘永好在接受媒体采访时坦言:"一个家族企业创始人,特别是那些董事长和总经理,就算是当今世界盖世英才、诸葛亮转世,但只要他的公司没有明确的游戏规则,一切事情都要由他一个人来决定,那么,人们在这个企业中看到的仍然是封建王朝式的臣子争宠、嫔妃争斗的种种丑态,最后,企业的命运还是会像封建王朝一样走向灭亡。"

2005年10月,我和几位同事被深圳一家民营企业——Q科技有限公司邀请做咨询，当我们团队进驻Q科技有限公司三天后，就发现Q科技有限公司存在着重大问题。

在Q科技有限公司，所有公司重大决策，包括公司日常工作安排，都是由老板（董事长兼总经理）刘鹤理和副总经理管科在总经理办公室内做出的。

然而，尽管Q科技有限公司的决策和日常的工作安排看起来是很完美，但是部门经理往往难解其意，很难将决策和日常安排彻底地贯彻执行下去。

于是，我们团队向Q科技有限公司老板刘鹤理建议，要求Q科技有限公司每周召开一次公司例会。

召开该例会的主要目的是让老板刘鹤理制定的所有工作主张和计划在该例会上公开与各部门经理沟通，让部门经理了解刘鹤理制定工作主张和计划的战略意图再让部门经理执行，从而更好地提高工作主张和计划的执行效率。当我们团队讲明了该例会的好处，老板刘鹤理才勉强同意了。

正当该例会发挥着重要作用的时候，让我们感到吃惊的是，周例会才开五次就被老板刘鹤理给取消了，也没有给部门经理做出任何解释。

根据我们后来的走访发现，刘鹤理取消例会是因为刘鹤理认为，Q科技有限公司所有的决策都要在例会上与部门经理讨论太过于烦琐，甚至在作出很多决策时，刘鹤理自己也拿不出更加充分有利的依据来支持该决策。当然也就很难解释各部门经理们对决策的质疑。于是，刘鹤理决定取消例会，所有决策还是按照自己的思路做出决定，安排下去让大家先执行再说。

在上述案例中，Q科技有限公司老板刘鹤理总是偏好在其公司内部采用一种灰色、非理性的个人私下的游戏规则来管理企业，做出关乎公司生存和发展的重大决策。

刘鹤理为什么会采用这样说不清道不明，无法用常规逻辑道理来解释的处理方式呢？因为刘鹤理心里非常清楚，如果把决策拿到例会上来公开讨论，刘鹤理作为老板的绝对权威就会受到挑战，所以刘鹤理就取消了例会，回到了暗箱操作的过去，这样老板的权威又开始显现出来。

Q科技有限公司要想做强、做大，就必须改变刘鹤理的隐性规则，否则Q科技有限公司将面临重大危机。

沟通机制及渠道的匮乏

不可否认，家族企业创始人热衷于用隐形规则主导企业管理，这与家族企业沟通机制及渠道的匮乏有关。

在很多家族企业中，正式的沟通机制及渠道相当匮乏，这就造成了家族企业创始人大权在握、唯我独尊，致使很多家族企业全凭自己的经验和判断作决策。

研究发现，在中国家族企业中，半数以上的家族企业从来就没有过正式的会议制度、月报会、周例会、专题会等能监督家族企业老板的沟通机制及渠道。

可能有读者会问，既然家族企业没有沟通机制及渠道，那么这些家族企业创始人如何能抓住商业机会呢？这就靠家族企业创始人敏锐的洞察力和果敢的决策风格。

在一些家族企业中，可以说90%以上的家族企业战略决策是家族企业老板在私下作出的，这些家族企业创始人在作决策时，从来不会去考虑通过正式会议来作出家族企业战略决策。

客观地说，在家族企业创业阶段，家族企业创始人的这种决策方法是非常高效的，而且决策得到执行的效率也是非常高的。但是当家族企业达到一定规模后，家族企业创始人如果还采用创业初期的决策方法显然已经不合适了。

例如，家族企业各个部门的意见、问题由于缺乏正式向上传递的沟通机制和渠道，势必会造成很多能给家族企业带来发展的建议被遗弃，甚至还会大大地挫伤家族企业非家族员工的工作激情和主动性；一些家族成员可能向老板传递"悄悄话"，甚至可能凭借"小报告"来打击一些与自己立场不同的非家族成员。

在制度化、规范化的企业中，各种制度制定得相当完善，所有问题都可以通过清楚明确的制度条款来解决，企业管理更加透明化、决策也相对民主化。

当然，要完全将家族企业改造成这样的企业管理模式，需要一段较长的时间。在中国大部分家族企业中，几乎所有的资源完全由一个人或少数几个人掌握着，由于没有完善的制度，再加上创业初期又实行人治化管理，因此人治高于法治。这就使得很多能力较强的员工，也包括家族成员可能因为无法实现自己的价值而离开，而一些获得家族企业创始人信任和器重的人往往不是能力不足就是过于服从，在一定程度上就阻碍了家族企业突破成长瓶颈。

由于家族企业创始人的绝对权威，员工能力的提升给家族企业带来的业绩也不再是评判是非的标准，最后的决定往往取决于家族企业老板的好恶和偏向，而个人好恶和偏向在管理中又是最不稳定、最容易变化、最没有理性的。

此时，员工们往往不是想着如何提升家族企业的业绩，而是想着如何才能赢得家族企业创始人的认可和信任，如何想着能让自己的建议得到老板的通过。久而久之，家族企业中的所有员工就不再关心家族企业的发展，而是关心如何赢得老板的支持，甚至为了让老板的决策通过，违心地批评家族企业的某些反对者。在这些家族企业员工的意识中，坚持正确性本身并不重要，重要的是知道家族企业老板是如何想的。

在这样的企业文化中，即使家族企业创始人（董事长或者总经理）是一个"明君"，同样会导致溜须拍马、小人得势、君子失意的情况出现，尽管明君再"明"，也不可能完全依赖制度，而只要是"人治"，终究还是会走向黑暗的企业文化之中去。

围绕着家族企业创始人的"小圈子"到处都是

家族企业创始人偏爱公司政治，可能源于中国人对古代皇权绝对权威的崇拜，甚至是在公司管理中借鉴从前皇帝的平衡术。比如，在唐朝武则天时期，就利用各派的力量互相牵制，互相制衡，使得皇帝掌控全局。

在很多家族企业中，创始人也同样在利用各方的力量互相牵制，甚至有一些家族企业，在规范的组织结构之外，还有一个围绕着家族企业创始人，也就是最高决策者的"小圈子"。

在实际的管理中，这些"小圈子"发挥着非常重要的作用。的确，在一些家族企业中，"小圈子"里的成员职务可能不太高，如家族企业老板的司机、贴身秘书或者出纳，但是，"小圈子"里的这些人往往是家族企业创始人的亲戚。虽然这些人文化素质不高，但是家族企业老板非常信任他们。他们的功能主要有两个：一是监视家族企业员工，当然也包括监视职业经理人的一举一动；二是本身的工作。因此，家族企业老板在作出决策时，会事先告诉自己人，甚至会征求这些人的意见。

事实证明，"小圈子"里的这些人始终以各种各样的形式直接影响着老板的决策，"小圈子"内部人员的一次沟通甚至比公司一次正式会议上形成的决议更有作用。

在一些家族企业中，职业经理人刚加入时信心满满地想改变家族企业的不规范。然而，职业经理人真正困惑的是，这个"小圈子"成为了他改变家族企业不规范的最大障碍，因为他发现，花了很多时间写出的正式工作报告和工作计划，往往就是由于得不到"小圈子"中某一个人的赞同而功亏一篑，"小圈子"里的人在酒桌上形成的意见比职业经理人花了大量时间、精力得出的有精确数据支持的工作报告要更有用。

而在一些家族企业中，让职业经理人非常吃惊的是，出纳往往比自己更早知道老板作出的很多重大战略决策。

在家族企业社会化的过程中，当家族企业达到一定规模，家族企业老板会主动聘请职业经理人。其实，家族企业老板也知道，要想将家族企业做强做大，就不能再仅仅靠自己的那些能力低下的亲戚来管理家族企业了。只有从家族外聘请一个或几个职业经理人来提升家族企业的管理水平，但同时又保留过去的那些亲戚朋友的职务。家族企业老板这样做的目的，就是兼顾家族企业各方的利益，尽可能提升家族企业的竞争优势。

然而，殊不知，职业经理们加盟家族企业后，在制度化、规范化管理的推动进程中，家族企业老板的亲戚竟然是最大的阻力，而制度化、规范化管理对于老板的亲戚竟然根本不管用。

更可怕的是，职业经理们在改造家族企业时，反对的往往都是老板的亲戚，而且还会想方设法地阻碍职业经理人正常开展工作。

在这样的情况下，职业经理人很难按照理性思路和规范运作方法开始着手家族企业的社会化改革。然而，让职业经理人想不明白的是，当初强调制度化、规范化管理的家族企业老板此刻却不表态，想把老板的这些亲戚清除出家族企业是根本不可能的事情。

职业经理们只好把60%以上的精力放到对付家族企业老板的这些亲戚上，职业经理人如果不这么做，就连40%的精力也无法用于实际工作中，甚至会被传统势力逐出公司。

避免隐性文化主导企业决策和管理的三个方法

不可否认，在上述案例中，Q科技有限公司只是中国企业中的一个代表。其实，在中国很大一部分民营企业中，特别是中小民营企业中，这种隐性规则往往主导着企业的决策和管理，企业领导者也通常缺乏一种最基本的是非黑白判断标准。

例如，S家族企业，有员工300多人。为了更好地制度化管理，该企业规定，迟到、旷工要扣一天工资的两倍及其本月奖金。该企业老板（总裁兼总经理）助理杨某旷工一天，如果按制度规定，杨晓彤应予以处罚。当人力资源总监把处罚报告给老板时，老板却说："算了吧，她是我的助理，而且也跟我打拼多年了。处罚了她，我的面子也挂不住啊。"

又如，在P公司，大学机械专业毕业的霍某，技术能力非常强，于是提出与上司意见不同的技术方案，该技术方案更加科学合理，深得生产线干部的欢迎。然而，他的上司自觉很难堪，面子全无，便找了一个理由将其辞退了。霍某将情况反映给老板，但老板却支持其上司的辞退意见。

由于此类事情在很多企业发生过，而且非常频繁，很多员工们也就见怪不怪、习以为常了。

在中国诸多企业中存在着这种隐形的文化现象，这种现象也不是公家法律，也不是公司制度，但是却比国家法律和公司制度更具致命性。

可能有读者会问，作为领导者，如何才能避免隐性文化主导企业决策和管理呢？方法有如下四个（见表3-47）。

表3-47 避免隐性文化主导企业决策和管理的三个方法

方法	具体内容
以身作则，坚持维护公司规则	作为家族企业领导者，特别是家族企业老板必须以身作则，坚持维护公司规则。相反，如果家族企业领导者，特别是家族企业老板公然违反相关制度制定，部门经理和一线员工就可能对领导者不遵守公司制度的行为进行效仿，或者放弃对自我行为的内在管控。在部门经理和一线员工看来，制度是给全体公司所有人制定的，既然制度的制定者尚且如此，部门经理和一线员工就有了效仿的理由
公司所有人包括家族企业老板在内一视同仁	在很多公司中可以看到，员工因为违反了公司制度而遭到了处罚，但是家族企业领导者特别是家族企业老板不遵守公司制度免于处罚，让所有员工觉得不公平。在这种情况下，家族企业领导者，特别是家族企业老板以及公司制度在员工中的权威会急剧下降
绝对不能将常规性问题非常规化	在公司制度完善的情况下，家族企业领导者特别是家族企业老板企图绕过某些公司规则体系去例外处理一些问题。其实，家族企业领导者特别是家族企业老板处理这些问题本可以采用公司现有规则体系来解决，但是他们将常规性问题非常规化，这样的做法实际上就行使了不必要的特权，家族企业领导者特别是家族企业老板就人为地将自己与特权联系起来

第二十二章

关键岗位上用错人

在中国，目前人才流动机制基本形成、人才信用机制严重缺乏的情况下，特别是在现代职业经理人队伍尚不成熟、缺乏有效的信用机制的情况下，民营企业家必须能够正确地评估企业的用人风险，并具备相应的风险承担能力。民营企业如何找到合适的人才、有效地降低用人风险是一个非常重要的课题。长期而言，民营企业必须通过建立完善的内部管理体系和人才梯队来降低企业对个人的依赖，以从根本上降低用人风险。

——人力资源资深管理专家　陶大宇

21世纪什么最贵——人才

在一次"中外家族企业成功之道"的公开课中，一家大型民营企业的老板非常纳闷地问了我这样一个问题："周老师，你说要票子我给票子，要房子我给房子，要车子我给车子，就差要老婆没有把老婆给他了。凭良心说我真的待他们不薄，可为啥他们就是不领我的情，还是要辞职呢？"

在"富过三代——家族企业如何迈过接班生死坎"培训课上，我见到了那位民营企业老板所说的那个辞职的员工——王正坤，这是一位毕业于北京某大学的高材生，在企业里摸爬滚打了十几年，具有丰富的管理经验。谈及离开那家民营企业，王正坤深深地感叹道："其实老板待我也不错，但是我离开绝对不是因为这些，在那里我总是觉得很空虚、很压抑……"

我将那个民营企业老板的话转达给他之后，王正坤说出了自己的心里话："我总不能为他打一辈子工！他只是一个穷得只剩下钱的暴发户罢了。其实现在金钱对于我来说没有绝对的诱惑力，我只想干出一番业绩，证明我的能力，而在那里我总是不能全力施展我的才能，所以我离开是因为我觉得在那里是对我价值的最大否定。"

从王正坤的话中不难看出，中国家族企业正在遭遇人力资源危机，特别是某些重要岗位。

"21世纪什么最贵——人才"。电影《天下无贼》中黎叔的这句经典台词道出了中国企业管理者们的心声与无奈，也得到了社会广泛的认可并迅速在社会上传播开来。

事实上，在当今竞争日益激烈的知识经济时代，科学技术飞速发展，技术就成为决定一个国家或企业是否具有竞争力的一个重要因素。而技术创新与进步是由核心的人才来完成的。因此，技术的较量归根结底就是核心员工的较量。掌握科学技术知识的核心员工，日益成为各企业争夺的对象，这种核心员工的供需缺口，以及全球化和信息化的不断深入，为核心员工的流动创造了需求并提供了可能。核心员工日益频繁的全球流动，已成为当今社会核心员工流动的一大特点。

尤其在我国加入WTO之后，中国企业不可避免地与实力雄厚的跨国企业争夺核心员工。在这种大兵压境的情况下，如何留住本企业的核心员工，尽量不让本企业的核心员工流失，降低流失风险，已经成为中国企业管理者所必须解决的一大课题。

人力资源存在的三个风险

零点调查最新公布的《京沪两地企业危机管理现状研究报告》显示，当前有高达53.8%的企业曾经经历过或正在面临着人力资源危机，而且人力资源也是给企业造成严重影响的危机之一，有33.7%的被调查企业表示人力资源危机对其企业产生了严重影响。

从这份报告中可以看出，人力资源存在危机就意味着企业存在重大的人力资源风险，特别是在某些关键岗位上。近来企业核心员工流失的最大特点就是核心员工的"集体跳槽"，如北大方正前助理总裁周险峰率30多位PC技术骨干集体跳槽加盟海信数码；健力宝销售公司前总经理蒋兴洲与20多位销售经理集体离职；等等。

这些事件均在业界引起了轩然大波，而且有着愈演愈烈的势头。随着这种现象的增多，其背后的原因也值得中国家族企业创始人或者家族企业领导者认真思考。

不可否认，在创业初期，家族企业创始人利用家族和企业相结合的特殊形态，在一定程度上能够实现企业基因和家族基因的优势互补，可以提高抵御企业人力资源风险的能力，但是当家族企业达到一定的规模之后，由于人力资源在家族企业中日益显著的作用，以及家族企业内部人力资源结构的先天性缺陷等多种引发风险的因素依然存在，家族企业发生人力资源风险的概率不是在降低，而是有逐步增加的趋势，并成为制约家族企业成长的重要因素。分析家族企业人力资源风险，特别是化解家族企业人力资源风险，是解决家族企业成长难题的重要步骤。

研究发现，在企业成长及市场竞争中，家族企业人力资源管理所表现出来的优势、弱势、机会和威胁，总体来说是机会与挑战并存、优势与弱点明显，而威胁与问题相对很多（见表3-48）。

表3-48 家族企业人力资源管理SWOT分析

		机会（O）	威胁（T）
		吸引大量人才；学习发展空间大；管理制度规划	内部人控制；现代、国际企业的竞争；内部经营不善；人力关系不协调
优势（S）	管理机制灵活；人力成本较低；得到家族成员的支持	（SO）不断加强改进	（ST）控制威胁、恢复优势
弱势（W）	所有权与经营权的不清晰；人才结构不合理；人力资源管理制度不健全；管理随意	（WO）关注竞争对手、把握机会	（WT）适当的调整与退出

因此，对于任何一个家族企业领导者，特别是家族企业老板来说，必须关注核心员工的风险防范。然而，中国家族企业领导者特别是家族企业老板不清楚，在任何一个企业的人力资源管理中都存在着诸多风险。如果家族企业领导者特别是家族企业老板在使用人力资源决策时稍有不慎，就有可能给企业带来不必要的损失，甚至灾难性的后果。

在高楼林立的北京中关村，科技公司多如牛毛。刘东经营的东科科技公司就是这众多科技公司的一个。

1998年，北京某大学计算机科学与技术专业毕业的刘东就进入了诺基亚公司。两年后，刘东独立创业，主要经营的业务是手机短信。

在刘东的意识中，只要有了好的产品，市场是不用发愁的。在这样的思维下，刘东更加专注于技术和产品的完善与开发。

由于刘东"不关注市场"这种不正确的观念，再加上刘东缺乏管理企业的能力，公司管理非常混乱，大部分能力较强的员工另觅高枝，不但刘东坚持做的产品没有做好，而且客户不接受刘东非常看好的产品。

此刻，东科科技公司已经濒临倒闭。公司的困境让刘东非常发愁。然而，一个IT技术研讨会让东科科技公司燃起了一丝复活的希望。

刘东偶然认识了作为发言嘉宾的王刚。在该IT技术研讨会上，王刚的发言给刘东极深的印象。刘东觉得王刚不仅有着丰富的500强企业管理经验，而且非常了解手机短信市场。

于是，刘东以年薪80万元聘请王刚做东科科技公司副总经理，主管销售和行政，而刘东自己仍然担任总经理，主抓技术。

为了改变公司的颓势，刘东把所有的希望都寄托在这个对手机短信市场业务非常了解的王刚身上。因此，刘东对王刚非常信任，对王刚也很放权。

王刚上任之后，对东科科技公司进行了一些了解，之后马上大刀阔斧、信心十足地干起来：重新进行产品定位、制定销售策划、招聘销售人员、建立销售网络、不断地对公司员工培训、建立绩效管理体系等。

功夫不负有心人，王刚的到来不仅提高了东科科技公司的岗位效率，还对东科科技公司进行制度化管理，使东科科技公司的业绩倍增。

经过一年多时间的艰苦奋斗，东科科技公司发展势头非常迅猛，公司规模也一步步地扩大了。

然而，东科科技公司的危机再次袭来——刘东和王刚之间的矛盾开始了。王刚由于挽救了东科科技公司，在公司里的威信较高，刘东开始担心东科科技公司失控于王刚。

以前从不过问公司大小事务的刘东渐渐地都要亲自过问处理，包括由王刚分管的事情都要经过刘东最后批准。

刘东突然收权使王刚的工作很被动。因为王刚是东科科技公司的头功之臣，也开始对自己的待遇和职位不满意了。刘东的收权更加激化了两个人之间的矛盾，他们不仅对东科科技公司目前的运作管理各抒己见，还对东科科技公司今后的发展方向看法各异。

半年之后，王刚辞职了，而且随同辞职的还有东科科技公司的技术部经理陈跃、销售部经理袁军，以及刚刚策划好的企业产品和市场机密。

这一次，刘东的东科科技公司彻底垮了。

当刘东在高薪聘请王刚时，应该评估其中的风险，从而有针对性地放权。然而，在实际的企业管理中，一些企业老板像刘东一样只知道解决公司的困难，而忽略了风险的防范，这就引发了更大的危机。因此，如果家族企业领导者特别是家族企业老板在人力资源管理中,由于自身缺乏法律风险防范意识,再加上法律风险控制不当,那么就可能给企业带来不少劳资争端,甚至会付出惨重代价。

上述东科科技公司的案例,就是一个典型的人力资源风险案例。在"富过三代——家族企业如何迈过接班生死坎"培训课上,一个学员问:"周老师,人力资源风险防范那么重要,我们日常的企业有哪些风险呢?"

研究 10 多年来,我发现人力资源往往存在着三个风险,我们主要以东科科技的案例来说明(见表 4-49)。

表 4-49　人力资源存在的三个风险

风险一	缺乏核心人才风险防范意识	刘东非常匆忙地拍板决定以 80 万元年薪聘请王刚,只关注了王刚的管理能力和市场经验,并没有考察王刚的工作经历、人品等因素,这就埋下了王刚离开东科科技公司重新陷入更大危机的种子。王刚在跳槽的时候,将东科科技公司的先进技术和科研成果带走,尤其是带到企业的竞争对手中去,不仅将企业的宝贵财富拱手相让,还可能改变市场竞争格局,间接损失巨大
风险二	用人风险控制不当	为了改变东科科技公司的颓势,刘东把所有的希望都寄托在王刚身上,当王刚加盟时,刘东对他的过分信任和无限制的放权也加剧了用人风险。当东科科技公司的经营状况有所好转时,刘东突然亲自过问的做法激化了他与王刚之间的矛盾
风险三	缺乏用人风险的驾驭能力和解决办法	对刘东来说,在聘请王刚时,就必须知道自己用人风险的驾驭能力和解决办法,即刘东在放权的同时必须监控王刚的职责

事实上,像刘东那样的企业老板遭遇到的用人风险只是中国 4000 万家企业中的一个典型。

从上述案例我们不难看出,尽管有能力的人才能够让企业高速发展,但是人力资源不同于其他物质资源,能够准确地评估和度量,并保持恒定的产出,家族企业领导者特别是家族企业老板必须充分地认识到这一点。

然而,在目前中国缺乏职业经理人制度的情况下,家族企业领导者特别是家族企业老板在选择核心人才时,必须能够正确地评估其核心人才的各个方面——工作经历、人品等,从而更好地预测用人风险,并具备相应的风险承担能力。

降低企业用人风险的 9 种策略

不可否认,当企业达到一定规模之后,招聘更多的有能力的人才便成为一种趋势,特别是近年来随着世界 500 强企业进入中国,企业对人才的需求也相应增加,再加上中国严重缺乏人才信用机制,找到合适的人才、有效地降低用人风险就成为家族企业领导者特别是家族企业老板工作的重心之一。

对此,新希望集团董事长刘永好在接受媒体采访时坦承:"新希望是家族的创业者,是家族股份持有者,从这个角度来讲是家族企业。家族企业并不错,关键是有家族色彩的企业如何跟上时代,怎么样在规范、透明、制度健全、规范结构上做文章,使家族人才以及优秀人才在重要的岗位上真正发挥作用,这需要机制的创新。"

对于任何一个家族企业领导者,特别是家族企业老板而言,面对用人风险必须调整人力资源管理思维,依据用人风险有针对性地改进家族企业领导者特别是家族企业老板在人力资源方面的管理方法,从而进一步建立其更加专业、合理、精细的人力资源体系,以达到控制用人风险的目的。对此,业内专家撰文指出,面对企业的用人风险,家族企业领导者特别是家族企业老板可以采用以下策略降低企业用人的风险(见表 4-50)。

表 4-50　降低企业用人风险的 9 种策略

策略	具体内容
正确认识与领导者人才的关系	很多家族企业领导者特别是家族企业老板认为,领导者与人才之间的关系是简单的雇佣和被雇佣关系。其实,这样的看法是不全面的,领导者与人才的关系是一种合作、共赢的关系。只有家族企业领导者特别是家族企业老板充分认识到这一点,给予人才以更多的重视和认可,才可能建立其良好的合作基础
制定符合公司发展需要的人事政策	家族企业领导者特别是家族企业老板必须依据企业的发展阶段、发展战略以及内外环境、文化等因素,确定企业的基本人事政策,书面确定企业引进何种技能的人才、怎样激发和留住人才等原则性说明,从而更好地指导企业的人才引进、使用及其他人力资源工作
根据企业发展需要对人力需求做系统分析	家族企业领导者特别是家族企业老板依据企业人力资源和工作岗位的匹配程度对人力需求做系统分析,从而了解哪些岗位需要何种技能人才、哪些岗位人才需要从外部引进储备等

续表

策略	具体内容
制订用人计划	在制订用人计划时，家族企业领导者特别是家族企业老板根据本企业发展的实际需要确定何种岗位需要引进人才，以及人才引进的时机、数量、方式，从而有效地减少盲目及应急地引进人才，降低用人风险
健全人才选拔机制，用适当的方式选择适当的人才	在很多公司中，家族企业领导者特别是家族企业老板在引进人才时往往借助猎头公司提高选人的成功率。尽管这一方法可以规避一部分用人风险，但是要想彻底解决用人风险，还必须依靠健全和完善的人才招聘、选拔机制，从制度流程上降低和避免企业的用人风险
建立合理的激励约束机制	家族企业领导者特别是家族企业老板要降低用人风险，就必须建立合理的激励约束机制。在实际的管理中，领导者和人才是合作的关系，必须建立相应的激励约束机制来明确双方的权利义务、维护双方的利益
保持适当的期望	不可否认的是，有些家族企业领导者特别是家族企业老板打算通过高薪聘请一个或几个人才来解决所有问题。这样的观点是不正确的，也是十分盲目和不现实的。家族企业领导者特别是家族企业老板对引进人才的期望过高，往往会失去信心。因此，在引进人才时，家族企业领导者特别是家族企业老板要保持适当的期望
合理地使用人才	当人才引进后，家族企业领导者特别是家族企业老板必须善用各种激励约束机制合理地使用人才，最大限度地为人才提供发挥的空间和余地，达到人才合理使用的目的，从而降低用人风险
必要、适时、有效的沟通	必要、适时、有效的沟通可以降低家族企业领导者特别是家族企业老板的用人风险。这就要求家族企业领导者特别是家族企业老板对人才工作目标、工作进度等问题进行沟通，适时地解决问题、给予适时激励、对偏差给予适时的控制和纠正……以避免问题的堆积和矛盾的激化，最大限度地降低用人风险

第二十三章

"夫妻阋于墙"的婚变危机

从赶集网创始人杨浩然、真功夫创始人蔡达标,到土豆网 CEO 王微、日照钢铁董事长杜双华……企业家婚变引发的财产纠纷、股权争夺,给企业发展带来新的风险。

——《企业家婚变:民企经营新风险》

婚变可能给企业带来诸多不确定性

2013 年,王石的婚变成为最轰动的企业家离婚事件。在中国,王石的离婚只是冰山一角,而企业家离婚事件屡屡上演。

不可否认的是,企业家的离婚事件引发了网络舆论对企业家婚姻问题的高度关注。其实,对于任何一个企业家而言,婚姻本是"家务事"而已,但由于企业家的婚姻涉及巨额财富、企业发展等诸多问题,因此企业家的婚变往往被舆论放大。

在这几年的企业家婚变中,从赶集网创始人杨浩然、真功夫创始人蔡达标,到土豆网 CEO 王微、日照钢铁董事长杜双华……企业家婚变引发的财产纠纷、股权争夺,给企业发展带来新的风险。企业家婚变何以能影响到整个企业的发展?而这种婚变引发的经营风险又该如何规避?舆论在感叹企业家离婚"伤不起"之余,也对其中反映出的民营企业深层次管理问题进行了反思[①]。

中国现代著名作家林语堂在《吾国与吾民》一书中这样写道:"中国向有'天上九头鸟,地下湖北佬'之说,盖湖北人精明强悍,颇有胡椒之辣,犹不够刺激,尚须爆之以油,然后煞瘾之概,故譬之于神秘之九头鸟。"

[①] 凤凰网. 企业家婚变:民企经营新风险 [EB/OL]. http://finance.ifeng.com/news/industry/20110920/4630338.shtml, 2018.

第二十三章 "夫妻阋于墙"的婚变危机

林语堂的这段话非常恰当地概括了湖北人的性格特点,可谓十分形象,而湖北人往往又以"九头鸟"自喻。

可能读者会好奇地问,何谓"九头鸟"呢?所谓"九头鸟",又称九凤。因古汉语中"九"和"鬼"同音也叫作鬼车、鬼鸟。九头鸟是身有九首的凤,是战国时代楚国先祖所崇拜的神鸟。九头鸟有九个头,色赤,像鸭子,人而鸟身。①

而北京"九头鸟酒家"即取意于此。20世纪90年代,北京九头鸟酒家(以下简称"九头鸟")以差异化经营开拓了一个巨大的餐饮蓝海,竟然凭借一己之力让非"八大菜系"的湖北菜在北京市场上抢占了属于自己的一席之地。

谈起"九头鸟",其前身只不过是一个非常简陋的早点摊子。1987年,周铁马、芦细娥夫妇由于修建新房而欠了一大笔外债。为了能早日还清这笔外债,芦细娥就用借来的200元钱在自家门口摆了一个早点摊。在经营早点摊之前,芦细娥做过赤脚医生、幼儿园教师。

跟很多中国妇女一样,芦细娥不仅很能吃苦,而且勤劳肯干,服务态度又非常好,再加上芦细娥做的早点物美价廉,食客络绎不绝。芦细娥把这个早点摊经营得有声有色。这让初出茅庐的芦细娥大受鼓舞。于是芦细娥把露天摆放的一张桌子、一个煤球灶的早点摊扩大为一间租来的能放五六张桌子的小炒店。芦细娥把该小炒店取名为"登峰酒家"。

为了吸引更多的食客,芦细娥有针对性地把家常的湖北菜几经改良,做成"登峰酒家"独具特色的招牌菜品。

这几个招牌菜品不仅味道鲜美,而且价格也很公道,客户的定位就是工薪阶层,再加上芦细娥非常注重服务和就餐环境,"登峰酒家"的生意非常火爆。

没开多久,只有五六张桌子的小炒店已经无法满足顾客的需求。经过几年的发展,小有成就的芦细娥和周铁马为了扩大饭馆的规模,于1993年又在武汉增开了两家"登峰酒家"。

1994年,芦细娥已经不满足武汉市场,于是委派长女周红到北京考察餐饮市场。尽管周红学的是服装设计专业,但是早在1992年就辞去工作,开始参与"登峰酒家"的经营管理。

在周红看来,餐饮企业要想顺利地扩大规模,有较大的发展,就必须实施连锁经营战略。周红对北京餐饮市场做过一番调查之后,告知父母周铁马、芦细娥北京存在着一个巨大的餐饮市场。

---

① 百度百科. 九头鸟 [EB/OL]. http://baike.baidu.com/view/29484.htm, 2018.

中国家族企业死亡真相调查报告

1994年8月，周铁马、芦细娥一家人齐聚北京，更是决定把北京餐饮市场作为企业发展的重点。

经过一番筹划，决定把餐馆的名字起名为"九头鸟"。1995年3月，在北京友谊宾馆对面，第一家"九头鸟"店正式开张营业。

与武汉的"登峰酒家"一样，"九头鸟"仍然延续了"顾客就是太阳"的餐饮企业经营理念，同时还提出了"100－1＝0"的服务标准，即在服务客户中，哪怕做了100件事，一旦有1件做得不到位，那么整个服务工作就都等于零。

正是在这种对服务近乎苛求的经营管理下，"九头鸟"初战告捷，不仅得到了消费者的认可，同时还树立了良好的口碑。可以说，在竞争激烈的北京城，"九头鸟"站稳了脚跟。

1998年1月，第二家"九头鸟"分店又在北京航天桥附近开业了。尽管"九头鸟"在北京的餐饮市场发展得顺风顺水，但是周铁马和芦细娥夫妻之间的感情却出现了危机，甚至到了两人都坚持离婚的程度，原因就是芦细娥的丈夫周铁马和另外一个女人好上了。

面对父亲周铁马对婚姻的不忠诚，作为长女的周红无疑地站在弱者母亲芦细娥这边。就这样，周铁马一家人的面子已经撕破，家庭和谐也不复存在。

此刻，"九头鸟"内部就形成了两大阵营：一是周铁马；二是芦细娥、周红母女。

1995年10月，芦细娥、周红母女将周红变更为"北京市九头鸟酒家"的法人代表。1997年5月，以"北京市九头鸟酒家"为注册人，"九头鸟"商标被国家商标局核准注册。

1998年5月，为了赢得"九头鸟"利益之争，周铁马将"北京市九头鸟酒家"的法人代表变更成周铁马，这就使得本就风雨飘摇的周铁马一家再起波澜。

曾经的"北京市九头鸟酒家"的法人代表周红从他人口中得知，"北京市九头鸟酒家"的法人代表变成了父亲周铁马，法人变更时自己居然完全不知情。

周红经过调查发现，原来是父亲周铁马模仿了自己的笔迹、伪造了自己的签名，在工商局办理了"北京市九头鸟酒家"法人代表的变更手续。

针对周铁马伪造了自己的签名，完成"北京市九头鸟酒家"法人代表的变更，周红向北京市海淀区工商局提出了申诉。

经过北京市海淀区工商局的调解，周铁马和芦细娥、周红母女双方都决定"分家"。1998年5月21日，周铁马、芦细娥和周红三人正式签订了财产分割协议，对家庭和企业财产进行了分割。

根据财产分割协议，北京市九头鸟酒家企业总资产为1000万元，"九头鸟"

商标被评估为 200 万元。

根据财产分割协议,周铁马、芦细娥、周红各分得北京市九头鸟酒家总资产的 30%,剩余的 10% 分给了周红的妹妹。周铁马获得 3 家九头鸟分店(武汉 1 家,北京 2 家),即周铁马分到了武汉华师店、北京的友谊店和燕莎店,同时,芦细娥和周红认可了周铁马对"北京市九头鸟酒家"法人代表的变更,即周铁马是"北京市九头鸟酒家"的法人代表。芦细娥、周红母女获得了"北京市九头鸟酒家"其他分店,以及"九头鸟"商标的所有权。

1998 年 11 月,周红在工商局注册了"北京九头鸟航天桥酒家",法人代表是周红。根据协议,周红开始办理"九头鸟"商标转让手续。1994 年 4 月,商标局核准九头鸟注册商标的专用权由"北京市九头鸟酒家"转让给"北京九头鸟航天桥酒家"。至此,从法律意义上,周铁马就失去了"九头鸟"商标的使用权。

然而,让周铁马没有想到的是,自己经营的三家九头鸟分店——武汉华师店、北京的友谊店和燕莎店的生意越来越火。

周铁马这才发现"九头鸟"这个品牌的商业价值,以及在京城的巨大影响力。1999 年,周铁马违背财产分割协议相继增开了三家"九头鸟"分店。

而周红对父亲周铁马违背财产分割协议继续开店行为也没有追究。在周红看来,周铁马毕竟是自己的父亲,发展的也是"九头鸟"的品牌。

然而,2001 年 10 月,"九头鸟"商标使用权持有者周红发现父亲周铁马居然长期与情人芦某同居,并且还有了一个三岁多的孩子。

这让周红开始反击父亲周铁马违反财产分割协议的行为。2002 年元旦,对准备增开新店的周铁马来说,无疑是忙碌的。

然而,周铁马没有想到的是,在"九头鸟"双安分店即将开业之时,却遭到"九头鸟"商标使用权持有者周红的举报。周红向海淀区工商局举报称,"九头鸟"双安分店侵权。

2002 年 1 月 16 日早晨,工商局管理人员来到"九头鸟"双安店,强行拆除了有关"九头鸟"的一切标识。几天之后,周铁马原有的三家"九头鸟"分店也被工商部门勒令取消有关"九头鸟"的一切标识、广告。

面对长女周红的反击,周铁马把四家分店全部改成了"九头鹰"酒家。但是"九头鹰"使用的户外广告、装饰、装修、菜谱、菜肴、火柴盒、纸巾袋等和"九头鸟"极为相似。

为了打击父亲周铁马的侵权行为,周红介绍,"九头鹰"的不正当竞争足以导致消费者产生对"九头鸟"的误解。

"九头鸟"认定"九头鹰"存在不正当竞争行为,周红与父亲周铁马对簿公堂，索赔 100 万元侵权费。

经过一段时间的诉讼，北京市第二中级人民法院作出一审判决：被告"九头鹰"侵权事实成立，并赔偿原告经济损失 25 万元。

尽管打赢了官司，但芦细娥、周红母女此刻却心灰意冷，她们不愿再留在北京这个曾经让她们满怀希望却又令她们伤心的地方。随后芦细娥、周红母女变卖了"九头鸟"的大部分资产，移民去了加拿大。

"九头鸟"的故事就这样落幕了。和许多家族企业当家人一样，周红渴望改制明晰产权、减少家族企业内部矛盾；渴望"九头鸟"冲破阻力、吸引更多人才；渴望"九头鸟"越飞越高。

然而现实却是"九头鸟"不得不为捍卫商标背水一战，不得不面对亲人反目以及由此而来的市场火拼。理想与现实的差距原不是对与错的分别，但"九头鸟"的迷惑与艰难却是许多渴望发展的家族企业共同的问题①。

其实，在上述案例中，不管是家庭妇女芦细娥，还是接班人周红，对"九头鸟"这个品牌的塑造都做出了非常卓越的贡献。然而，尽管"九头鸟"享誉京城，但是这一切却因周铁马戛然而止。可以说，作为丈夫和父亲的周铁马，摧毁的不仅是一个家，还有一个餐饮王国的梦想。

婚变成为民营企业经营的新风险

研究发现，在一些企业家的婚变中，离婚之后紧接着就是对企业进行财产分割。这已经成为不少企业发展和融资上市的拦路虎。在中国，较为典型的例子如赶集网创始人杨浩然、真功夫创始人蔡达标和土豆网创始人王微。

赶集网创始人杨浩然与前妻王宏艳的离婚官司从美国打到中国，持续 3 年之久，至今仍然胶着，致使公司上市遥遥无期；真功夫创始人蔡达标被前妻潘敏峰要求分割真功夫的一半股权，直接导致企业上市计划推迟；土豆网在提交 IPO 申请 9 个月后才得以登陆纳斯达克，上市之路波折缘于公司创始人兼 CEO 王微被前妻杨蕾要求分割股权②。

以上三家企业如果要融资上市，或者要更好地发展，就必须与"前妻"协商，如果这个问题得不到解决，上市融资将化为泡影，甚至在以后的经营中都将蒙上阴影。

---

①② 郭珍．"九头鸟"家族兵变内幕［J］．当代经理人，2002（4）．

其实，企业家的婚变除了给企业的生存和发展带来诸多风险以外，还凸显了创始人对民营企业深层次管理问题反思不够。对于企业家的"家务事"何以能影响到整个企业的发展，许多媒体认为其中凸显了民企风险管理之殇[1]。

事实上，夫妻本是同林鸟，富贵临头各自飞。中国资本市场正不断上演着富豪们的"爱恨情仇"。看起来，海尔张瑞敏当年的一句"没有几个企业家的婚姻家庭是圆满幸福的"正不断得到验证。抛开道德问题不谈，富豪们的婚变引导了何种价值取向？对企业经营有哪些启示？

当近几年企业家婚变的事件频频被媒体报道，《深圳商报》发表评论说："由情而生的家庭恩怨为何扩大衍变成为经济事件，这或许正是中国企业治理结构走向成熟的必经阶段。问题的症结不是大企业容不下夫妻，是大企业容不下老板之间讲夫妻感情。夫妻关系的职业化是小作坊向大企业转变中必须过的一道坎。"

知名风险管理专家陈晓峰在接受《华夏时报》采访时指出，真功夫创始人蔡达标离婚纠纷是家族企业公司治理败局的经典教材。陈晓峰认为，依据家族的"血亲"和"姻亲"而建立起的"内部权威"，在很大程度上维系着家族企业的公司治理。一旦婚姻发生变局，近乎是"牵一发而动全身"，所有公司治理的元素都会因此发生混乱[2]。

经济学博士马光远在接受央广经济之声采访时也持类似观点："婚变本身导致上市计划的推迟，事实上是企业向公众公司转变的过程中没有很好地处理管理权限的问题。现在很多家族企业并没有处理好婚姻问题，而且在处理婚姻后续事件中也缺乏一些智慧。决定上市肯定要想到很多风险，所以这跟他们最终的股改过程，跟他们对问题本身不重视有很大关系。事实上，很多家族企业要想上市，未来都要考虑到婚变问题，一旦婚变，无论企业控制权、管理权还是股权结构都会受到困扰，这个困扰本身应作为常规风险在交易中逐步体现。"

不管是《深圳商报》、陈晓峰，还是马光远，都在指出企业家婚变给企业带来的诸多不确定风险。

面对这个如何避免可能发生的婚姻变局而给家族企业带来消极影响的新课题，一些观点认为，通过"财产约定"的方式来保证家族企业免受婚变影响的做法相对比较理智。

在《每日经济新闻》的报道中，多数法律界人士站在专业的角度上建议企

---

[1] 郭珍. "九头鸟"家族兵变内幕[J]. 当代经理人，2002（4）.
[2] 凤凰网. 企业家婚变：民企经营新风险. [EB/OL]. http://finance.ifeng.com/news/industry/20110920/4630338.shtml, 2018.

业家，减少企业家离婚对企业负面影响的最好办法是未雨绸缪，即在结婚时签订婚前财产协议。

也有媒体引用上海沪家律师事务所的一份报告指出，"创业者要注重对各自的婚前财产进行明确约定，在界定婚前财产后要进行必要的公证或约定，明确婚前财产的范围。特别是在风险投资进入公司时或者上市前，创业者与配偶、公司、其他股东等签署相关协议，以保障公司及相关利益主体的权益，规避因为企业家婚姻变局而带来的风险隐患"。

尽管这些方式能够为企业家的婚变避免一些负面影响，但我还是倾向于作为企业家，不管企业做到多大规模，婚变的事情还是要慎重，毕竟在创业之初，谁也不会想到将来能成为亿万富豪。

因此，我在这里告诫那些创业者，或者做到一定规模的企业家，在家族企业创业过程中，夫妻间"你浇地我耕田"式的积累才有今天企业的规模，希望企业家珍惜这段人生的美好回忆。

第四部分

家族企业如何做大和基业长青

▶ **本篇要点**

　　改革开放40年，成就了大批的中国家族企业和家族企业家。表面上这些企业和个人的崛起风光无限，实则其过程充满了艰辛与痛楚，个中滋味，恐怕只有这些亲历其境的人才能有所体会。成功了，尚且可以带着一丝慰藉回首这段荆棘路，而经历成功但最终失败了的，个中体验和感悟恐怕就不是三言两语所能说清道明的了。总结失败有时比总结成功更重要，因为成功的经验总结出来了并不能保证这种成功能够马上得到复制和移植，而失败教训却能立刻让人迅速地行动起来，引以为戒，避免同样的错误犯上两回。

　　痛定思痛，仔细考量中国家族企业家所走之路，不难发现他们身上存在的诸多隐疾，就像一棵饱受病虫害的树苗一样，病虫一日不除，隐疾一日不查，中国的家族企业和家族企业家就一日不能得到健康的发展。

第一章
家庭关怀特质渗入现代企业管理制度

欧美家族企业成功的原因很多,一个很重要的原因就是将家庭关怀特质渗入现代企业管理制度中,这是决定欧美家族企业,比如宝马、奔驰、西门子、拜耳等家族企业百年不衰的一个重要原因,也是名列世界500强企业的一个重要因素。

——美国哈佛大学商学院教授　罗伯特·科恩德

家庭关怀特质渗入现代企业制度的具体表现

研究发现,在企业竞争中,不管是家族企业,还是非家族企业,谁在竞争中拥有更多的竞争优势,谁就掌握更多的市场主动权和赢得竞争的胜利。

在竞争过程中,家族企业往往占据较多的优势,不仅因为家族企业是一种独特的经营模式,关键还在于家族企业高度的凝聚力比非家族企业占据更多的竞争优势。这就是为什么家族企业的营运业绩比非家族企业营运业绩更为出色的一个重要因素。中外媒体,特别是美国《商业周刊》和《新闻周刊》发布的研究报告显示,"许多投资分析人士和高校研究人员都十分关注家族企业,认为家族企业更有竞争优势,家族企业的营运业绩比非家族企业营运业绩更为出色"。

美国哈佛大学商学院罗伯特·科恩德教授的观点更加印证了上述媒体的报道,罗伯特·科恩德教授在对美国家族企业的研究中得出这样一个结论:"家族企业是美国的经济支柱,如果没有家族企业,那么美国的经济将倒退50年。"

确实,由于近年来家族在全球性的排名中,上榜的欧美家族企业年年增加,而且业绩斐然。一个值得深思的问题是,为什么欧美等国家的家族企业能取得如此优越的业绩?

罗伯特·科恩德教授认为,欧美家族企业成功的原因很多,一个很重要的原因就是将家庭关怀特质渗入现代企业管理制度中,这是决定欧美家族企业,比如宝马、奔驰、西门子、拜耳等家族企业百年不衰的一个重要原因,也是名列世界 500 强企业的一个重要因素。

可能读者会问,"德国制造"的"百年老店"究竟靠什么取得成功的呢?经过我们团队长时间的研究后发现,那就是家庭关怀特质渗入现代企业管理中,从而更好地担负起社会责任。将家族企业的家庭关怀特质渗入现代企业制度的具体表现如表 4-1 所示。

表 4-1 家庭关怀特质渗入现代企业制度的具体表现

表现	具体内容
提供灵活的工作方式	家族企业为了满足不同员工的工作特点和需求,往往愿意给员工提供灵活的工作方式和休假时间。例如,宝马公司为员工提供了 300 多种不同的工作方式,完全考虑到了不同员工的工作特点和需求,如非全日制工作、调休、远程、长期休假等
加强员工培训	家族企业有着持续经营的"使命感",在这样的背景下会把加强员工培训作为提升组织效率、降低经营成本的主要方式。大多家族企业中很少解雇员工,除非员工犯了很大的错误。有的家族企业还通过加强员工培训提升员工的岗位知识和技能
提供具有竞争力的薪资和工作环境	家族企业为了减少员工离职率,往往给员工提供在当地具有竞争力的薪资和工作环境,确保在工资、福利、劳动强度和社区环境等方面的企业社会责任
鼓励员工参与经营管理	很多家族企业鼓励员工参与经营管理,特别是一些公司重大决策都是建立在互信的基础上,家族企业往往倡导全员参与经营管理。家族企业这样做既保证了决策的科学性和有效性,还调动了员工的工作积极性和主动性。研究发现,德国是西方国家实行职工参与企业管理制度最好的国家,这也是战后德国经济发展较快的一个主要原因
始终把社会责任放在第一位	很多家族企业一直把企业社会责任和盈利提高到战略的高度,而且始终把企业社会责任放在第一位。在某些特定的情况下,家族企业往往不惜牺牲企业利益来保证员工利益。当然,家族企业这样做不仅能保持良好的公众形象和口碑,还能在与其他跨国公司和本土大型巨头的激烈市场竞争中立于不败之地
把家族企业与员工融为一体,共同发展	家族企业把企业与员工融为一体,共同发展。员工在为企业创造价值的同时,体现自己的人生价值,实现自己的职业梦想。这样,员工才能够以企为家,与企同行,与企俱进

从表 4-1 可以看出,家庭关怀特质渗入现代企业管理中是家族企业成功的一个重要因素,对此,福特汽车创始人亨利·福特在接受媒体采访时强调:"爱

第一章 家庭关怀特质渗入现代企业管理制度

你自己的员工吧，他们会加倍回报企业的。"

1914年1月5日，福特汽车公司董事会通过决议，郑重宣布："本公司将实现5美元工作日！任何合格的福特汽车厂的工人不论年纪、不分工种都能领到他自己的一份。"同时，公司废除了每天工作9小时的制度，而代之以每天8小时的三班倒制度。

亨利·福特的管理经验印证了德国企业百年不衰，同时也给予中国家族企业创始人足够的启示。

家族企业的经营业绩比非家族企业要出色

大多数人对家族企业的刻板印象是，家族制度是落后的企业制度，是跟现代企业不同类型的企业形态。

事实上，家族企业的表现比非家族企业要好得多。从全球来看，虽然政治上早已不盛行"家天下"，但经济上"家天下"的情况仍比比皆是。在很多国家，家族企业几乎占据了所有企业的半壁江山，且主要以中小企业为主。

据美国季刊《家族企业》杂志的统计，美国和瑞典家族企业的比例达90%，英国为70%，澳大利亚为75%，西班牙为85%，意大利甚至超过了90%。在亚洲许多经济体中，家族企业更是成为了企业的主要形式，不仅在数量上占据优势，而且其影响力不容小觑。在世界各个国家中，家族企业占该国企业的比重见图4-1。

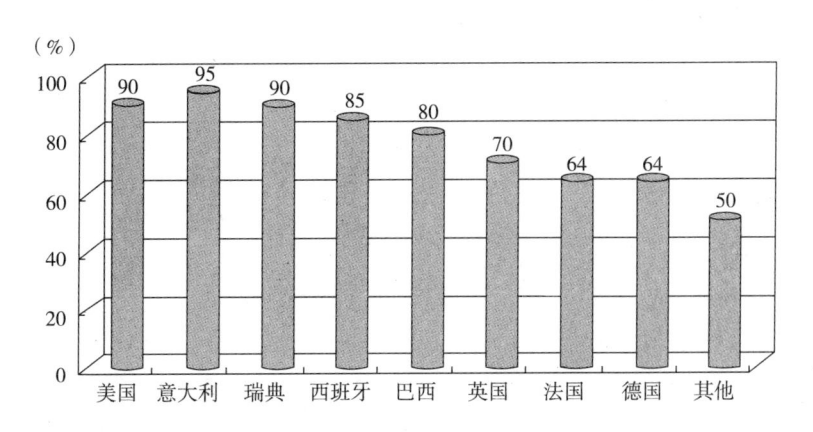

图4-1 家族企业在各国企业中的比重

国家	比重(%)
美国	90
意大利	95
瑞典	90
西班牙	85
巴西	80
英国	70
法国	64
德国	64
其他	50

从图 4-1 可以清楚地看到，家族企业在各国企业中的比重如下：

- 在美国——90%的企业是家族企业，家族企业的产值占美国 GDP 的 64%，提供 60%的岗位。
- 在欧洲——欧盟家族企业的比例是 75%~90%，分别占 GDP 和就业人口的 65%以上。其中，意大利 95%、瑞典 90%、西班牙 85%、英国 70%。欧洲上市公司中，法国和德国家族企业比例高于 64%，其他国家也都接近 50%。
- 在日本——99.1%的企业是家族企业。
- 在东南亚——中国香港股市中 67%的上市公司由家族所控股，15 个大家族控制了 35%的香港股市市值；印度尼西尼和菲律宾全部市场资本额的 1/6 被一家最大的家族企业所控制，超过一半以上的上市公司资本额由 10 个家族企业所掌控。

接着，我们再来看看家族企业在各个国家上市企业中所占的比重（见图 4-2）。

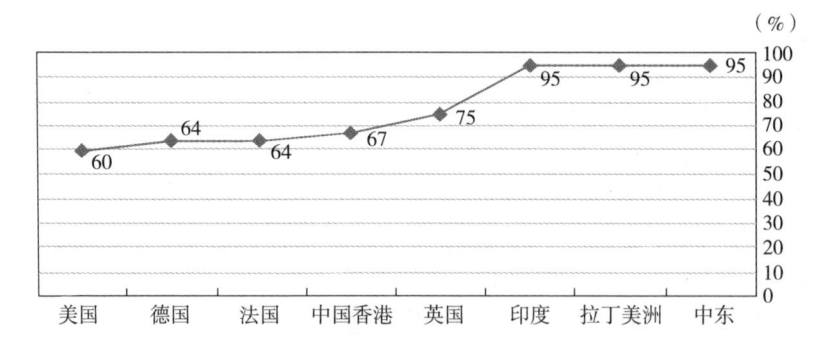

图 4-2 上市公司家族企业比例

从图 4-2 可以清楚地看到，家族企业在各国上市公司中的比重如下：

- 美国——在上市公司中，家族企业所占的比重为 60%；
- 英国——在上市公司中，家族企业所占的比重为 75%；
- 印度——在上市公司中，家族企业所占的比重为 95%；
- 拉丁美洲——在上市公司中，家族企业所占的比重为 95%；
- 中东——在上市公司中，家族企业所占的比重为 95%；
- 欧洲——在上市公司中，法国和德国家族企业比重均为 64%；
- 其他国家——在上市公司中，家族企业所占的比重也都接近 50%。

据美国《商业周刊》一次调查显示，在标准普尔 500 指数的成份股公司中，有 177 家属于家族企业，而《福布斯》杂志 500 强中 37%的企业是家族企业。沃尔玛、福特、洛克菲勒、宝马、索尼、丰田、三星、现代等，每一个名字都举足轻重。

经过多年的风风雨雨，大部分大型的家族企业显示出了顽强的生命力。我们先来看看《商业周刊》提供的数据：研究显示，按10年平均值计算，家族企业股东平均年收益率为15.6%，比非家族企业股东平均年收益率11.2%高出4.4%；在资产报酬率上，家族企业为5.4%，而非家族企业为4.1%；在公司年收益成长方面，家族企业为23.4%，非家族企业仅有10.8%；比较公司年营业额增长率，家族企业有21.1%，而非家族企业则有12.6%，相差8.5%（见图4-3）；欧洲的情况也类似，家族企业的发展指数要远高于非家族企业，以德国企业为例，家族企业在过去10年里增长了206%，而非家族企业只上升了47%。数据表现出家族企业的经营方法应有其特别之处，才能呈现如此成果。

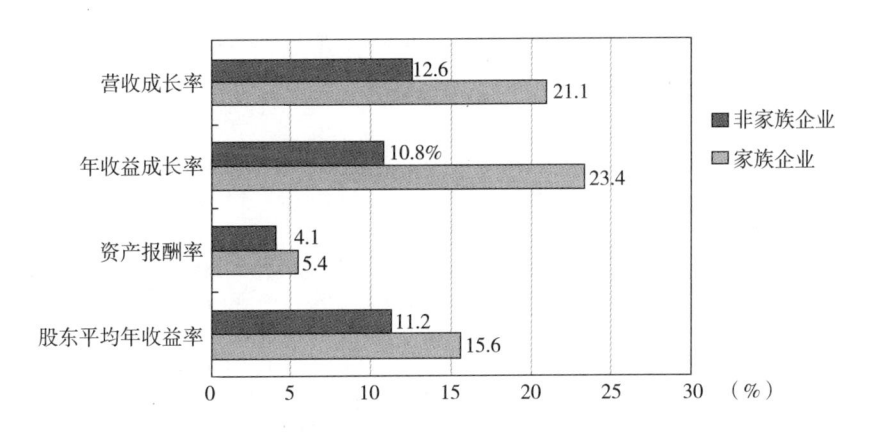

图4-3 家族企业与非家族企业经营成果比较

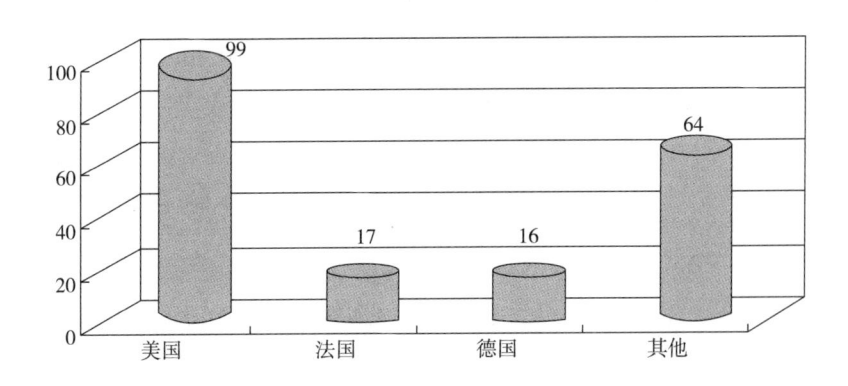

图4-4 2003年全球最大200家家族企业的比重

上述数据只是家族企业比非家族企业的经营业绩要好的直接证明，这样的观点同样得到了《新闻周刊》的印证。在《新闻周刊》的研究中，主要分析了位于欧洲的英国、法国、德国、瑞士、意大利和西班牙六国在 10 年的主要股价指标（见表 4-2）。

表 4-2　欧洲六国股票指数

伦敦金融时报 100 指数	英国伦敦金融时报 100 指数，又称富时 100 指数，是英文 Financial Times Stock Exchange 100 Index 的汉译，简写为 FTSE 100 Index。该股票指数创立于 1984 年 1 月 3 日，是在伦敦证券交易所上市的最大的一百家公司的股票指数。该指数不仅能够反映英国经济的景气与否，同时还是欧洲最重要的股票指数之一。该指数成分包含英国石油公司（BP）、荷兰皇家壳牌集团、汇丰集团、沃达丰、苏格兰皇家银行集团和葛兰素史克股份有限公司等
法国巴黎指数	法国巴黎指数，又称巴黎 CAC40 指数，是法语 Cotation Assistée en Continu 40 的汉译，简称 CAC 40 index。具体是指在法国巴黎证券交易所上市的 40 家公司的股票报价指数，是法国股市的重要指标，也是欧洲重要指数之一
德国 DAX 指数	德国 DAX 指数（德语：Der Dax 最早来源于 Deutscher Aktienindex）包含 30 家主要的德国公司，是由德意志交易所集团推出的一个蓝筹股指数。DAX 指数是全欧洲与英国伦敦金融时报指数齐名的重要证券指数，也是世界证券市场中的重要指数之一。该指数通过 Xetra 交易系统进行交易，因此其交易方式不同于传统的公开交易方式，而是采用电子交易的方式，便于进行全球交易
瑞士市场指数	瑞士市场指数（Swiss Market Index/SMI）是显示瑞士股市（SWX）的主要指标，是由 20 家在巴塞尔、日内瓦和苏黎世证券交易所上市的瑞士大企业的 24 只证券（无记名股票和参与凭证）组成，并由成分证券的市值加权而得。SMI 是在欧洲证券交易所交易指数期权的基础
意大利指数	意大利指数（FTSE Italia All-Share index）包含富时 MIB 指数、富时意大利中型指数和富时意大利小型股指数，是投资意大利的重要指数
西班牙马德里指数	马德里指数（Madrid Stock Exchange General Index）是西班牙经济的风向标，也是投资南欧的重要指标，包含建设、金融服务、通信、消费、能源与各式商品类股

《新闻周刊》从上述六大指数发现，欧洲家族企业的总体走势远优于那些毫无血脉关系的非家族企业。例如，在德国，以宝马、奔驰等为首的家族企业，其股票指数的涨幅达到了 206%，而非家族企业仅为 47%，家族企业的涨幅是非家族企业的 4.38 倍；在法国，非家族企业的股票指数涨幅只有 76%，以 L'Oreal 和 LVMH 等为首的家族企业的指数涨幅达到 203%，是非家族企业的 2.67 倍。

不仅是《新闻周刊》证明了家族企业的经营业绩比非家族企业要出色，摩根士丹利公司同样证明了这个观点。摩根士丹利公司2007年的一项研究表明，2000~2006年，在标准普尔500指数的上市公司中，家族公司股价的涨幅超过了综合性指数的涨幅。

不管是《商业周刊》《新闻周刊》，还是摩根士丹利公司，它们的研究结果均证明了美国哈佛大学商学院两位教授曾在2003年的论文中提出的观点。该观点指出，"家族企业的平均资产收益要比非家族公司高6.65%。目前全球有80%以上的企业属于家族企业，全球500大企业中有37%由家族所拥有或经营。在欧美地区，家族企业所占比例很高，列于榜上的家族企业几乎全分布在欧美地区。在标准普尔500指数的上市公司中，家族公司组建成员进入管理层、董事会或持有主要所有权的公司占30%以上，其中包括沃尔玛这样的大公司。在欧洲大陆的上市公司中，家族持有主要所有权的公司所占比例更高：在巴黎证券交易所前250家公司中的占比为57%；而在法兰克福，前250家上市公司中有51%为家族或个人所有。这些公司包括宝马、保时捷、家乐福和米其林"。

上述的数据提供了一个值得深思的问题，到底是什么原因让欧美国家的家族企业表现如此优秀呢？经过我们10多年的研究发现，就是将家庭关怀特质渗入现代企业管理制度。

欧美家族企业表现优秀源于家庭关怀特质渗入现代企业管理中

事实证明，家庭关怀特质渗入现代企业管理中是欧美家族企业表现优秀的一个重要原因。对此，美国《家族杂志》的一项调查发现，家族企业将所有权与经营权紧密地结合起来，更加重视企业的长远发展，不仅有利于保持家族企业股价的相对稳定性，而且更加比非家族企业重视股东权益。

同时，家族企业的兴衰决定家族财富的多寡，且家族企业的经营者试图将家族基业代代相传，在这样的背景下，家族企业在选定接班者时都经过深思熟虑，从而将家族企业的大船交给接班人。

经过家族企业重重考虑所选定的继承人，跟要求巨额薪资报酬、分红的职业经理人相比，更加重视家族企业的经营质量、中远期的发展收益，有利于远期收益的远景规划。

不管是欧美国家的家族企业，还是中国家族企业，当做到一定规模的时候，特别是在批判和再造的时候，从不拒绝或者抵触现代企业的公司治理制度。这些家族企业在进行现代企业制度再造时，主要强调的是股东权益最大化。事实证明，对于任何一个企业而言，关乎企业成败兴衰的决定因素并不在于是家族企业还是非家族企业的企业形态，而在于在企业经营中，企业经营者能否充分利用企业的各种资源优势来避免利益各方的内耗，从而使企业能够稳健地生存和发展。因此，最近几年，欧美等西方国家许多不同专家学者在研究家族企业的成功时，总结了以下三点（见表4-3）。

表4-3 家族企业的三个成功因素

因素一	在家族企业中，有较为强烈的认同感，源于家族文化的相关历史背景
因素二	在家族企业中，家族成员之间不仅有着"亲密关系"和"互相了解"的同事关系，还非常清楚其他人的优势和劣势
因素三	在家族企业中，家族成员往往都对家族企业的未来有着较强的责任感和岗位意识，同时还对家族企业忠诚度较高，从而使家族企业成为一个凝聚力和高效率的组织

可以说，家族企业将家庭关怀特质融入现代企业制度中，不仅具有更强的竞争力，还能比非家族企业具有更多的人性关怀，激发了诸多非家族成员的工作激情，更加高效地运转。

例如，在意大利贝纳通衣饰公司（Benetton）董事长卢西亚诺（Luciano）和弟妹四人各司其职。卢西亚诺是这样安排的：大妹妹朱丽安娜（Giuliana）担任贝纳通公司的设计总监，负责设计等事务；二妹妹吉尔伯托（Giberto）担任行政，掌管贝纳公司的一切行政业务；最小的弟弟卡罗（Carlo）担任生产总监，负责贝纳通公司的生产。

让很多研究者称奇的是，卢西亚诺兄妹四人尽管都没有取得过任何一个大学的学位，但是在卢西亚诺兄妹四人的奋斗下，贝纳通从一家小公司做到现今唯一在100个国家设立分公司的国际知名大企业。

卢西亚诺兄妹四个家族成员在实际的工作中基于明确、清晰的家庭价值观。正是这些价值观，不仅强调日常管理和产品质量、重视员工利益、长期目标、客户至上等，还作为了督导家族成员经营和日后发展的基础。因此，只要这些特质往正面方向发展，家族企业的发展前景定是非家族企业的经理阶层难望其项背的。

第二章

家族企业只有社会化才能现代化

在企业产权或股权家族化的条件下，中国家族企业可以通过收益权社会化和管理权社会化引进社会人才，克服家族企业管理者忠诚度不高的问题。

——慧聪创始人　郭凡生

家族企业进行社会化改造的两个理由

要想把家族企业做强、做大，家族企业的社会化改造就是一种必然的趋势。可能有读者会认为，在中国现代企业管理日益完善和规范的当下，家族企业必须按照现代企业制度管理来进行，家族式管理模式早已过时，应该摒弃。

当然，读者这样的观点还是客观的。在中国特色的管理中，家族企业创始人完全按照家族管理的模式来管理家族企业显然也不可能，但同时也不可能完全按照欧美等西方国家的现代企业制度的管理模式来管理家族企业，因为中国是一个讲究人情的国家，在特定的环境下，如果坚持制度化管理反而会加剧管理者与一线员工的矛盾。

因此，作为家族企业创始人，科学、合理、正确的做法就是随着家族企业发展阶段的变化，将家族企业管理模式的优势融入现代企业制度管理模式中，从而将两者紧密地结合起来。

可能读者会问，为什么要随着家族企业发展阶段的变化将家族企业管理模式的优势融入现代企业制度管理模式中呢？

究其原因就是在家族企业初创时期，其成员大多由家族成员组成。这样的组成模式就决定了合理的专业分工，因为在创业之时，家庭成员的教育背景或工作经历各不相同，这就必然要求家族成员之间按照各自熟悉的专长及其专有技术和业务经验来选择担任不同的岗位。当然，合理的资源配置是建立在家族成员共同商议的基础上的。

之后，在家族企业的实际经营中，家族成员也会随着各自的专业技能而略有调整。事实上，家族企业整个创业团队的核心人物相比其他成员经验可能更为全面，或者主导目标实现的愿望更强烈。可以说，在这个时期，家族企业的经营管理更多遵循家庭运行规则，如果一味强调企业规则，就可能会失去家庭成员的忠诚和无私的支持。

事实证明，家族企业之所以能迅速达到一定规模，是因为家族企业的运作成本相对较低，同时家族成员为企业工作都是"各尽所能"，不计较自己付出的劳动与获得的报酬是否有合理的比例关系，内部分工充分体现"能者多劳"的原则，机构简单，没有冗员，常一身兼数职，男主外、女主内，使各种费用降到最低限度。特别是在创业阶段，家族企业发生财务困难的概率非常大，尽管如此，创始人合理地把握家族企业发展预期，不仅保障了家族企业生存和发展的动力，还避免了家族成员像非家族企业那样为了争夺稀缺资源和权力而发生冲突，有效地保证了家族企业管理的低成本运作。

然而，当家族企业做到一定的规模，家族成员增多，曾经的家庭也繁衍出更多的家庭，家族企业中的家族成员之间的亲缘关系也就开始渐渐淡化，甚至不断追逐各自独立的利益形式，利己主义开始盛行，特别是在外部投资者以管理者进入企业以后，家族企业曾经的管理模式已经失去往日的竞争优势，反而会阻碍家族企业的发展和壮大。此刻，很多家族企业因为利益纷争而倒闭了。在这样的背景下，家族企业要想继续经营下去，就必须将家族企业管理模式的优势融入现代企业制度管理模式中，只有依托现代企业制度，才能摆脱家族企业中家族成员利益纷争的桎梏。所以，要想把家族企业做强、做大，就必须对家族企业进行社会化改造，理由有以下两个（见表4-4）。

表4-4 家族企业进行社会化改造的两个理由

家族企业社会化的内部因素	当家族企业达到一定规模后，逐步实现社会化是大多数家族企业的必然选择。这主要由于曾经的家族成员组成家庭后又繁衍了很多家族成员，导致家族企业创始人及其家族成员创造的财产必须传承给一代又一代的家族成员，这些家族企业财产继承人相互之间的血缘关系日趋淡化。过去家族成员的这种关系最终演变为家族成员与非家族成员的关系。但是，一旦亲缘关系逐步淡化，家族成员之间的关系也就逐渐演变为一般社会关系
家族企业社会化的外部因素	在家族企业社会化过程中，外部因素促使家族企业社会化的动力，可能比内部因素要强烈得多。正因如此，家族企业社会化的外部因素比内部因素要复杂很多，同时利益纷争也更多，理由有以下两个： ①随着家族企业规模的扩大，业务不断增多，企业营业收入大幅度上升，这就要求家族企业创始人着手解决规模扩大后带来的管理事务的难度问题，因而需

续表

家族企业社会化的外部因素	要更多的具有高度管理专业化的人才。家族企业缺乏有管理经验的家族成员，不得不从家族外面招揽急需的管理人才 ②对于任何一个企业而言，在发展过程中，规模扩张过快会影响资金的注入，家族企业也是如此。一旦家族成员内部不能融到急需的资金，家族企业就不得不借助家族之外的力量来筹集所需的资金，即不得不引入新的战略投资者，如引入风险投资、引入私募股权投资、公开上市等。这会直接稀释家族成员的股权，加速家族企业所有权的社会化变革

从表4-4可以看出，对于任何一个家族企业来说，当家族企业发展到一定规模后，社会化改造就成为一种必然的趋势。因此，家族企业要基业长青和永续发展，社会化是家族企业走向规范管理的一个必要途径。

《财富》世界500强企业中约有1/3的企业是家族企业，大概有175家。在美国的上市公司中，家族企业就占到了60%。

沃尔玛创始人山姆·沃尔顿在回答《华尔街日报》记者的采访时曾说："控制现代企业成败兴衰的不是它是否为家族企业，而在于它的价值观、企业文化以及经营机制。"

山姆·沃尔顿所说的价值观、企业文化以及经营机制就包括家族企业的社会化，从山姆·沃尔顿1950年开设第一家特价商店到1972年沃尔玛公司在纽约上市，其社会化改造的时间仅为22年。

像沃尔玛这样的中外家族企业还有很多。因此，许多家族企业能取得高速的发展，主要是因为家族企业创始人能尽快地完成家族企业的社会化改造（见图4-5）。

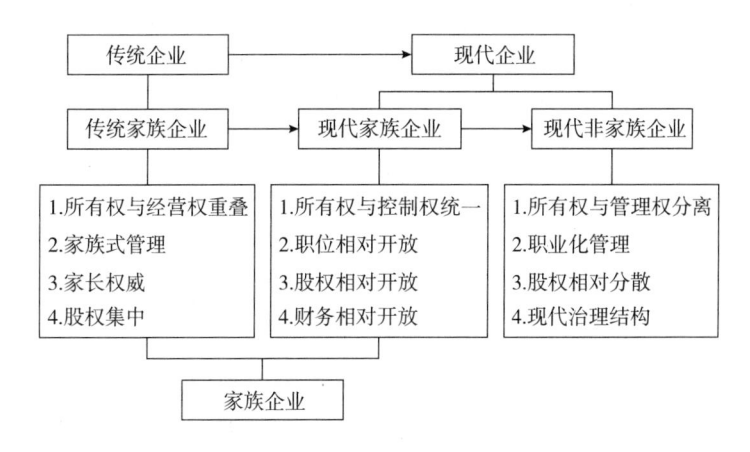

图4-5 家族企业社会化的过程

从表4-5可以看出，传统家族企业的特点有以下五个。

表4-5 传统家族企业的五个特点

特点一	所有权与经营权重叠
特点二	家族式管理
特点三	在管理中经常使用家长权威
特点四	财务制度非常不规范，家族企业规模较小，往往得不到地方政府和银行的支持
特点五	股权占据绝对优势

一般而言，家族企业达到一定的规模时，还在不断扩大中，家族成员的管理和经营能力往往达不到家族企业发展的速度。为此，家族企业创始人不得不向社会广招贤能人才，保持家族企业的高速发展。

从这个角度来看，家族企业只有社会化才能适应现代化发展的需要。对于大多数现代市场经济中的家族企业来说，当达到一定规模之后，必然会进行社会化改造，从而向现代家族企业转变。从图4-6可以看出，现代家族企业的特点有以下四个。

表4-6 现代家族企业的四个特点

特点一	所有权与控制权统一
特点二	关键岗位由专业人才担任
特点三	财务制度相对规范，家族企业的信用大大提升，容易得到地方政府和银行的支持
特点四	股权依然控制在51%以上

研究发现，相比非家族企业，家族企业的优势不仅在管理方面，还在于积极把家族企业社会化。对此，《华尔街日报》曾对世界500强企业的创业过程做了一个调查，结果显示，有92.76%的企业是从家族企业中规范过来的。

家族企业最终的选择依然是社会化

随着企业的不断发展和企业规模的不断扩大，家族企业最终的选择依然是社会化。因为家族企业只有进行社会化改造，才可能将家族企业做强做大，否则，中国家族企业要么就是规模不够大，要么就是当规模达到一定程度，由于

第二章 家族企业只有社会化才能现代化

缺乏制度和流程的支撑，家族成员之间产生利益纷争，最终导致了家族企业的倒闭。这就是家族企业这种企业类型得不到主流经济学家认可的一个重要原因。

在企业家论坛上，有媒体采访慧聪创始人郭凡生："郭总，请您给中国家族企业指一条做强做大的出路？"郭凡生认为，中国家族企业要做强做大，就必须进行社会化改造。郭凡生的理由是："把非家族的人变成家族的人是家族企业保证生命力的关键。"

同时，郭凡生还认为，"在企业产权或股权家族化的条件下，中国家族企业可以通过收益权社会化和管理权社会化引进社会人才，克服家族企业管理者忠诚度不高的问题"。

郭凡生的观点还是非常有代表性的，回顾慧聪的发展历程，就不难看出郭凡生是在总结自己多年的经商经验。

1992年10月，郭凡生出资74000元，与王冲、王永慧等共同创立慧聪公司，郭凡生是慧聪劳动股份制创立者。

当时，郭凡生占了慧聪公司50%的股权，可以说是一个相当典型的家族企业。然而，从1995年开始，慧聪就开始推行社会化改造，在股份结构中分出类似于过去晋商的"身股"和"银股"。

所谓"身股"，一般称为"顶身股"，即以个人劳动力或技术参股（多数是指劳动力），简单来说就是"卖身入股"，是指除出资人的银股外，还有掌柜阶层和资深职员持有的人身股。

所谓"银股"，是指股东以资金的形式参股，即以"真金白银"投资注入商铺，现在称之为企业。

在慧聪公司，员工就开始拥有"身股"，并依据"身股"获得慧聪公司的股份收益。慧聪公司所有员工的"身股"必须是针对在职员工，一旦员工辞职或者离职，其持有的"身股"就自动失效。

在20世纪90年代的中国，改革开放才10多年，正是这种"身股""银股"并行的股权稀释制度让慧聪赢得了高速发展的机会，不仅快速做大了公司的规模，还吸引了一大批优秀的人才。在此基础上，慧聪实现了管理权的社会化。

在很多公开场合，郭凡生非常高调评价"身股"和"银股"的作用："收益权、管理权社会化是慧聪迅速发展的重要基石。"

2003年12月，慧聪国际资讯于香港联合交易所创业板挂牌上市，所配售之1亿股新股获得9.6倍超额认购，每股定价1.09港元；2003年12月17日首日挂牌收市价为每股1.46港元，较发行价每股1.09港元上升33.9%。

2005年，慧聪实现营业额及毛利分别约为人民币4.5亿元及1.6亿元。

从慧聪发展历程可以看出，社会化是家族企业做强做大的一个非常重要的因素。所谓家族企业的社会化，其阶段有以下三个（见表4-7）。

表4-7　家族企业社会化的三阶段

管理社会化	家族企业的非家族化管理是家族企业社会化的第一步。在家族企业社会化的进程中，最先遇到的就是家族企业在管理上的社会化。因为家族企业一旦规模扩大，实行多元化经营，必然使得家族企业内部的人才短缺与家族企业的运行要求相矛盾。这就会迫使家族企业将人才的目光转向家族之外。所谓家族企业管理社会化不仅指家族企业的所有权和经营权两权分离，更为重要的是，家族企业由非血缘关系组成决策机构，即职业经理人团队来经营家族企业，家族企业的控制权依然在家族手中。目前，我国大多数上了一定规模的家族企业都聘任了外人担任家族企业的重要管理者，如总经理、总会计师。家族企业的规模越大，所从事的行业技术构成越高，家族企业管理社会化的要求会越强烈，管理社会化的进程就会越快。因此，家族企业管理社会化其实就是由家族占据企业控制权，由职业经理人团队来管理企业
所有权社会化	家族企业所有权社会化主要是指在某种程度上稀释家族企业的股份，使家族企业的股份公众化，即在家族企业财产的所有者构成中，非家族成员占有相当的比重。也就是说，家族企业财产所有权不再是某个家族独有，传统的仅限于家庭成员持有100%的股权就被打破了。当家族企业所有权社会化后，其拥有者不再是家族成员，可能血亲关系已经非常淡化，甚至是没有血亲关系
管理和所有权社会化	家族企业管理和所有权社会化，表示这类家族企业已经完全摆脱、褪掉家族色彩。可以说，这类家族企业已经不再被公众认为是一个家族企业了。所谓家族企业的完全社会化指的是家族企业完全脱离了家族色彩，家族在企业中不再具有优越的地位，家族成员成为企业中的一般成员

从表4-7可以看出，社会化改造不仅是家族企业适应世界经济社会化大生产的要求，更是家族企业为了提升竞争优势的一个重要因素，同时又是抢占市场份额的一个有效手段，也是打败非家族跨国企业的需要。

当然，在家族企业社会化的过程中，表4-7中的三个阶段并非都是单独分开的。由于家族企业自身的情况不同，在社会化的过程中，家族企业社会化采取的方法和阶段可能迥然不同。

1903年，福特汽车创始人亨利·福特与11位其他投资者用2.8万美元的资

第二章 家族企业只有社会化才能现代化

金在美国底特律市创办了一家汽车公司,这就是后来的福特汽车公司。可以说,福特汽车公司作为一家典型的家族企业,从1903年创办至今已有百年的历史,尽管斗转星移,百年沧桑,福特汽车公司仍然保持了强大的竞争力和生命力。福特汽车公司的一些做法值得中国家族企业参考和借鉴。

提到福特汽车公司,就不得不提其创始人亨利·福特。亨利·福特不仅有美国汽车大王、汽车工程师与企业家之称,亨利·福特还是世界上第一位将装配线概念实际应用而获得巨大成功的人,并且以这种方式让汽车在美国真正普及化。这种新的生产方式使汽车成为一种大众产品,它不但革命了工业生产方式,而且对现代社会和文化产生了巨大的影响,因此有一些社会理论学家将这一段经济和社会历史称为"福特主义"。可以说,亨利·福特不仅以其发明和制造汽车本身而流芳百世,而是以其"大众化"的价值观而彪炳史册。

20世纪初,亨利·福特在制造第一辆车时的出发点和根本宗旨就是"要让芸芸众生都能买得起、用得上汽车,并将它作为日常交通工具"。

在第二次世界大战爆发前,福特汽车公司还参加了德国的军事建设。例如:1938年,该公司在柏林开了一个组装厂为德国陆军提供卡车。1938年7月,亨利·福特被授予"德国鹰"大十字勋章,这是纳粹德国授予外国人的最高勋章。福特是获得这个勋章的第一个美国人。授勋的原因是福特为使汽车成为一个大众商品作出了先驱工作。

对此,美国历史学家弗雷德里克·艾伦在他的《美国的崛起——沸腾五十年》中这样评价福特的理念和实践:"实际上福特所做的所有事情——降低价格、提高生产效率、故意提高工人工资等,就是用前所未有的方式证明现代工业的一项伟大原则——批量生产的动态逻辑,即生产厂家生产的商品越多,那么它生产的成本就越低,产品的价格就越低,人们的生活就越好,他们所能购买的东西就越多,让这种丰富而经济的生产原则成为可能。"

从这个角度来看,福特是最早的社会企业家——他用经营企业的方式实现自己的社会理想。然而,随着福特汽车规模的不断扩大,亨利·福特已经深感无法向福特汽车公司派遣更多的家族成员,在这样的背景下,亨利·福特开始招贤纳士以适应福特汽车的高速发展。特别是到了20世纪30年代,福特汽车的产量已经占据全世界的50%。

按照福特汽车公司如此的速度和规模发展下去,如果积极实施社会化战略,明显会阻碍福特汽车公司的高速发展。

1956年,福特汽车公司股市首次上市。然而,让华尔街意想不到的是,"福特汽车公司的股票将由发布声明的福特基金会而不是由公司发售,基金会是福特家族在1936年建立的大型慈善信托公司,以拨款促进国际国内事务中广泛领域里的人类福利事业"。

可以说,福特的继承者们不这样做,就必须要缴纳巨额的遗产税。20世纪30年代中期,即1935年,美国国会通过"财富税"法案,这项法案针对的是继承价值5000万美元以上的要征收高达70%的遗产税。

如果按照70%的遗产税征收,那么一旦福特汽车创始人亨利·福特去世,亨利·福特的继承者必须卖掉福特公司的股票,才能支付得起高达70%的遗产税。

对于含辛茹苦把福特汽车公司做大的亨利·福特来说,肯定不想在自己死后让自己亲手创建的公司落入他人之手。于是,亨利·福特接受了大儿子埃兹尔·福特提出的解决方案。

1936年1月15日,福特基金会正式成立。当然,埃兹尔·福特成立基金会的目的就是将福特家族的资产与公司资产区分开,从而达到合理避税的目的。

可能有读者会问,既然成立基金会让福特在合理避税的同时,又能够让家族自主决定其投资等战略决策,那么福特公司为什么还一定要上市呢?

《纽约时报》的报道是这样解释的:"基金会理事想使投资者多样化的希望是福特家族做出允许出售福特股票决定的主要因素。家族最终同意了理事们的观点,认为基金会把所有的鸡蛋都放在一个篮子里是不可靠的。这一决策是在福特家族与基金会理事通过两年多的协商后达成的。理事们劝说家族允许公众共享福特汽车的收益。"

从《纽约时报》的报道中我们不难理解,福特继承者卖掉基金会所持的大部分股份,目的有以下两个,见表4-8。

表4-8　卖掉福特基金会所持的大部分股份的两个目的

目的一	使基金会获得了真正独立永续运转的可能
目的二	股份的高度分散,并不会导致公司实际控制权的旁落

可以说,福特汽车的上市标志着福特汽车已经踏上了社会化改造的新历程,这也意味着福特汽车公司成为一家公众公司,不再是纯粹的家族企业。

在福特汽车社会化改造中,我们不难看到,福特汽车的外部因素促使这个家族企业社会化,因为高达70%的遗产税必定让福特继承者付出高昂的代价,在这样的背景下,福特汽车还是社会化了。

当福特汽车社会化后,福特汽车取得了惊人的业绩。现任董事长比尔·福特在2001年股东大会指出,汽车是全球性的复杂行业,但复杂的事情中包含简单的道理，这就是要有最好的产品，有了最好的产品就能获胜。2000年，福特公司利润达54亿美元，福特股票的回报率在过去45年里始终高于美国三大股票指数。2001年以来，福特分红为4%，是市场平均分红的3倍。

当然，家族企业社会化是实施规范化管理的一个必然趋势，家族企业向现代企业制度迈进，其适用的企业制度因时、因地而异，不同行业、不同规模、不同发展阶段和不同背景的企业各有适合自己情况的企业制度，没有普遍适用的标准模式。福特家族企业公众化、社会化和市民化的做法为我们提供了一些有益的启示。

关于家族企业社会化，亨利·福特认为，家族企业社会化是企业的又一次再造，也是家族企业生命的再一次延续。家族企业非家族化之后就嬗变为一个现代企业。

《华尔街日报》对福特公司的社会化作了充分的肯定，《华尔街日报》这样评价：比尔·福特董事长称分布在全球各地的35万名员工是"福特家族的扩展"。在亨利·福特二世掌管时，公司起用了数百名专业人士（MBA），他们在各自的岗位上严格把关，在企业管理、财务会计、人事制度、发展规划、运营战略和市场销售上都表现出良好的素质和业绩，被誉为"亨利的副官们"。公司的管理从此走上了专业化、制度化、社会化的轨道。福特公司的董事长至少有6年是由家族以外的人担任的。福特家族在董事会成员中的比例也在不断下降。

比尔·福特说，公司的经营和重要决策由CEO全权负责，他协助管理公司的长远规划和发展方向。家族企业的社会化也是一种信誉，信誉是企业管理中最为宝贵的资产。家族企业社会化不是简单的企业变革，而是为了科学、系统地管理好企业，从而创造更多的财富和利润。

第三章

给家族企业嫁接现代企业制度

在保持家族所有权属不发生根本改变的前提下，如何有效解决家族企业内在弊端的问题？然而，经过几年的思考，结果就是淡化家族制，为家族企业嫁接现代企业制度。

——方太董事长　茅理翔

让企业的所有权和经营权分离

在很多场合，家族式企业管理还是现代企业制度是一直争论的焦点。尽管众说纷纭，仁者见仁、智者见智，但我一直都在强调家族式企业管理在创业、生存和发展的巨大作用，特别是在《败于家》的公开课上，我就告诫过在场的家族企业家们："大家千万不要被误导，现代企业制度不是灵丹妙药。其实，管理制度没有先进和落后之分，只有合适与不合适之分。当然，对于家族企业的管理变革，其企业制度的选择是一个自然的过程。因此，中国家族企业要做强、做大，必须发挥家族企业的自身优势，以及结合现代企业制度的优势，扬长避短，从而更好地发挥家族企业的优势。"

在家族企业管理实践中，方太董事长茅理翔就非常认同本人的观点，他在接受媒体的采访时谈道："中国的民营企业当中，有90%以上是家族企业，否定家族企业就是否定民营企业。在世界五百强企业中，家族企业占了1/3。家族企业有着明显的优势，如产权清晰、委托代理成本低、决策灵活等。但是，家族企业的弊端也显而易见。江苏有四兄弟，开始很团结，大家共同创业，但是在企业做大以后，四兄弟便闹起了分家，由于老四抢先注册了共同的商标，兄弟们就打起了官司，且打得不可开交。在目睹了众多的类似的家族企业由于管理不善或者家族成员内部不和导致苦心经营的企业轰然倒塌的事件后，我开始思考在保持家族所有权属不发生根本改变的前提下，如何有效解决家族企业内在弊端的问题。然而，经过几年的思考，结果就是淡化家族制，为家族企业嫁接现代企业制度。"

从方太的广告语"让家的感觉更好"不难看出家族企业的影子。当然，为了让自己的家族企业的感觉更好，为自己的企业嫁接现代经营管理制度，茅理翔颇花了一番心思。

茅理翔，方太厨具董事长；1941年生，宁波人；做过10年会计、10年供销员；1985年创办慈溪无线电厂，被誉为"点火枪大王"。

在家族企业中，任人唯亲的现象可谓是比比皆是，慈溪无线电厂也面临同样的问题。为了避免慈溪无线电厂这个家族企业因为任人唯亲而导致企业管理混乱，致使企业分裂或者破产的情况出现，茅理翔可是煞费苦心，采用了极具中国传统特色的处理方式来解决这个问题，那就是向母亲下跪，从而达到期望的目的。

可能有读者不明白，作为慈溪无线电厂的厂长，为什么要向母亲下跪呢？事情是这样的，当时茅理翔的四弟下岗待业，于是要求进入慈溪无线电厂这个自家企业内担任干部。这个棘手的问题使茅理翔左右为难，因为茅理翔深知，既要做到维护亲情但又不能破坏企业管理制度。于是茅理翔向母亲跪下了，大概跪了十分钟，其目的就是陈述自己为什么不能让四弟出任慈溪无线电厂干部的理由，希望得到其母亲的谅解和支持。

茅理翔的理由是，"开始创业时，兄弟们往往很团结，但在企业做大以后，一般在做到1亿元之后，矛盾就会显现。"

茅理翔的观点是非常明确的，一旦让四弟担任慈溪无线电厂的干部，只要开这一个头，那么紧接着就会有更多的家族成员加入。茅理翔说："老大有老婆舅子，有舅子老婆，就会有一帮人，老二也会有老婆舅子、舅子老婆，七大姑八大姨的都在企业里面，家族矛盾与管理矛盾一旦搅和在一起，造成管理错位，加上利益、权力和发展思路的纷争，必然会出乱子。"

为了避免家族企业众多的乱象问题，茅理翔在创办慈溪无线电厂时就与妻子张招娣约法三章，大概内容是，茅理翔和妻子两方面的兄弟姐妹、亲戚可以在慈溪无线电厂上班，但是，绝对不能担任车间主任以上的领导岗位职务，而且，茅理翔把这一规定严格执行到如今。

当然，茅理翔的下跪还是有效果的，茅理翔的母亲同意了他的做法。但是考虑到亲情，茅理翔安排他的四弟在一个相对比较小的、与总部分开的办事处做了主任，随后又用一些其他的方式解决了两个大学毕业的侄子的就业问题。对此，中国社科院民营经济研究中心主任刘迎秋教授在接受媒体采访时谈道："这种下跪是传统的力量和制度的力量较量的过程，这个过程应该是一个非常艰难、痛苦的过程。"

众所周知,茅理翔的这一跪使方太从此得以完成从传统家族企业管理制度向现代企业管理制度的转变。

目前的方太,除了董事长和总经理由茅理翔和茅忠群父子担任外,其他中高层管理人员没有一个家族成员和亲戚,都是外聘的本科生、硕士生或者博士生,并且方太员工中40%来自外地。

1994年,茅忠群从上海交通大学硕士研究生毕业,本来想去美国读博士,被茅理翔劝了回来,与茅理翔一起二次创业。然而,茅忠群在答应父亲任公司总经理时,作为条件他提出要成立新公司,不起用父亲原公司飞翔公司(1995年,茅理翔组建宁波飞翔集团有限公司;)的员工,而是重新搭建自己的管理团队,独立运作经理层。1996年1月18日,茅忠群成立宁波方太厨具有限公司,并斥资2000万元建立第一条吸油烟机生产线,年产30万台。

而今的方太已经成为中国厨房领域最著名的品牌,也逐步成为世界厨房文化的代言人,取得了卓越的成就(见表4-9)。

表4-9　方太取得的卓越成就

序号	成就
1	方太产品多次被评为国家免检产品、全国用户满意产品,在有"中国工业设计奥斯卡"之称的CIDF评选中,方太产品屡获设计大奖
2	方太还先后荣获2002年十大最有潜力商标、2003年最具价值品牌,方太的"住宅厨房集成技术"项目被列为2003年建设部科技成果推广项目,引导并推动了中国第三次厨房革命的潮流
3	2004年,方太入选中国500最具价值品牌,品牌价值达到20.86亿元
4	方太厨房电器被评为豪华家庭首选品牌
5	2005年中国厨卫发展论坛,方太获评为厨卫推荐类第一品牌和售后服务第一品牌
6	2005年6月,"方太"被中国国家工商总局评定为"中国驰名商标",继续引领行业风潮,进一步巩固了方太设计领先的厨房专家地位。2005年8月6日,在北京人民大会堂召开的由世界品牌实验室和世界经理人周刊联合主办的世界品牌大会上,发布了2005年《中国500最具价值品牌》排行榜,"方太"品牌价值评估结果为30.81亿元,排名第206位。2005年9月,方太荣获"中国名牌"称号
7	"2008中国消费者第一理想品牌";品牌价值于2008年评估为42.61亿元,连续4年蝉联中国500最具价值品牌行业第一,远远超过了行业其他品牌,稳居行业第一

第三章 给家族企业嫁接现代企业制度

尽管方太不管是在接班问题，还是在家族企业社会化改造方面都取得了成功，但是茅理翔自称自己所致力于建立的，是"现代家族企业管理模式"。

可能有读者会问，既然茅理翔积极推行去家族企业化，那为什么还要选择自己的儿子茅忠群担任总经理呢？

茅理翔的理由主要体现在以下两个方面（见表4-10）。

表4-10　茅理翔选择儿子茅忠群担任总经理的两个理由

序号	理由
1	这种选择基于茅忠群上海交通大学硕士研究生的学历背景和突出的个人能力
2	出于对中国职业经理人队伍尚未形成和法律、信用体系尚未完善的客观原因的考虑

在"中国企业家管理论坛"上，尽管茅理翔畅谈了建立现代家族制的必要性，然而在很多场合下，茅理翔依然在强调家族制管理的积极意义。在对家族企业进行社会化改造时，茅理翔非常科学和客观地强调家族企业的社会化改造。茅理翔认为，当家族企业发展到一定阶段，即达到一定规模后，要想突破发展瓶颈，就必须要淡化家族制，从而把现代管理制度嫁接到传统的家族管理模式上，建立现代家族制管理模式。对此，茅理翔对家族制有三点看法，如表4-11所示。

表4-11　茅理翔对家族制的三点看法

看法	具体内容
在创业初期一定要依靠家族制	家族企业之所以在创业初期一定要依靠家族制，主要是在家族企业的创业阶段，往往是既没有足够的创业资金，又没有环境较好的生产厂房，工作技能较强的员工因为没有足够的薪水而不愿意加盟，只有家族成员才能与创始人共同奋斗。另外，家族成员的管理成本低，团队合作力量强，决策灵活，风险容易控制
达到一定规模后，必须要淡化家族制	当家族企业发展到一定阶段，即达到一定规模后，要想突破发展瓶颈，就必须要淡化家族制。这是因为家族制管理模式极易引起家族矛盾，清官难断家务事，结果往往造成父子、兄弟反目，夫妻离婚，企业分崩离析
家族企业成员的融资优势就算在社会化后依然较强	不管是欧美等发达国家，还是在东南亚，在家族企业管理中，要彻底否定家族制管理模式是不可能的，因为家族企业成员的融资优势比非家族企业成员要强得多，就算在社会化后，当家族企业遭遇危机时，成员往往愿意将家族的财产变卖后的资金注入家族企业

从表4-11可以看出,茅理翔得出的结论是,家族企业要想做强、做大,就必须要建立现代家族制。

茅理翔解释说,在传统的家族制企业中,家族企业的控制实权往往都在七大姑八大姨那里,这些七大姑八大姨非常排斥工作技能较强的人才。在很多情况下,很多高级管理人才根本就不愿意进入家族企业,甚至还会出现高级管理人才引不进、引进了也留不住的情况。

面对这样的问题,作为家族企业创始人该怎么解决呢?茅理翔的解决方法就是,淡化家族制。在方太,董事长是茅理翔,总经理是茅理翔的儿子茅忠群,茅忠群下辖的所有中高层干部,全部是引进的硕士生、本科生。且明文规定,不准亲戚和家族成员任干部,这样,不仅解决了七大姑八大姨控制家族企业管理岗位的问题,同时还能引进大量的高级管理人才。

可能有读者会问,家族企业到了一定规模,为什么要嫁接现代企业管理制度,又不完全否定当前中国家族企业的家族制呢?

茅理翔的解释是,在目前,完全否定家族制是不可能,主要是中国的职业经理人队伍还没形成,中国的法律还不健全,信用体系不完善。因此,家族企业要基业长青和永续发展,最好的办法就是给家族企业嫁接现代企业管理制度,建立有效的现代企业制度和治理结构,把某些关键岗位让高级管理人才来担任,家族事务和企业经营活动区别开来,这样不但让家族企业的发展更有执行性,而且可以将所有权与管理权分开。

然而,在家族企业的研究中发现,非常多的家族企业创始人不愿意将更多的关键性岗位给高级管理人才担任,主要有以下几方面的担心(见表4-12),更不要说让创始人从董事长的宝座上退下来。

表4-12 创始人不愿意将关键性岗位给高级管理人才担任的原因

序号	具体原因
1	高级管理人才通常有自己的一套管理方法,与家族企业原来的管理模式冲突较为激烈,这样会激发家族成员之间的矛盾
2	高级管理人才只做短期经营决策,即只为完成一张漂亮的财务报表而忽视家族企业长远的发展战略
3	高级管理人才有可能与创始人争夺家族企业控制权,使家族企业的控制权落入他人之手
4	创始人的家族权威对高级管理人才没有任何意义,高级管理人才往往不服从家族企业创始人的管理,甚至制定的决策可能与家族企业创始人相反

续表

序号	具体原因
5	尽管家族企业管理能力相对较弱,但是毕竟家族企业是自家的,并不会损害家族企业的利益,高级管理人才可能为了自己的短期目标,以牺牲家族企业的利益为代价
6	由家族企业创始人管理企业,创始人往往就会有一种傲气和霸气,决策时更多的是一种独断专行,"企业是我的,我想怎么着就怎么着,你们谁也管不了"。高级管理人才的加入使这样的平衡被打破,家族企业创始人的傲气和霸气就不复存在,可能更加失落

虽然很多家族企业创始人口头上不这么说,但其所作所为、所思所想无不透露着表4-12中的种种担心,而且,家族企业创始人自己是老板,不再有任何人可以监督他,手下的管理人员大多数是自己的家族成员,就算有一部分职业经理人,他们在请示工作、接受指令和与老板讨论事情的时候,不是完全用客观事实和理性原则作为指导,更多的是一种服从权威的敬畏心态。

由于家族企业创始人希望下辖的管理人员,特别是职业经理人能够服从自己,一些职业经理人为了不与老板的管理方式发生冲突,就可能放弃了坚持,这样就可能导致很多符合家族企业自身发展的战略决策付诸东流。家族企业老板在决策时,更多的是依据创始人自己多年的征战经验和对行业的了解,这样就可能将家族企业一步步带入危险的境地。

在这样的背景下,家族企业在社会化改造中,在绝对控制家族企业的前提下,应将管理权与所有权合理地、适当地分开。相反,如果管理权和所有权合二为一,就会造成家族企业创始人拥有绝对的决策权,绝对的决策权除了产生高效率之外,还可能作出不适合家族企业发展的错误决策。无论决策者如何英明、睿智,只要缺乏对权力的监督,就必然产生决策失误。所以,给家族企业嫁接现代企业管理制度,这样不但让家族企业的发展更有执行性,而且可以将所有权与管理权分离,有利于家族企业基业长青和永续发展。

研究发现,给家族企业嫁接现代企业管理制度,主要是改变以前家族企业不规范的管理模式,因为在传统家族企业中,可以说很多家族企业的制度简直就是形同虚设,因此,在坚持家族企业曾经的人性化管理的同时,必须要对家族企业实现制度化管理。这就得对家族企业进行社会化改造。

一般地,当家族成员的管理技能、运营水平不能全部满足家族企业的发展需求,当市场竞争局面已经从局部领先向系统超越竞争迈进时,家族企业的生存空间被进一步压缩,这时候,家族企业应该致力于像公众公司一样将所有权和经营权分开,家族企业创始人在绝对拥有控制权的前提下渐渐地将企业由职业经理人来管理,将家族企业所有权与经营权适当地分离。

逐渐淡化家族制,稀释股权

家族企业社会化的改造运动中,当第一阶段的管理社会化完成后,随之而来的是家族企业社会化运动的第二阶段——所有权的社会化。

这个阶段的特征就是逐渐淡化家族制,渐渐地稀释家族企业的股权。对此,茅理翔在接受媒体采访时告诫家族企业创始人:"民营企业在创业初期一定要依靠家族制;民营企业发展到一定规模,一定要淡化家族制。"

从茅理翔的告诫中我们不难看出,给家族企业嫁接现代企业制度,是逐渐淡化家族制、稀释家族企业股权的一个较好的办法,同时也是逐渐改变家族企业所有权和经营权的一个有效举措。

当然,家族企业在采取逐渐淡化家族制时,渐渐地稀释家族企业股权的措施更能加快家族企业顺利实施所有权的社会化,使家族企业持续、快速、稳健地发展,从而使家族企业基业长青和永续经营成为可能。当然,一些地方的开明政府还积极扶持家族企业,帮助家族企业推动社会化改革。下面就是政协殷都区委员会办公室发给一些家族企业的函:

按:

家族企业的发展是国民经济和社会发展的重要组成部分,家族企业的健康发展离不开一个好的机制,我国的家族企业大多是传统的家族管理模式。如何让家族企业走出家族家长式的管理模式?政协主席路尚廷结合我区家族企业发展的现状和特点,批示转载宁波方太集团董事长茅理翔在郑州中世商务首届"中国企业家管理论坛"上提出的《给家族企业嫁接现代制度》一文发给你们,希望政协委员中的家族企业家认真学习,深刻领会,不断提高各自的经营管理品位。

政协殷都区委员会办公室
2004年7月5日

从这个函中我们可以看到,家族企业的社会化改造不仅得到家族成员和风险投资、私募股权投资的支持,还得到了开明的地方政府的支持。

事实上,家族企业要做强做大,必须转变家族企业的管理办法,实行现代企业管理制度,只有这样,家族企业才会更好地发展。在中国众多家族企业中,

第三章　给家族企业嫁接现代企业制度

浙江传化集团是逐渐淡化家族制、稀释家族企业股权的践行者。

"传化集团对我来说，不仅是一个创办的事业，而且是我的第二次生命，是我的价值所在。"徐冠巨说。对中国的大多数企业家而言，改革开放意味着改变了自己的人生，但对于他还意味着重生。创办企业，不仅解决了他看病的资金，同时让他找到了自己的人生价值。

1986年，正在杭州某公司财务部当会计的徐冠巨，突然染上治愈希望渺茫的溶血性贫血，徐家在两个月里就欠了2万多元债务。对于普通农民家庭，这简直不可想象。父亲徐传化觉得只有做生意拼一把，才有可能走出困境。徐传化的决策过程简单得不可思议，在一次出差途中的闲聊后，他决定生产当时紧俏的液体肥皂。正是这一创业举动，造就了今天的传化集团。

在家族企业社会化改造的过程中，要想真正地实施家族企业社会化，就必须打破传统的家族管理。毋庸置疑，要打破传统的家族企业管理模式就意味着改变。

如何社会化这个众多家族企业遇到的难题，传化集团创始人徐传化也同样会遇到，但是徐传化在解决逐渐淡化家族制、渐渐地稀释家族企业股权这个问题上就颇具理性。

早在20世纪初期，即1992年，当传化集团达到一定规模时，徐传化和儿子徐冠巨父子就开始着手实施家族企业改造的第一步——腾出位置，引进人才。

徐冠巨指出，虽然他们的思路清晰、战略决策能力很强，但他们这一代创业者的文化程度并不高，达不到专家型的管理。与经营多元化、股权社会化相适应，传化集团很自然地步入了社会化的管理层面。

早在1992年，传化集团就开始从社会引进人才，到现在，传化集团已拥有教授、博士、硕士数十名，大中专以上毕业生几乎占企业员工的一半。传化的党委书记及企业其他高层领导都是引进的人才。人才资源的社会化，必然带来企业管理的社会化。但是，徐传化和儿子徐冠巨父子并没有操之过急，简单地打碎家族化了事，而是积极稳妥地推进"后家族模式"。

对此，清华大学国情研究中心主任，清华大学公共管理学院教授、博士生导师胡鞍刚在接受媒体采访时谈道："现在大多数中国家族企业，并没有到完全抛弃家族经营的时候，只要能意识到纯家族制有弊端并采取一定措施，就能将负面影响降到最小。"

当时30出头的徐冠巨显然也非常清楚这一点。徐冠巨在接受媒体采访时回忆说："中国很多中小家族企业往往脱胎于家族组织，在这样的家族企业中，完全否定或抛弃家族经营都是失之偏颇的。要解决问题，关键要看企业有多大的规模和处在哪一个发展阶段。当家族企业发展到一定规模和阶段时，要想突破家族企业的发展瓶颈，就必须形成一个开放的企业格局，更多和更有效地利用社会各种资源，包括融资和引进人才。"

从徐冠巨对传化集团的社会化过程中可以看到，家族企业的社会化是一个漫长的过程，这个过程不是一句简单的口号。如果仅仅从表面看，传化集团至少在形式上符合一个家族企业的特征。

在传化集团，当初徐冠巨与其兄徐观宝和父亲三人，组成了传化集团董事会。传化集团高层经理中，至少有4人属于徐家的家族成员。现在虽然有所改变，但依然还是家族企业。据了解，目前在传化集团的高管团队中，只有徐冠巨和他的哥哥徐观宝分别担任董事长和副董事长，其他的高管均是非家族成员。徐冠巨的妻子、嫂子、妹妹虽然都在传化上班，但都是普通的工作人员，徐冠巨的妹夫则是传化集团一个下属公司的总经理，也没有出任公司的高管。

为了改变这种状况，在传化集团股权集中的情况下，传化在决策上引入非家族、非资本的声音。传化集团的决策由董事会授权企业管理委员会做出，这是一个由公司高层和各产业公司总经理参与的集体决策机构，属于非家族化的高层管理委员会，以降低家族决策的风险。徐冠巨认为："资本结构单一才是家族化的标志。现在的民营企业，往往是股东、董事长、总经理三合一。传化引入现代的管理制度，就是要逐步改变这一局面。传化要做百年企业的话，领军人物的位置需要能者居之，不管他是下一代还是职业经理人。"

按照徐冠巨的设想，这个制度上的安排远远不够。徐冠巨在接受媒体采访时谈道："我认为徐家的股份在传化集团中占的比例越小，我的战功就越大。因为投资结构多元化以后，反对意见可能就会多，也就容易使决策正确。我当然不会退出，只想引入其他社会资金，稀释股权。"

家族企业的社会化是企业发展的趋势，它不仅可以规范企业化的管理，还可以促进企业的快速发展。

为了加快传化集团社会化的步伐，徐冠巨将传化集团推进所属企业资本社会化，使每个企业都和国内资本或国际资本结合。徐冠巨已经将精细化工产业中生产纺织助剂的龙头企业改组成股份公司，于2002年完成了上市辅导期。2004年，传化股份在深交所中小板正式挂牌上市，总股本8000万股，募集资金约1.98亿元。上市成功，也使徐冠巨的传化集团获得了更大的发展空间。

传化集团上市后，徐冠巨实施了"引入社会资本，稀释股权"的战略布局，不仅引进两个大型投资项目，还涉及资本市场（见表4-13）。

表 4-13　"引入社会资本，稀释股权"的战略步骤

步骤一	2004 年，传化股份在深交所中小板正式挂牌上市，总股本 8000 万股，募集资金约 1.98 亿元
步骤二	引进一个注册资本为 8600 万元的杭州传化大地生物技术有限公司，其中"杭钢股份"出资 3500 万元，是该集团在非钢产业最大的一笔投资
步骤三	传化集团与日本最大的日用消费品企业之一——日本花王株式会社合资设立杭州传化花王有限公司，注册资本 2500 万美元，尔后增资至 3837 万美元，传化占据控股地位。此前在投资高科技农业园时，他们就制定了传化为主、政府参与的投资原则，政府与传化的股权比例为 4:6
步骤四	2005 年 8 月，徐冠巨再度出手，传化集团以每股 3.5453 元的价格购入浙江另一家化工上市公司 6788.1 万股股权，传化集团也由此持有 29.77% 的股份，成为其第一大股东和实际控制人。此时，传化集团同时拥有了两家化工类上市公司，其化工集团的整体版图完成
步骤五	按照徐冠巨的部署，接下去他准备让企业员工持股，希望借助更多的外部力量和内部力量来关心这个企业

传化集团从 1986 年创业至今，历经了 30 多年，用徐冠巨的话说是"一步一个脚印，没有走捷径"。在传化集团社会化的过程中，逐步稳健淡化家族制、渐渐地稀释家族企业股权的经验还是值得中国家族企业创始人参考和借鉴的。不过，选择什么样的路径来进行社会化改造必须依据家族企业自身的情况，绝对不能照葫芦画瓢。

对于"淡化家族制，渐渐地稀释家族企业股权"的做法，茅理翔在接受媒体采访时就谈过："河南的家族企业不少也是家族投资、家族经营的，但大部分企业已把自己的股权稀释出去，变成股份公司。因此，纯家族企业不如浙江的多。从长远来看，家族企业稀释股权应该是一个方向。当然，不是无限稀释，如果你不是世界 500 强企业，就不要相对控股，而要保持 51% 的绝对控股权。"

家族企业为什么要稀释股权呢？茅理翔是这样回答的："这就要说到企业的薪酬机制，职业经理人往往不满足于固定的工资或资金，而有分得股权的要求。不稀释股权就不易激发他们的工作热情并留住他们。给他们股权，等于给其戴上了金手铐，防止因他们跳槽而给企业带来损失。"对自己从实践中得来的家族管理论，茅理翔加了一句注语："管理是解不开的结，解完了一个，又要解下一个。作为企业家，要不断地充电和提升自己，才能把企业带向更高、更好的未来。"

第四章
弱化或者摒弃家族制和家族化

> 现在世界上所有大公司，比如说奔驰、宝马，哪一个不是在用有财务背景的人做高层管理？我想我也应该这样做。
>
> ——吉利集团创始人 李书福

去家族化是李书福一个不得不做的选择题

2002年8月，一个犹如响雷一般的新闻震动了浙江的商界——时任中国第一家民营汽车"巨无霸"企业吉利集团董事局局长兼总裁、首席执行官李书福开始了这个家族企业的社会化改造运动，而且声势非常浩大。

吉利集团家族企业社会化改造中又勇敢地向前迈进了一大步。李书福请来两位"空降兵"，取代他首席执行官的位置。这两位"空降兵"，一是吉利集团CEO徐刚，年仅41岁，博士，原黄岩财政局副局长，1995年调入浙江省财政厅工作，2000年被任命为浙江省财政厅党组成员、省地税局总会计师，是浙江省最年轻的厅局级干部之一；二是吉利汽车CEO柏杨，女，年仅33岁，硕士，哈尔滨工业大学机械制造系毕业的学生。

从2002年8月起，这家家族企业的创始人李书福只担任吉利集团董事长。可能读者不明白，李书福为什么百万军中专取此二人为"将"呢？

其实，李书福的这一做法是比较合理的。在十多年前，吉利集团这个家族企业已经达到了一定的规模，要想使吉利集团"更上一层楼"，去家族化是一个不得不做的选择题。

对此，李书福在接受《台州商报》记者采访时谈道："现在世界上的大公司，比如说奔驰、宝马，哪一个不是在用有财务背景的人做高层管理？我想我也应该这样做。徐刚是上海财经大学的硕士，现在在读博士，浙江一年800多亿元的税收是经他的手收上来的，他是浙江省税务局的总会计师，对各企业的运行状况非常了解，在我的眼睛里他不是一般的行政干部。之所以选用柏杨，

第四章 弱化或者摒弃家族制和家族化

主要是因为她的经历和专业比较适合吉利的发展。从技术背景看,她硕士学历,曾参与并主持沈阳金杯客车制造公司十年规划改造计划的项目,并参与了华晨金杯项目的具体操作及中华轿车项目的前期工作。后进入一家美资的零部件制造企业担任常务副总,主要负责企业重组、改造及管理培训方面的工作,期间接受了多次现代化管理培训的课程如 CE 等。在任职期间,她成功地对该企业进行了 ERP 项目的实施,导入了很多管理模式,使企业从一家全面内销的企业成为一家全出口型的企业。我之所以取此二人为中军大将,主要是两点:一是人才互补;二是吉利决不再搞家族企业,而是唯才是用,一方水土养八方人。"

李书福的去家族化使吉利集团高速发展,而今,吉利集团已经跃升为世界汽车企业俱乐部行列,特别是 2010 年 3 月 28 日 21 点,在瑞典的斯德哥尔摩,吉利汽车以 18 亿美元的价格收购瑞典汽车企业沃尔沃 100% 的股权。

李书福的去家族化给中国家族企业做了一个很好的表率。对此,业内专家坦言:"家族企业要发展和壮大,必须摒弃家族制和家族化,这样对家族企业的管理才更有力。"

的确,实力雄厚的跨国企业不仅磨刀霍霍,还抢占了中国近 20 个行业的绝大多数市场份额。这不仅威胁到中国家族企业的生存和发展,还关乎中国产业的安全。

在这里,不得不提娃哈哈创始人宗庆后。在 2007 年,起因是娃哈哈创始人宗庆后与达能的合约纠纷,最终演化为中国现代商业史上最激烈的一次交锋。双方仲裁、休战、诉讼、调解等真刀真枪干上了,最后宗庆后取得完胜。表面上看,这是一个合同的纷争,是一个商标归属的争论,而实际上是庞大利益归属的问题,是中国企业家与跨国企业在华利益的重新分割,尽管纠缠不清的利益表露出的是紊乱的价值,但是中国企业家勇敢站出来,并且很坦言地对跨国企业集团说"No",这是中国企业家对中国经济安全的警示,也是作为一个中国人为了维护中国经济安全应尽的义务。

值得可喜的是,在中国,有宗庆后这样的企业家为了自己的利益而战,还为了中国国家经济安全而战。我们的中国已经不是大清朝,我们国力的增强,应该得到外资企业的尊重,确实,我想起了宗庆后的那句话:"今日之中国,已经不是八国联军时代,中国人民已经站起来了。"因此,作为家族企业创始人,当家族企业发展到一定规模时,就必须进行社会化改造,从而提升家族企业的核心竞争能力,这样才能和实力雄厚的跨国企业竞争,否则,就是以卵击石,不堪一击。所以,家族企业要发展和壮大,必须摒弃家族制和家族化,这样对家族企业的管理才更有力。

在家族企业社会化改造中,中国太平洋建设集团有限公司董事局主席严介和认为,要摒弃家族制和家族化,就必须做到三个"零"(见表4-14)。

表4-14　太平洋建设的三个"零"

"零血缘"	没有一个亲戚在企业
"零情缘"	没有一个同学、战友在企业
"零地缘"	没有来自老家的人在企业

关于家族企业摒弃家族制和家族化问题,严介和在接受媒体采访时坦言:"在太平洋建设,没有一个我的家人,没有一个我的亲人,没有一个我的战友,没有一个我的同学,没有一个我的老乡。"

当然,家族企业摒弃家族制和家族化在中国台湾也纷纷进行。台湾灿坤集团在创业初期也具有浓厚的家族色彩,由吴氏家族和蔡氏家族分别把持着企业要职,随着企业的扩大,董事长吴灿坤日渐感到家族企业的危害,于是先劝退了在企业中任高职的吴氏、蔡氏家族成员,然后自己也把总经理职位让了出来。

亚洲首富李嘉诚同样认为,家族企业要做强做大,也必须摒弃家族制和家族化。今天李嘉诚的成功恰恰是否定了家族式企业的做法。虽然李嘉诚的大儿子李泽钜在公司任职,但公司整体结构不再有任何一点家族色彩。

家族企业在社会化改造中绝对不能一刀切

事实证明,在家族企业社会化改造中,摒弃家族制和家族化也是促进家族企业基业长青和永续经营的一个重要因素。一般地,家族企业都会经历三个发展阶段(见表4-15)。

表4-15　家族企业的三个发展阶段

企业家庭化	这个阶段家族企业特征是由家族成员控制企业的一切运作。可以说,企业是整个家庭的延伸。在日常的经营管理中,家长则是企业的最高决策者,也是最权威的领导者。而此阶段往往具有非常强的排他性和血缘狭隘性
家庭企业化	当家族企业发展到一定规模后,家族企业逐渐摆脱传统式家族管理,而日常的管理转为正规化、程序化、制度化管理。此阶段,职业经理人在家族企业的作用越来越重要,传统的家族管理也开始逐渐淡化,血缘性和地缘性不再成为企业考虑的重要指标,但企业最高决策者仍然由家族成员担任

第四章　弱化或者摒弃家族制和家族化

续表

企业社会化	由于家族企业实施了所有权和经营权的社会化，很多家族企业成员已经退出家族企业的日常经营。尽管企业的股份逐渐稀释，但是家族企业仍然在家族成员的控制当中。由于引入外来资本，这里的资本包括资金资本和人力资本，此阶段最高决策者改由企业聘请的职业经理人担任，家族成员只拥有企业一部分股份，对企业决策影响力越来越小

在表4-15的三个阶段中，中国家族企业大都处于第一阶段；日本大部分企业处于第二阶段；欧美等国家的家族企业进入第三阶段的相对较多，其家族企业的规模也很大，创始人家族持股的比重也比较大。

事实上，在新加坡、菲律宾、马来西亚等华人社会中也普遍存在着家族式企业的现象，这也许是华人社会的特色。

由于中国人的家文化，家族企业在社会化改造中，必须找出一条符合自身的路，绝对不能一刀切。比如说，为了摒弃家族制和家族化，就把所有家族成员赶出家族企业，这样的做法也是不恰当的，因为这样做不仅不能保证家族企业的高速发展，创始人家族还可能失去对家族企业的控制权。

这样的观点得到了茅理翔和尹明善等中国家族企业家的认可。尹明善在公开场合大张旗鼓宣扬家族继承的合理性，尹明善曾多次接受媒体采访时坦言："摒弃家族企业还为时过早。无论从经营机制还是管理方式，家族企业在中国现阶段的存在都是可能和必要的。如果把眼界放开，你会发现家族企业的存在是普遍的，比如日本的松下集团、泰国的正大集团、美国的杜邦，不都是家族企业吗？中国的家族企业制度还会延续50年，应该保持50年不变。为了企业的发展，力帆必须由我本人或我的家人来管理。我从不唱高调说我一个家里人都不用。"

可能有读者会认为，家族内的人才毕竟有限，而且不能保证家族成员在创业有成时不产生惰性。为了稳定，企业可能会走向极端，认为忠诚比才能更要紧，如果再发展下去就会出现无才比人才更可贵，这导致了许多家族企业人才匮乏、用人不公，企业内部没有好环境，最终丧失企业竞争力和人心。

对于这样的质疑，尹明善将自己的用人策略定义为"贤亲并举"：为了稳定而任人唯亲，为了发展而任人唯贤。这种做法最符合中国的实际。

在力帆集团，尹明善的用人方法：第一，喉舌部门由家族人员控制，比如财务，而对待其他岗位的人，则"八分人才，九分使用，十分待遇"——这会让人才觉得留下来比走掉要好得多。第二，在企业里严格执行以下律条：待人宽、责己严，对自家人更严。"比如待遇，同样的工种，我的家人拿钱少，外人拿得多。因为我跟他们（家族成员）讲清楚了：你的饭碗可靠，少拿一点没问题，他们的饭碗不一定可靠，虽然他们拿得很高。如果他们有什么不忠诚就炒他们鱿鱼。家里人没法炒，比如我儿子，只能调离岗位，不可能不让他做我儿子。我尽量说服我的家族成员尊重非家族的成员，让他们掌大权。"

据悉，在力帆集团，尹明善的家族成员在核心层的还不到5%，但是这些家族成员都"位高权重"。比如说，财务总监就是尹明善的太太，负责财务的总裁和副总裁都是从外部招聘的非家庭成员。

对于媒体批评尹明善开"夫妻店"的质疑，尹明善在接受媒体采访时谈道："夫妻店，对，我一点儿也没什么可羞愧的。这样挺好，要不然一张支票划走了，你就打官司吧。我还忠告中国的企业界，先把自己的钱捂紧一点儿。你们别那么傻，摒弃家族制，早着呢，除了我们的苦苦打拼之外，我们真的需要好的法律和好的道德。我是中国人，也逃不了中国人的那些传统观念——把家产传给子女。"

可能读者会问，尽管家族成员比起非家族成员而言，背叛家族企业的可能性要小很多，但是家族成员位居家族企业的关键岗位，怎样才能保证家族成员按照企业制度工作呢？即作为力帆创始人的尹明善，采用何种监督机制来制约家族成员在企业里的诸多行为呢？

尹明善的做法是："我儿子用钱也需要有严格的度。我一再和家里人说，谁用钱用到动了企业筋骨，是绝对不允许的，因为这是我们安身立命之地。就像你多摘枝花可以，多摘个果子也可以，但你绝对不能伤它的树干和树根。"

摒弃家族制和家族化有两种方式

可以说，尹明善的做法比较符合中国国情。家族企业在社会化的过程中，必须根据自身的情况和现状作出决策。因为在社会化改造中，摒弃家族制和家族化有两种方式：渐进式和革命式（见表4-16）。

表4-16 摒弃家族制和家族化有两种方式

方式	优势	弊端
渐进式	在家族企业社会化的改造中，采用渐进式社会化更容易得到诸多家族企业创始人的认可和采用，因为渐进式社会化的优势在于家族企业运作具有较强的稳定性和连续性，不至于在社会化改造中大起大落	采用渐进式社会化的弊端在家族企业要摒弃和弱化家族化的速度相对较慢，往往会在社会化过程中遭遇较大阻力而停止，具有不彻底性和妥协性、反复性等特征

续表

方式	优势	弊端
革命式	采用革命式社会化的优势在于革除家族化较为彻底、坚决、干净	采用革命式社会化的弊端在于稳定性不强,容易出现运作断层,造成企业内的大动荡

在社会化改造运动中,不管是渐进式还是采用革命式,不能简单地说哪一种好、哪一种不好,要根据家族企业的实际情况进行选择。但有一点必须做到,在"脱家族化"之前,必须准备好两件事情,如表4-17所示。

表4-17 "脱家族化"之前必须准备好两件事情

物色好全部接替人选	在"脱家族化"之前,家族企业创始人不管是从家族企业内部选拔,还是从家族企业外部招聘,都必须物色好全部接替的人选,保证社会化改造的顺利进行。我个人建议最好把物色好的全部接替人选安排在公司工作一段时间,对其有了一个基本的考察之后再作人事安排。尽可能不要让空降兵仓促上任,更不可今天招来一个员工,明天就任命为公司总经理
用制度保证企业对职业经理人的掌控	不管是外部招聘还是内部提拔,都必须建立起一整套对于职业经理人的控制、监督、审计、考核和评价机制,特别是在对职业经理人的控制方面,必须要建立起一整套合理、科学的企业管理制度,从而用企业制度来消除职业经理人对企业的不忠,用制度保证企业对职业经理人的掌控,甚至是避免职业经理人夺权。比如,国美曾经发生的陈晓和黄光裕事件就值得中国家族企业创始人反思

第五章

创始人对家族企业的绝对控制

> 不能在资本层面稀释掉对公司的控制权,尤其是在创业成败的关键期。
>
> ——阿里巴巴创始人 马云

不能在资本层面稀释掉对于公司的控制权

不管是在引入风险投资,还是为了借到解决家族企业燃眉之急的资金,都不能失去对家族企业的控制权。特别是家族创业企业在引入风险投资时,许多机构愿意给自己投资,面对如此之多的资金,必须克制和冷静。对此,阿里巴巴创始人马云告诫家族企业创始人:"不能在资本层面稀释掉对公司的控制权,尤其是在创业成败的关键期。"

可以说,马云的观点很有代表性。要想把家族企业打造成为一个百年老店,就必须掌控家族企业的控制权。

可能读者认为这样的观点不利于吸引风险投资,但是这样的观点才能保证家族企业稳健地发展。不信,我们就来回顾一下国内的几个真实案例:

2001年6月初,中国第一代门户网站之一的新浪网创始人王志东就因为在引入风险投资时离开自己辛苦做大的新浪网,同时也辞去新浪网首席执行官(CEO)、总裁、董事等职位。

这件事件在2001年的中国企业界引起巨大的反省思潮。当然,王志东因为控制权而黯然离开新浪并不是一个单独的个案。这样的案例还有很多,只不过没有被媒体大规模报道而已。在王志东因控制权被迫离开创业企业之前,中国就已经有一些创业公司在融入创业投资后,其创始人由于种种原因先后离开了自己含辛茹苦做大的创业公司,如瀛海威创始人张树新、中公网创始人谢文、Chinaren创始人陈一舟、8848创始人王峻涛、美商网创始人童家威等。

当然,还有一些创业企业在融资后不久,创业投资人强势地引入职业经理人,创业企业创始人只能从创业企业"一把手"职位上撤下来,如一些技术出身的创始人转向主要负责技术开发，而不负责公司的总体发展和日常管理等。殊不知，当风险投资进入后，在职业经理人的带领下，创业企业曾经可行的诸多战略也会因此而放弃。这会过早地导致创业企业的死亡。因此，要想让家族企业稳健地发展，创始人对家族企业的控制权就不能旁落。

然而，遗憾的是，创始人被风险投资赶出创业企业的事情仍在发生。在2012年5月25日雷士照明创始人吴长江闪辞当晚，曾通过微博公开表示："等我调整一段时间，我依然会回来的，我为雷士倾注了毕生的心血，我不会也永远不会放弃。"

吴长江这条微博的信息似乎向外界传递出一个信号，那就是吴长江这个坚韧的山城汉子过一段时间之后还会卷土重来。不过，现实也是非常残酷的，甚至是血淋淋的。而今，吴长江要卷土重来的话，摆在面前的有两条路：

第一，在雷士照明陷入困境后以"救世主"的形象重返。这个情景有点像苹果创始人史蒂夫·乔布斯。今日的史蒂夫·乔布斯成为世界缅怀的重要人物之一，然而在20世纪80年代中期，即1985年，苹果创始人史蒂夫·乔布斯被苹果公司驱除，当时史蒂夫·乔布斯卖掉了几乎所有苹果公司的股票，然后另起炉灶。史蒂夫·乔布斯采用"曲线救国"式的策略演绎了一个生动的美国股市上创始人回归的案例。不过，史蒂夫·乔布斯采用"曲线救国"花了11年。1996年，经营乏善可陈的苹果公司以4亿美元收购乔布斯另起炉灶的NeXT，乔布斯也因此华丽回归苹果公司，而这成了苹果公司后来取得一系列惊世骇俗成果的开始。

第二，就是在雷士照明蒸蒸日上之际通过增持股权重夺控制权。这个情景有点像国美创始人黄光裕。在中国，黄光裕也同样演绎了创始人赶走职业经理人的故事。尽管这个故事有点让人后怕，但毕竟黄光裕还是夺回了控制权。

2009年，中国最大的家电连锁企业国美电器职业经理人陈晓与国美创始人黄光裕争夺控制权，这就是媒体所谓的"陈黄之争"。当时国美电器创始人黄光裕提议罢免董事局主席陈晓，但是第二大股东贝恩资本却与黄光裕意见相左。面对VC的逼宫，创始人黄光裕不得不采用通过增持股权比例的方法来重夺控制权，从而来维护自己的话语权。

2009年8月25日，黄光裕方面通过公开市场增持国美电器股票1.2亿多股，这使得黄光裕夫妇在国美电器当中的持股比例上升至35.98%。事实证明，虽然在9.28特别股东大会上黄光裕暂时败北，但股权上的绝对优势还是令他最终如愿——2011年3月，陈晓离职。

而今的山城汉子吴长江已经深陷牢狱，要想夺回控制权，可以借鉴史蒂夫·乔布斯，或者黄光裕。不过，据媒体披露，吴长江夺回控制权的路非常艰难。当吴长江重新归来时,会给吴长江留下重返雷士照明的机会吗?这个问题我们拭目以待。

研究发现,家族企业能够生存千年,其中一个最主要的原因就是家族对企业实行绝对的控制,因为只有家族绝对控制了家族企业,家族企业才能更长远地发展。

在企业发展中,大多数经营者通常只考虑近期的利益而牺牲家族企业长远的发展计划。因此,只有家族成员对家族企业有绝对的控制权,家族企业的未来才能够得到保证。

股权安全系数在 70%~90%

尽管中国家族企业的管理形态各异,但是发展阶段从原始到现代企业管理制度,一般有以下三种形态(见表4-18)。

表4-18　家族企业发展的三种绝对控制形态

完全家族管理形态	这类家族企业主要集中在创业初期,特别是在小企业中,非常典型的是家庭作坊、夫妻店。具体表现为:董事长、总经理、副总经理、财务、供销、生产,甚至生产工人(营业员)等岗位全部由家族成员担任
家族控制下的专业人士管理形态	这类家族企业大多集中在企业成长期,特别是中型家族企业中。这类家族企业的发展势头通常比较好,代表了中国数万家家族企业的管理形态。一般地,这类家族企业的销售收入从几百万元到几亿元,甚至几十亿元。具体表现为:董事长、总经理等关键岗位由家族成员担任,而其他如财务、技术、生产等岗位则由专业人士担任
家族控股下的现代企业管理形态	这类家族企业大多集中在企业成熟期,特别是大型家族控股的上市公司中,如希望集团、万向集团等。这类家族企业股份都集中在家族主要成员手中,并且家族成员的股份处于绝对控股状态下(不处于绝对控股状态下的企业不应被视为家族企业,而是公众企业)。具体表现为:大多数关键性岗位由专业经营管理专家即高级经理管理人员来担任,而家族外的企业成员参与企业的决策和战略制定等事务

事实上,家族企业要做强做大和永续经营,就必须对家族企业绝对控制,这样才可能坚持创始人当初"永续经营"的主张,否则,一旦控制权旁落,家族企业的未来就值得担忧。

这样的观点得到了中国改革开放后第一代家族企业的代表——方太集团董事长茅理翔的高度认可,他在接受媒体采访时更是语出惊人:"在中国的家族企业中,家族必须绝对控股,家族企业的股权安全系数在70%~90%。说到河南的家族企业,我认为,河南的家族企业不少也是家族投资、家族经营的,但大部分企业已把自己的股权稀释出去,变成股份公司。因此,纯家族企业不如浙江多。从长远来看,家族企业稀释股权应该是一个方向。"

在公开场合下,茅理翔告诫中国家族企业创始人:"我认为美国式的股份制不适合中国国情。"可以说,茅理翔发表此番言论是对其"股权安全系数在70%~90%"言论的解释。茅理翔的理由是:"即使在西方国家的家族企业,家族相对控股的也在少数。很多相对控股的家族企业最终面临被收购、兼并或者转为股份公司的命运。"

在多数论者看来,不管是国外家族企业还是中国家族企业,要想做强、做大,股权的不断稀释才是一条最佳的路径。

然而,茅理翔无疑给这样观点的家族企业创始人泼了一盆冷水。当然"家族企业想做强、做大就必须不断稀释股权"的结论的得出,当然是缘于欧美等西方国家家族企业的发展轨迹;茅理翔"股权安全系数在70%~90%"的结论的得出,则是基于方太这个家族企业在中国的巨大成功。

"陈晓"的黯然离去就是控制权的巨大作用

不管是参考欧美国家的家族企业,还是借鉴中国家族企业的发展模式,最佳答案是根据家族企业自身的具体情况而定。不过,我还是坚持茅理翔的观点,毕竟方太集团作为一个成功的家族企业样本,至少证明中国家族企业在生存和发展中有这样一个路径是可行的。这种路径具体含义在于——家族企业既要坚持家族制,又要建立现代的企业制度,然后将家族企业做强、做大。

对于当前的中国家族企业来说,如何拿捏两者之间的平衡显然是非常关键的。在2010年以来的国美电器控制权的争夺中,黄光裕正是以大股东的身份才保留了当初自己一贯的经营作风。当然,正是黄光裕给出了一个较为合理的答案,才有今天国美电器继续扩张的战略思维。

在国美电器控制权的纷争中,陈晓已黯然离去,黄光裕在艰苦奋斗中尽管赢得了这场胜利,但是未来的路依然漫长。在陈晓主政时期国美电器引入了贝恩资本,贝恩以极低的价格获得了国美电器第二大股东的位置,这引起了国美电器创始人黄光裕的警惕,同时也警示中国家族企业在走向现代企业管理制度的路途中，必须保证对家族企业的绝对控制，这样才更利于家族企业的未来。

反观国美电器的控制权纷争，如果黄光裕不是第一大股东，也没有绝对的控制权，那么今天的国美电器必将成为一个过时的品牌。2009年初，我就曾撰写过一篇名为"国美走出低谷仍需要黄光裕"的文章，在该文中，本人就断言，陈晓的精益管理将使得国美电器错失一度领先中国家电连锁的优势。

2008年的确是不平凡的一年，先是年初的大雪灾，其后又是5.12大地震。接着，美国金融危机大面积爆发，对于出口依赖很重的中国企业来说，同样不亚于雪灾和地震。对此，温家宝总理在视察南方企业时重点谈道："2008年是水深火热的一年，特别是在原材料价格上涨、劳动力成本提高、加工贸易政策大幅收紧、出口退税率不断下调、人民币持续升值等诸多因素的影响下，经历持续多年高速增长之后的中国企业已经遭遇严重考验。"2008年11月，国美创始人黄光裕同样遭遇事业高峰的滑落，国美集团董事局主席黄光裕被警方带走接受调查。据2008年11月23日晚间有关媒体报道，黄光裕被调查的起因是涉嫌"操纵市场"，具体系指对其兄黄俊钦控股的*ST金泰股价进行操纵。

黄光裕苦心经营的国美跟他的事业一样也遭遇了金融危机的寒冬，因为黄光裕被调查事件，家电零售业整体下滑压力仍未缓解，国美电器控股有限公司副总裁何阳青在北京一家"样板门店"改造的发布会上表示，2009年国美电器将会关掉约100家门店，同时开设新店并对老店加以改造，原则上仍将维持1350家左右的门店总数。国美电器把核心增长点转为"提高单店效益"。可以这样预见，国美跑马圈地的时代已经结束，如果真是这样，那么国美电器的未来就可能更加扑朔迷离，尽管在中国倡导精细化管理的时代，但是众多的机会同样提倡跑马圈地。在我看来，国美的困境还是失去了国美核心的东西，那就是缺少黄光裕的霸气和果敢。当然，我们从国美电器控股有限公司副总裁何阳青的这番表态就可以看出，在经历了黄光裕被调查事件未明、家电零售市场整体下滑的双重压力后，国美电器依靠激进扩张维持业绩增长的家电零售巨头，已不得不转为全面收缩。何阳青表示，国美电器大规模扩张的阶段已经结束，现在的核心增长点是提高单店质量。以后国美电器的门店将分为四类：超级旗舰店、标准旗舰店、社区店和专业型门店。位于北京西三环中央电视台下的大中中塔店，将作为北京门店的超级旗舰，成为第一家改造试点。"我们将在这家店正式运营3个月后总结经验，再制定下一步门店改造计划。"他说。此前，国美电器一直通过快速扩张保持市场寡头地位，从而获得供货厂商的较大谈判折扣，并在资本市场进行资金腾挪。截至2008年底，国美电器门店总数已超过1300家。不过，由于黄光裕因涉嫌经济刑事案件接受调查，以及2008年家电零

第五章 创始人对家族企业的绝对控制

售环境整体恶化，国美电器的扩张也戛然而止。

国美电器此番的转型，可能有专家认为，是解决国美电器的一剂良药，我却不这样认为。反观苏宁电器，其在 2008 年终大规模激励方案为员工带来了一股浓浓的暖意，同时也吹响了苏宁 2009 年全面领跑的号角，公司透露，全年将新开连锁店 200 家左右，预计到 2009 年底公司店面总数达 1000 家左右。对此，苏宁电器华东大区一位市场人士对媒体介绍说，在两月内，苏宁电器就开店 50 家，这是苏宁电器 2007 年底、2008 年初制订的主动出击计划，即在一二线城市继续大力推行以旗舰店为核心的旗舰店战略，在三四线市场加快布点，填补市场空白。其中，2008 年，需要完成 200 家店的开店计划。前三季财报数据显示，截至 2008 年 9 月底，苏宁 2008 年的新增门店为 152 家，全国门店数量达 784 家，包括旗舰店 106 家、中心店 221 家、社区店 457 家，覆盖全国 173 个地级以上城市。如果包括自有物业连锁店（17 家）以及 10 月部分新门店在内，苏宁门店已突破 800 家。这也意味着，在 2008 年底，苏宁电器门店总量将达 850 家左右。

当然，在 2008 年以及 2009 年，金融危机的确给中国企业带来了巨大的麻烦，针对此问题，我在《炼狱：金融危机下的企业生存法则》一书中做了详细的分析。我们再来谈谈苏宁电器和国美电器的战略转型。在 2003 年，当时对于我来说，有两个企业可以写，一个是稳健发展的苏宁，一个是急剧扩张的国美，经过分析我认为，在短期内，国美电器将成为中国家电连锁的龙头。因此，我写了《国美攻略》一书，在书中，我肯定了黄光裕的做事风格，那就是在中国众多的机会中敢于去开拓。可是，连法国家乐福超市和美国沃尔玛连锁都在急剧开店，为什么国美电器就停止了扩张的步伐？当然，可能有专家认为，稳健型战略是企业生存和发展的重中之重，但是，回顾国美电器的发展历程，正是因为敢于扩张的战略风范才造就了今天的国美电器。

作为中国家电连锁的龙头企业，实施战略转型并不是一件令人意外的事，只不过，在市场潜力巨大的中国市场，停止扩张就意味着缩小企业的边界。当然，企业倡导精细化管理是可以理解的，就像在 2009 年初，时任国美电器北京公司总经理阎小兵表示，往年国美总部都会向各个大区下达新开门店的任务，但今年只是要求"适时调整门店布局，优化网络，提高单店效益"。据悉，过去的 3 个月内，国美电器已经在北京地区陆续关闭了 8 家国美门店和 10 家大中门店。

我在《中国冠军企业的战略》一书中同样介绍了国美电器开拓天津市场对于布局全国市场的重要意义，因为在中国到处都是充满机会的年代，该扩张的时候就扩张。国美电器目前的战略收缩，在我看来，并不是倡导精益化的管理，而是缺乏黄光裕的战略构想，理由有如下几个：

第一，国美电器的品牌形象需要黄光裕自己来提升。事实上，黄光裕作为国美电器的创始人、掌门人和核心代言人，其犯罪事实必定使国美电器的品牌形象遭受严重的破坏。同时，品牌形象遭受重创也必定影响市场的看法和对其企业的一贯信任，其销售也会受到许多质疑。因此，对于目前的国美电器来说，提升国美电器的品牌形象最佳的代言人就是黄光裕自己，因为黄光裕的行事风格和战略思想能够给消费者提供物美价廉的商品，同样还能压制国内外竞争者的逼近。

第二，维持国美电器的完整性，保证国美电器能够按照百年老店的战略去经营，不可能成为资本的奴隶。有法律界专业人士称，黄光裕目前持有国美电器35.55%的股权，如果所涉嫌的经济犯罪成立并且情节严重，这笔股权有可能易手，进而影响国美的公司治理结构。因此，如果黄光裕所持国美电器的35.55%易手，国美电器老大时代已经结束，那么就意味着外资企业独霸家电连锁的开始。

第三，黄光裕能够掌控国美的全局。确实，黄光裕能够把一个小店打造成今天的国美集团，与他强势的管理风格是分不开的。黄光裕在国美电器的强势管理，如他每半年要对一些重臣和高层等职员进行职位变更等，更容易让国美电器高速地发展，尽管这样的强势让张志铭、晋永、吴坤岭、周东权、王海域等或被辞或主动请辞，但是对于国美的未来发展还是非常有益的。中国企业有一个特点，那就是强势，只有强势，才能压制某些小帮派的滋生。

第四，黄光裕能控制急速恶化的厂商关系。一直以来，国美被其众多的供应商所诟病，以前由于其灵魂人物的铁腕政策而让他们只能在背后吐苦水，如今铁腕人物离去，他们多年积压的怨气也会逐步爆发出来。国美最大的对手虽然未在黄光裕事件中直接向国美发起强烈的攻击，但争夺市场的时机却已显露于其面前，逐步蚕食国美的市场必定是其不远的计划。而且，国美经此一遭，未来它的投资和市场攻势也可能会更加谨慎和小心，其市场前进的脚步也会大受影响，再加上新的掌门人有待继续观察和尚不太成熟的管控思路，国美未来的市场脚步将如何走或以多大的步伐走都是一大悬念。因此，目前摆在国美电器的一条路就是采取创维的办法，让黄光裕在狱中遥控指挥国美电器，因为只有这样，才能保证国美电器的稳健发展。

不得不承认，国美电器是一家伟大的公司，主要是基于黄光裕及其团队孤注一掷的霸气与强势。综观世界500强企业，企业家和企业家精神成为不少组织的生存常态。因此，对于国美电器来说，黄光裕的离去已经给国美电器造成巨大的影响。黄光裕是国美电器的核心和灵魂人物，特别是在这个极度寒冷的金融危机仍在持续的今天和高速裂变的市场上，国美电器彻底要走出低谷，本人认为，还是需要黄光裕，因为国美电器要独霸中国市场，需要的还是霸气和果敢。

欧美家族企业的创始人常常将自己的公司牢牢抓在手中，绝大多数美国家族企业的继承人们在董事会和管理层中都行使着无上的权力。绝对控制是美国家族企业成为世界500强企业的一个重要因素。一般地，家族企业可分为三类（见表4-19）。

表4-19　家族企业的三个分类

第一类	所有者和经营者全部为一个或几个家族所掌握
第二类	一个或几个家族掌握着不完全的所有权，却能掌握主要经营权
第三类	一个或几个家族掌握大部分所有权而不掌握经营权

事实上，家族企业就是一个家族或几个具有紧密联盟关系的家族拥有全部或部分所有权，并直接或间接掌握经营权的企业。当然，在家族企业经营中，家族保持着对企业的控制，同时又能吸收新鲜资本满足家族的资金需求，是每个家族企业都必须权衡解决的一个问题，因为它是引起潜在冲突的一个重要根源，尤其是当权力从创始人交接到接班人手中的时候，这样的情况可能会更加严重。

事实证明，很多家族企业之所以经久不衰，是因为家族企业的绝对控制。研究发现，许多家族企业往往都是由某一个或几个家族控股，而许多大型家族企业往往有一定数量的子公司，尽管这些子公司由公众持股，但某一个或几个家族却通过家族控股公司完全控制着那些更为重要的子公司。采用这样的方法将控股权掌握在某一个或几个家族手中，就可以避免那些更为多元化的投资机构为追求更高短期回报而产生的利益冲突。

为保持控制地位，许多家族式企业限制股票交易。如果家族中有股东要出售股份，则必须优先将取舍权提供给他们的兄弟姐妹，然后是表亲。此外，控股者通常会从退出的家族成员手中买回其所持的股份。同时，家族式企业往往会制定长期的股息发放政策，避免家族出现资本减持的现象，有效地避免了家族企业控制权的旁落。

第六章

及早地选拔和培养接班人

家族企业的传承与发展受到很多因素的影响，其中关键的是创业者与守业者在生活阅历、思想观念、知识结构、价值取向和市场把握等方面存在较大差异。未来5年至10年是家族企业传承换代的关键时期，随着这个交接高峰期的来临，越来越多的家族企业家的下一代将接过父辈的接力棒，成为家族企业新的掌舵人。

——香港李锦记健康产品集团主席兼行政总裁 李惠森

接班人计划是一项长期的系统工程

要想让家族企业基业永续，就必须及早地选拔和培养合格的接班人。众多伟大的家族企业之所以能基业长青和永续经营，都离不开家族企业创始人及早地重视选拔和培养接班人，这在很大程度上促进了家族企业的高速、持续、稳步发展。

当然，对于任何一个企业来说，接班人计划都是一项长期的系统工程，它需要企业科学系统的规划，而对建立在家族利益之上的家族企业来说，更是如此。

"凡事预则立，不预则废"。这句话的意思是，无论做任何事情，事先谋虑准备就会成功，否则就要失败。其源自《礼记·中庸》，原文是这样的："凡事豫则立，不豫则废。言前定则不跲，事前定则不困，行前定则不疚，道前定则不穷。"

在《论持久战》一文中，毛泽东同志也谈道："'凡事豫则立，不豫则废'，没有事先的计划和准备，就不能获得战争的胜利。"

对于家族企业而言，要想基业长青和永续经营，家族企业接班人的选择和培养只能是宜早不宜迟。对此，北京大学光华管理学院名誉院长厉以宁曾公开告诫企业经营者："企业领导人只有提前制订接班人计划，敢于及早放手，尽快培养下一代或者可以信赖的其他接班人，让他们从基层一步步锻炼成才，方能未雨绸缪，保持企业持续发展。"

众所周知，"昨天的太阳永远晒不干今天的衣服"。这个道理对于家族企业的接班人来说，同样适用，因为家族企业创始人从创业的那一天开始就深知，如果不及早地培养二代接班人，家族企业的永续经营就成为一句空话。针对此问题，家族企业创始人从创业起就把及早地培养二代接班人提上了一个战略的高度。同时，这也是一个家族企业创始人非常关注的重大课题。

研究发现，家族企业之所以能够占据世界 500 强 1/3 还多，主要还取决于对接班人的选择及其培养，这也是家族企业生存和发生的关键。对此，美国《家族企业》杂志发表了评论性文章："家族式企业在代代相传的经营压力下，如果能够选择优秀的继承人，那么相对比要求巨额报酬的职业经理人更加实际和实用。这句话是很有道理的。现在聘请一个职业经理人需要百万美元，甚至是上千万美元的年薪。所以家里如果有一个优秀的继承人就一定比请外人强；如果没有的话，家族企业就必须未雨绸缪，正如中国帝王的传承一样，从很早就应该开始准备。"

从美国《家族企业》杂志的评论文章可以看出，及早地重视选拔和培养二代接班人是家族企业能够永续经营的重要因素。换言之，家族企业家只有提前制订接班人计划，敢于及早放手，尽快培养下一代或者可以信赖的其他接班人，才能未雨绸缪，保持企业持续发展。

对此，香港李锦记健康产品集团主席兼行政总裁李惠森曾撰文指出："推动家族企业的良性发展，绝不只是家族企业的家事或私事，而是坚持科学发展、构建和谐社会事业中不可或缺的重要一环。家族企业的传承与发展受到很多因素的影响，其中关键的是创业者与守业者在生活阅历、思想观念、知识结构、价值取向和市场把握等方面存在较大差异。未来 5 年至 10 年是家族企业传承换代的关键时期，随着这个交接高峰期的来临，越来越多的家族企业家的下一代将接过父辈的接力棒，成为家族企业新的掌舵人。同时，他们也将成为推动我国企业转型升级的重要力量，成为转变经济发展方式的重要参与者、完善市场经济体制的重要推动者。企业家二代的培养工作，离不开社会各方面的支持。高水平的培训机构固然有利于企业家二代的成长，但实践证明，只有全社会的重视和家族企业的自我教育，才是解决家族企业传承与发展问题的根本之道。"

从李惠森的话中不难看出，家族企业的接班问题比非家族企业更加简化，因为家族企业在创立的那一天起，创始人就知道将企业传给自己的后代；而非家族企业就不同，在不同的时期、不同的经营中，频繁更换 CEO，这就影响了非家族企业接班人的传承。

谈到接班人的传承,我们经常会拿《三国演义》中的诸葛亮来举例,因为在中国人心中,诸葛亮被历代的统治者神化,然而,这个被历代的统治者神化的人物却有不为人知的一面,那就是诸葛亮是一个职业经理人,为了自己能够权倾朝野,根本没有意识去培养接班人,从而导致蜀国政权的覆灭。

的确,在《三国演义》中,诸葛亮之败固然有当时复杂的政治、经济和军事等方面的很多因素,但联想创始人柳传志在接受媒体采访时谈到了诸葛亮作为一个职业经理人的不足之处,柳传志认为:"诸葛亮的失败还是源于他本人培养人才不力。在诸葛亮用兵点将的时候,我们很难看到核心团队成员的决策参与,更多是诸葛亮个人智慧的专断,这种习惯导致了后来蜀汉政权内部对诸葛亮的绝对依赖,广大谋臣及将领缺乏决策的实际锻炼。后来诸葛亮身居丞相高位,工作多亲力亲为,没有放手着力为蜀汉政权造就和培养后续人才,以致造成后来'蜀中无大将,廖化充先锋'的局面。诸葛亮最后选定姜维做接班人,也还是主要让姜维任事,对姜维如何定战略、如何处理内政尤其是处理与成都朝廷集团的关系等方面缺乏悉心培养指导。诸葛亮这么干不行,连他的对手司马懿也看出来了,说孔明'食少事烦,其能久乎'。果然不久,诸葛亮就积劳成疾,过早离开了人世。我没有半点亵渎诸葛亮的意思,主要是哀其不幸,也感叹其误己,竟以至于最后耽误了蜀国的大业。回想到我们搞企业的人中,有不少人立意都很高远,也不乏雄才大略,过程也很精彩,但企业最终却失败了,我们从诸葛亮身上要吸取什么教训?"

我们从柳传志的观点中不难理解,在非家族企业中,职业经理人为了自己的权势和利益,会排斥接班人的培养。北京华夏圣文管理咨询公司在分析1523个家族企业接班人培养的样本后得出家族企业创始人对接班人的培养更加重视的结论。我们来看看李嘉诚解决接班问题的方法。李嘉诚有两个儿子李泽钜、李泽楷,小儿子李泽楷大学毕业后经过一段时间的锻炼实习,之后李嘉诚就开始支持他另辟新径,独闯天下。李泽楷不负众望,创办了盈科数码,并通过资本运作进入电信业。李嘉诚让李泽楷独自创业,可谓是一箭四雕(见表4-20)。

表4-20 李嘉诚让李泽楷独自创业的四个作用

作用一	解决了两个儿子在同一家公司可能出现的管理问题
作用二	让李泽楷独立发展,给儿子一个锻炼的机会
作用三	通过赛马为未来选拔接班人做好准备
作用四	为李氏家族寻找新的发展机会

接班人必须具备的八种企业家职业素养

众多周知，选择最合适的接班人是家族企业权力交接成功的关键所在，也是家族企业得以生存和长远发展的前提条件，如果家族企业的接班人选择不合适，家族企业的未来就像是一艘漂浮在茫茫大海上的大船，迷航或者是沉没只是早晚的问题。因此，在选择接班人时，家族企业创始人必须着重评估接班人是否具备以下几样素质（见表4-21）。

表4-21 接班人必须具备的八种企业家职业素养

良好的诚信品质和强烈的责任感	接班人必须具备良好的诚信品质和强烈的责任感。在推动家族企业发展的过程中，接班人良好的诚信品质和强烈的责任感是维护企业信誉和品牌形象的重要推动力
精力充沛，勤奋实干	接班人必须精力充沛、勤奋实干。在家族企业经营中，接班人不仅需要充沛的精力，还需要勤奋实干的工作激情
有顽强的毅力，敢于面对现实与困境，敢于竞争	接班人必须具备顽强的毅力，敢于面对现实与困境，敢于竞争。在日常经营中，接班人只有具备了顽强的毅力，敢于面对现实与困境，敢于竞争，才能承受巨大的工作压力，才能在企业发展的紧要关头保持情绪稳定，才能将风险转变为机遇
根据事物的发展变化审时度势地做出机智果断的应变决策	接班人必须具备能根据事物的发展变化审时度势地做出机智果断的应变决策的能力。接班人只有具备这种敏锐的市场洞察力，才能有效地抵御和规避市场风险
善于沟通	沟通在管理中的作用非常重要，接班人必须善于沟通，并能从交往中获取有价值的信息。接班人如果不会沟通，是管不好家族企业的，比如王安公司的接班人王列
不墨守成规，勇于开拓创新	接班人必须具备不墨守成规、勇于开拓创新的品质。只有不断创新的领导者，才可以使企业保持欣欣向荣的生机与活力
具备全面、扎实的专业知识与能力	合适的接班人必须具备全面、扎实的专业知识与能力。这里要求接班人具备的知识与能力，主要包括经济知识、行业知识、企业和产品知识、管理知识和能力、专业技术知识和技能、财会知识和理财能力以及商务知识和能力等。具备管理知识和能力，也就是说接班人必须具备提高企业管理效率的现代企业管理知识，还应有优秀的计划、组织、指挥协调、控制能力

	续表
卓越的管理能力	接班人具备了卓越的管理能力,就可以把握企业发展的方向,从战略的高度统筹规划,合理地安排企业的人力、物力和财力,并予以有效控制,最终实现企业的经营目标,真正做到"运筹帷幄之中,决胜千里之外"

从表4-21可以得知,家族企业创始人必须要选拔具备良好职业素养、掌握现代企业管理本领、有丰富的实际工作经验和优秀业绩的人作为接班人。其中,良好的职业素养尤为关键,因为这种素质通常是先天的遗传因素或多年的生活、学习、工作积累中形成的,很难在短时期内发生改变。

把接班人的培养问题提上家族企业的议事日程

事实证明,不少家族企业的掌舵人已高瞻远瞩地把接班人的培养问题提上了家族企业的议事日程,有计划、有步骤地实现权力的平稳过渡。他们不希望自己辛辛苦苦创下的辉煌家业因为未能解决好接班人问题而毁于一旦,他们渴望家族事业能被下一代完完整整地接管下去,并继续保持繁荣和不断得到发展。

事实也是如此,接班人解决得较好的家族企业,通常能依照老掌舵人的愿望发展下去。北京华夏圣文管理咨询公司对1523个家族企业接班人培养的样本调查后得出这样一个结论:对于二代接班人,非家族企业的成功传承率仅为27%,家族企业的成功传承率为89%,是非家族企业成功传承的3.296倍(见图4-6)。

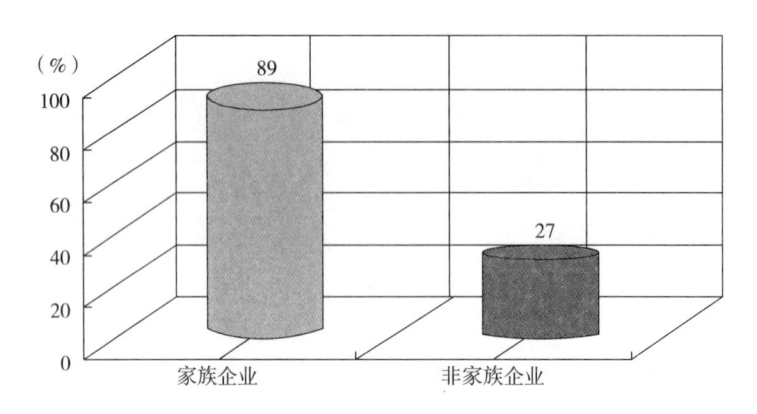

图4-6 二代接班人成功传承率

第六章 及早地选拔和培养接班人

不管是家族企业还是非家族企业，接班人培养问题历来是一个非常重要的问题，因为要想企业基业长青和永续经营，把企业打造成百年老店，就必须成功地将接力棒传下去。那么如何才能顺利地将接力棒传下去呢？

答案就是及早地培养接班人，这样才能应付随时出现的企业高层领导者缺位的现象。可能很多企业经营者觉得这是杞人忧天，根本不可能发生的事情，特别是那些50来岁的企业经营者，自认为身强力壮，这样的建议对于他们来说简直就是无稽之谈。但是，残酷的现实却在中国一次次上演。比如，王均瑶、李海仓等的意外去世，由于没有培养接班人，他们的企业经历了一个动荡的过程。因此，企业如果没有及早地培养接班人，将危险重重。

参考文献

[1] 布洛赫. 以家族企业为榜样让公司自然生长 [J]. 经理人, 2013 (1).

[2] 陈元中. 宗法制度文化及其价值论 [J]. 唐山师范学院学报, 2011 (1).

[3] 陈凌. 中国家族企业的社会角色. 过去、现在和未来 [M]. 杭州: 浙江大学出版社, 2011.

[4] 陈言. 家族企业文化的是非功过 [J]. 经济, 2005 (5).

[5] 谌彦辉. 他们含着金钥匙出生 [J]. 凤凰周刊, 2007 (16).

[6] 傅桦, 晓韩. 方太: "禅让"父子兵 [J]. 时代财富, 2002 (10).

[7] 范忠宝. 家族企业: "继承矛盾"及其解决机制 [J]. 中国中小企业, 2002 (11).

[8] 范旭光. 欧莱雅继承人退出董事会 [N]. 新京报, 2012-02-15.

[9] 范博宏. 关键世代 [M]. 北京: 东方出版社, 2012.

[10] [法] 曼弗雷德·凯茨·德·维里尔. 金钱与权力的王国——家族企业的兴盛之道 [M]. 北京: 机械工业出版社, 1999.

[11] 关宏超. 上市公司股票期权激励的实证分析——以浙江某高科技上市公司为例 [J]. 经济论坛, 2008 (20).

[12] 郭凡生. 中国模式——家族企业成长纲要 [M]. 北京: 北京大学出版社, 2009.

[13] 郭珍. "九头鸟"家族兵变内幕 [J]. 当代经理人, 2002 (4).

[14] 高寿凯. 新时期江苏民企该如何更好地传承与发展 [N]. 中华工商时报, 2011-08-31.

[15] 顾颖, 常云昆. 家族企业继承人问题研究 [M]. 北京: 中国社会科学出版社, 2007.

[16] 归燕. 家族企业没什么不好 [N]. 中国商报, 2002-07-23.

[17] 黄俊峰. 总经理陈苏阳罹难 复旦复华前途蒙上阴影 [N]. 中国证券报, 2004-11-23.

[18] 黄启艳, 杨彦华. 港澳台企普遍"后继无人"? [N]. 中山日报,

2010-11-24.

[19] 黄莹颖. 四大豪族"分家"催动香港商业版图变局 [N]. 中国证券报, 2012-08-14.

[20] 黄铁苗. 逾95%的中国民营企业家"富不过三代 [N]. 中国青年报, 2009-06-22.

[21] 黄文夫. 民营在中国 [M]. 北京：中国城市出版社, 2003.

[22] 海飞. 家族企业基业长青：经理人当家PK血脉传承 [N]. 羊城晚报, 2012-09-15.

[23] 胡媛. 刘永好首谈"接班"：家族企业如何适度分权 [N]. 福布斯中文版, 2011-03-16.

[24] 胡鸿. 家族企业年平均寿命不到9年只有近4成浙商子女愿意接班 [N]. 每日商报, 2011-12-14.

[25] 韩诗蝶. 时代财富：父子公司 [J]. 时代财富, 2002 (10).

[26] 金姬. 家族企业传承之困：遗产争夺频发致财富缩水 [J]. 新民周刊, 2010 (2).

[27] 金姬. 家族企业接班成难题：华人被指富不过三代 [J]. 新民周刊, 2012 (6).

[28] 嵇康. 日本长寿企业的长寿密码 [J]. 财经国家周刊, 2012 (8).

[29] 姜子谦. 老字号企业是如何经营品牌的 [N]. 北京商报, 2012-08-08.

[30] [加] 米勒. 永续经营：杰出家族企业的生存法则 [M]. 北京：商务印书馆, 2006.

[31] [加] 莫克. 公司治理的历史：从家族企业集团到职业经理人 [M]. 上海：格致出版社, 2011.

[32] 孔曦. 有些"富二代", 真的很无赖 [N]. 三江都市报, 2009-07-18.

[33] 黎冲森. 创始人退位7大模式怎样避免一退全乱? [J]. 经理人, 2009 (2).

[34] 龙金光. 传承与接班人：300万民企的现实焦虑 [N]. 南方都市报, 2010-11-30.

[35] 刘刚. 学习日本与日本式学习 [J]. 企业管理, 2013 (8).

[36] 刘岷. 如何消灭企业潜规则 改变老板的习惯和观念 [J]. 中国新时代, 2005 (7).

[37] 李郁怡. 家族企业接班 [J]. 商业周刊（中国台湾版）, 2011 (7).

[38] 李志起. 谁能打破富三代定律 [N]. 西安日报, 2011-04-20.

[39] 李文治, 江太新：中国宗法宗族制和族田义庄 [M]. 北京：社会科

学文献出版社，2000.

[40] 李蕾. 家族企业的代际传承 [J]. 经济理论与经济管理，2003（8）.

[41] 李泽民. 我国家族企业经营年限平均为 8.8 年 [J]. 红周刊，2011（12）.

[42] 李新春，苏琦. 家族企业：公司治理与成长 [M]. 北京：经济科学出版社，2008.

[43] 罗勇. 家族企业可持续发展之路探寻 [J]. 经济前沿，2005（Z1）.

[44] 林岳. 企业基业长青的四大基因 [J]. 经理人内参，2005（6）.

[45] 裴桂芬. 日本缘何能拥有世界上最多的长寿企业 [J]. 经理人，2008（8）.

[46] [美] 哈罗德·詹姆斯. 全球性家族企业的多事之秋 [N]. 第一财经日报，2011-07-27.

[47] [美] 杰姆·柯林斯等. 基业长青 [M]. 北京：中信出版社，2009.

[48] [美] 柯林斯. 再造卓越 [M]. 北京：中信出版社，2010.

[49] [美] 阿里·德赫斯. 长寿公司：商业"竞争风暴"中的生存方式 [M]. 北京：经济日报出版社，1998.

[50] [美] 克林·盖尔西克等. 家族企业的繁衍 [M]. 北京：经济日报出版社，1985.

[51] [美] 埃德温·胡佛. 关系商：家族企业经营的迷思 [M]. 上海：上海译文出版社，2004.

[52] [美] 弗朗西斯·福山. 信任：社会美德与创造经济繁荣 [M]. 海口：海南出版社，2001.

[53] [美] 马歇乐·B. 波斯纳. 打造新一代继承人：家族企业持续经营指南 [M]. 北京：中国财政经济出版社，2004.

[54] [美] 麦考尔. 培养下一代领导者 [M]. 王鸿娟译. 北京：经济日报出版社，1998.

[55] [美] 沃克·马尔. 利益相关者权力 [M]. 北京：经济管理出版社，2002.

[56] [美] 詹姆斯·C. 柯林斯，杰里·I. 波勒斯. 基业长青 [M]. 北京：中信出版社，2002.

[57] [美] 兰德尔·S. 卡洛克，约翰·L. 沃德. 家族企业战略计划 [M]. 北京：中信出版社，2002.

[58] [美] 詹姆斯. 家族企业 [M]. 北京：生活·读书·新知三联书店，2008.

［59］钱宗范.中国宗法制度论［J］.广西民族学院学报（哲学社会科学版），1996（4）.

［60］［日］仓科敏材.家族企业［M］.上海：上海财经大学出版社，2007.

［61］日本百年企业生存法则［J］.日本文艺春秋，2005（4）.

［62］［日］新原浩朗.优秀企业最佳经营者的能力［J］.文艺春秋，2003（9）.

［63］石本仁，石水平.我国家族企业治理与信息传递机制研究［M］.北京：中国人民大学出版社，2010.

［64］王珺.市场转型与中小企业成长产业集群与家族企业研究［M］.北京：经济科学出版社，2008.

［65］王晓萍.国内外家族企业研究的最新动态［J］.杭州电子科技大学学报（社会科学版），2005（4）

［66］［新加坡］李秀娟，李虹.富过三代：破解家族企业的传统诅咒［M］.上海：格致出版社，2010.

［67］徐华.从家族主义到经理主义.中国企业的困境与中国式突围［M］.北京：清华大学出版社，2012.

［68］许忠伟，于秀慧.家族企业的传承冲突与解析［J］.湖北经济学院学报，2006（2）.

［69］［英］戈登，尼科尔森.家族战争［M］.海口：南海出版社，2008.

［70］姚伟钧.宗法制度的兴亡及其对中国社会的影响［J］.华中师范大学学报（人文社会科学版），2002（3）.

［71］余立智.家族制企业的生成与变迁：一个契约观点［J］.财经论丛，2005（4）.

［72］夏良康.民营企业如何破解"接班人"之惑［J］.领导科学，2011（11）.

［73］小姜.美《家族企业》首推全球家族企业排行榜［N］.人民日报海外版，2003-02-13.

［74］张建华，薛万贵.富过三代［M］.北京：机械工业出版社，2008.

［75］周坤.家族企业治理［M］.北京：北京大学出版社，2006.

后 记

据有关数据显示，全国每年新生 15 万家家族企业，同时每年又有 10 万多家家族企业"死亡"；有 60% 的民企在 5 年内破产，有 85% 的民企在 10 年内死亡，其平均寿命只有 2.9 年。

家族企业在其初始创业阶段充满活力，极富竞争力和开创精神，对各种机会的把握和利用也恰到好处，但这些家族企业在完成了原始积累，迅速地崛起之后，许多却停了下来，不断地、周而复始地上演着"创立、崛起、衰败"的企业生命周期。

在中国改革开放 40 年的时间里，一大批优秀的中国家族企业如娃哈哈、方太、新希望、红豆等涌现出来，不仅取得了卓越的成就，而且一些家族企业创始人还先后成为中国首富。

然而，在这些喜人的成绩背后，很多不为人知的中国家族企业悄然地离开了媒体和消费者的视线，最终消失在茫茫的企业之中。

老实说，任何一个家族企业都会有生命周期。东家开业、西家关门，这本是一件习以为常的、不足为奇的事情。但是，如果一大批、成规模的家族企业过早夭折，就不得不引起我们的重视和关注。对于家族企业创始人或领导者来讲，无论应用什么现代企业管理理论，都必须首先遵循而不是违背这些基本规律，否则会受到惩罚。

不可否认的是，中国诸多家族企业"短命"已经成为一个公开的秘密。有资料显示，中国大中型企业平均寿命为 7~8 年，小企业的平均寿命为 2.9 年，80% 以上的企业生命周期在 3~5 年，中小型独资企业基本在 5 年内自生自灭。另有抽样调查显示，中国民营企业的平均寿命仅为 3.7 年，远远低于美国企业的 8.2 年；在日本与欧洲，所有大大小小的公司平均寿命为 12.5 年。

从以上数据可以看出，"短命"似乎与中国家族企业画上了等号。然而，当年那些只领风骚两三年的昔日企业大佬，如"三株""巨人"等，在经过短暂的辉煌之后便风光不再。这些企业往往有一个非常明显的特点，那就是在很短的时间内完成一次令人瞩目的辉煌之后，又毫无预兆地以同样令人诧异的速度陨落。在这些企业中，以爱多、三株、亚细亚等为代表。这些陨落的企业几乎可以说是中国大陆市场上如数家珍的名牌，尽管曾经叱咤风云，笑傲过中国大陆市场，但如今却都相继黯淡隐去。

当然，这些企业的倒下并不意味着中国企业从此就站不起来了。在以后的日子里，企业倒下的事情依然在发生着：资金市场的德隆、房地产业的顺驰、"钢铁之死"的铁本、"东方魔水"健力宝、空调业"科龙"、电子科技的"托普"、医药的三九等，这些著名的企业曾经是中国各个领域最优秀的公司之一，但它们却被"中国式的失败"所击垮。这种令人心悸的崩盘现象成为中国企业家的心病，令人遗憾叹息并给世人留下无尽的思索。难道这种失败是中国企业发展的必然结果吗？

答案当然是否定的。综观世界长寿企业的发展历程就不难看出，一些世界长寿企业不仅成为业界的"常青树"，而且依然在激烈的市场竞争中焕发着勃勃生机，在变化中不断重塑自身，日益壮大。比如，世界上最古老的企业金刚组，从创办至今已有1400多年的历史了。

可能有读者认为，金刚组只是一个个案而已。然而，当我们研究世界500强企业时发现，这些企业的平均寿命为40~50年。这样的数据得到了美国《财富》杂志的印证。《财富》杂志称，世界500强企业平均寿命为40年，世界1000强企业平均寿命为30年，一般跨国公司平均寿命为10年。例如，劳力士、高露洁、花旗银行、奔驰、可口可乐、宝洁、麦当劳、通用电气等20余家百年企业屹立于世界商海之林。

在德国，500家优秀中小企业中竟然有25%的企业能够存活100年以上。来自日本调查公司东京商工研究机构的数据也显示，在日本，竟然有21666家企业已经超过百年历史。然而，在20世纪70年代，特别是1975年后中国才建立的公司，仅仅只有620家。

事实证明，一些企业能够历经百年而不衰。在1996年世界500强企业中就有203家企业的寿命超过100年，其中44家企业超过150年，8家企业超过200年。世界500强企业中最老的公司是欧洲最大的木浆和纸业生产公司——瑞典Stora公司，它已经存在700多年了。

可能有读者会问，中外企业为什么会有这么大的差别？这些企业的存在说明企业是可以没有寿命限制而永存的，其根本在于我们必须探测研究出企业发展内在的基本规律。

对于中国家族企业创始人来讲，无论应用什么现代企业管理理论，都必须首先遵循而不是违背这些基本规律，只有这样，家族企业才具备了基本的安全性，这是许多知名企业的兴衰给中国家族企业创始人的启示。并且，只有努力探寻这些失败的规律，尽量减少这些失败的因素，才能为家族企业的成功奠定基础。

中国家族企业的败因既有理念和思考方式的因素，也是能力、战略和机制的缺位造成的必然结果。其实，失败的教训与成功的经验同样宝贵。因此，研究分析企业失败的规律，总结其失败的原因，避免自身重蹈覆辙，对中国家族企业创始人来说尤为必要。如何避免失败，实现可持续发展，是中国家族企业在新形势下面临的首要问题。

其实，任何一个家族企业的生命都是脆弱的，而这些生命很大程度上掌控在家族企业领导人手里。

家族企业领导人即便在领导岗位上做了十年、二十年，也未必能保证家族企业的未来。有没有什么办法，能够证明家族企业领导人可以保证企业的基业长青呢？

有！家族企业领导人必须过三道关：第一关，炒人（Firing）；第二关，扭亏为盈（Turnaround）；第三关，逆境（Adversity）。

这里，感谢《财富商学院书系》的优秀人员，他们也参与了本书的前期策划、市场论证、资料收集、书稿校对、文字修改、图表制作。

以下人员对本书的完成也有贡献，在此一并感谢：周梅梅、吴旭芳、简再飞、周芝琴、吴江龙、吴抄男、赵丽蓉、周斌、周凤琴、周玲玲、金易、汪洋、兰世辉、徐世明、周云成，周天刚，丁启维、吴雨凤、张著书、蒋建平、张大德、周凤琴、何庆、李嘉燕、陈德生、丁芸芸、徐思、李艾丽、李言、黄坤山、李文强、陈放、赵晓棠、熊娜、苟斌、佘玮、欧阳春梅、文淑霞、占小红、史霞、陈德生、杨丹萍、沈娟、刘炳全、吴雨来、王建、庞志东、姚信誉、周晶晶、蔡跃、姜玲玲霍红建、赵立军、王彦、厉蓉、李艾丽、李言、李文强、丁文、兰世辉、徐世明、李爱军、周云成、叶建国、欧阳春梅等。

任何一本书的写作，都是建立在许多人的研究成果之上的。在写作过程中，笔者参阅了相关资料，包括电视、图书、网络、报纸、杂志等，所参考的文献，凡属专门引述的，我们尽可能地注明了出处，其他情况则在书后附注的"参考文献"中列出，并在此向有关文献的作者表示衷心的谢意！如有疏漏之处还望原谅。在此，敬请有关文献作者海涵为盼，并请告知我们，以便在本书修订过程中及时改正。

本书在出版过程中得到了许多教授、家族企业老板、家族企业研究专家、企业总裁、职业经理人、媒体朋友、人力资源管理专家、业内人士以及出版社编辑等的大力支持和热心帮助，在此表示衷心的谢意。感谢本书法律顾问丁应桥律师。由于时间仓促，书中纰漏难免，欢迎读者批评指正。

周锡冰

2018年4月18日于北京

财富商学院企业成长系列培训课

在诸多商业论坛上,企业家都在对外传递出中国产品正处于产能过剩的时代信息。面对产品过剩时代的来临,中国企业,尤其是传统企业如何赢得新一轮的竞争呢?

在烽烟四起的当下,大量传统企业正悄然面临着前所未有的竞争困境,成千上万的传统企业纷纷陷入死循环的价格血战,不是被死亡竞争压迫,就是始终找不到一线生机的突围方向。

这个棘手的难题始终困扰着无数的中国企业经营者。面对如此的绝望困境,中国传统企业的转型之路究竟在何方?

有多少看似非常强大的企业在一夜间成名,叱咤风云三五年,却往往在遭遇到一两个似乎很小的、企业及时采取措施就完全可以控制的"小麻烦"后便如"多米诺骨牌"一样无情地垮下去,并且是一泻千里,不可收拾,这到底是为什么?

为什么看似雄心勃勃的计划总是一败涂地?为什么好的决策总是一而再、再而三地付之东流?为什么公司刚刚做好、做大,贯彻出现问题?为什么付出比计划多了10倍,结果却不到计划收益的1/10?为什么执行不到位、推诿,员工到底在想什么?激励没效果,岗位效率上不去,问题到底出在哪里?当岗位效率直线下降,究竟是员工的问题,还是管理者的问题?为什么公司陷入怪圈:高层怨中层,中层怪员工,员工怨高层?

中国家族企业创始人耄耋之年才谢幕,这到底是谁的错?"老子不放心""儿子没信心""职业经理人不真心",中国家族企业的重担到底该交给谁?"立长不立次,立男不立女",中国家族企业创始人"家文化"观念为什么如此根深蒂固?"前不见古人,后不见来者",中国家族企业接班问题为什么会面临后继无人的境地?"山雨忽来,群龙无首",中国家族企业创始人突然离世或者突然缺位为什么会导致企业大乱?

……

如此多的问题像魔咒一样,到底该如何做,才能做到"富过三代"呢?中国家族企业问题研究召集人、著名财经作家、总裁网首席培训师周锡冰老师经过近 20 年的采访和研究，通过层层迷雾，为您揭开诸多不为人知的企业内幕。

为此，财富商学院为您提供系列培训课程答疑解惑，具体课程如下：

课程 1. 丰田式成本管理。
课程 2. 日本百年家族企业的传承密码。
课程 3. 突破中小企业的融资瓶颈。
课程 4. 中国家族企业为什么交不了班。
课程 5. 当坏消息登上媒体头条，企业该怎么办。
课程 6. 家族企业如何做到久而不倒。
课程 7. 传统企业如何突围互联网+服务。
课程 8. 传统企业到底该如何转型。
课程 9. 传统企业到底该如何互联网化。
课程 10. 传统企业如何互联网+，如何加。
课程 11. 传统企业如何网红化营销。
课程 12. 到底该向老干妈学什么。
课程 13. 褚橙到底是如何打造成为爆款的。
课程 14. 谭传华是如何做到一年销售 330 万把梳子的。

为了更好地提升课程的指导性和针对性，我们把经济管理出版社出版的《中国家族企业死亡真相调查报告》作为培训教材之一，但凡购买此图书 1000 册，中国家族企业问题研究召集人、著名财经作家、总裁网首席培训师周锡冰先生莅临企业或者培训机构讲授上述课程一次，或者其他课程，详情请来电咨询。

为了更好地解决企业学习难、学习成本费用较高等问题，周锡冰先生专门开设在线讲课群，同时也在荔枝微课授课，关注"周锡冰讲台"，或者扫描下方二维码。

联系电话和微信号：13371601389，联系人：周三匝。